THE SPATIAL STRUCTURE OF

北京的人口、
社会阶层
与空间结构

李君甫　著

POPULATION AND

SOCIAL STRATA OF

BEIJING

社会科学文献出版社
SOCIAL SCIENCES ACADEMIC PRESS (CHINA)

前　言

中国已经成为世界第二大经济体（根据购买力平价计算，中国已经是世界第一大经济体）。2008 年北京奥运会的炫目开幕式，中国运动员金牌总数排名第一的名次，让世人对北京投来了重新审视的目光。2014 年的 APEC 会议，让全球又一次瞩目北京。作为世界第二大经济体的首都北京——中国的政治、经济和文化中心城市，也正在成为举足轻重的全球城市。

2009 年 12 月 9～10 日，时任北京市委书记刘淇在市委市政府工作务虚会上提出，要把北京建设成一座世界城市。同年 12 月 24～26 日，中共北京市委十届七次全会召开，刘淇指出，北京要瞄准建设国际城市的高端形态，从建设世界城市的高度，加快实施人文北京、科技北京、绿色北京发展战略，以更高标准推动首都经济社会又好又快发展。

北京在制定《北京城市总体规划（2004～2020 年）》时就提出了北京城市发展目标的定位，第一步是构建现代国际城市的基本构架，第二步是到 2020 年全面建成现代化国际城市，第三步是到 2050 年成为世界城市。

在 2010 年的时候，无论是北京市领导还是北京的学者们都还认为北京与全球城市（世界城市）还有很大的差距，认为北京在经济实力、国际化功能、创新能力、生态环境等方面与国际发达城市相比，差距还相当明显。从经济发展来看，2009 年北京人均 GDP 超过 1 万美元，发展速度很快，但与世界城市公认的 15000～25000 美元的标准尚有不小差距。从国际组织总部来看，北京只有国际竹藤组织、联合国亚太农业工程与机械中心、上海合作组织等少数几个国际组织，并且在京的国际组织总部的国际影响力也较小，缺少具有全球影响力的国际组织；虽然北京的科技研发能力在国内处于领先水平，但与国际先进城市相比，具有独立知识产权的研发创新仍然较弱。这些都是北京建设世界城市的瓶颈。但是，2016 年，影响巨大的亚洲基础设施投资银行落户北京，预示着北京的国际组织总部的数量会迅速增加，而且其影响力将会迅速攀升。

2014 年，北京全市人均地区生产总值为 99995 元，按年平均汇率折合为 16278 美元，仅仅 5 年之后北京就已经达到了公认的世界城市人均 GDP 的起点标准。北京经济社会的快速发展，在很多方面已经大大超出了原先的预期。在综合经济实力、产业结构优化升级、基础设施建设、国际化程度等方面取得了长足的进展。北京的城市化水平、第三产业就业人口比重、基础设施水平、信息化水平等也都接近或达到了世界城市的标准。2015 年，北京人均 GDP 为 106497 元，折合为 16990 美元。2020 年，北京人均 GDP 将有可能达到 2 万 ~3 万美元的一般世界城市标准，而且北京的其他指标也将陆续达到世界城市的标准。

北京虽然与老牌的资本主义大都市纽约、伦敦、东京、巴黎的世界影响力还有一定的差距，但北京是一个迅速崛起的全球城市。随着 2014 年 APEC 会议的召开、亚洲基础设施投资银行的建立、"一带一路"倡议的实施，北京已经在世界政治、经济和文化方面扮演着极为重要的角色，发挥着世界级的影响力，北京也逐渐成为与纽约、伦敦、东京比肩的全球城市。在 2014 年科尔尼的全球城市指数排名中，北京位居第 8 名；在 2014 年福布斯的全球城市研究报告中，北京也排在第 8 名；在 2014 年东京都市战略研究所的全球城市影响力指数排名中，北京位居第 14 名；在 2014 年普华永道的城市机会指数排名中，北京位居第 19 名；在 2015 年伦敦金融城的全球金融中心指数排名中，北京排在第 29 名。在 2014 年财富世界500 强中，总部位于北京的有 52 家，位居全球第 1 名。根据 2013 年麦肯锡的城市研究报告，2010 年中国年收入超过 10 亿美元的公司一共有 800多家，总部在北京的公司的总收入占这 800 多家公司总收入的 46%。

京沪港在主要智库研究报告中的排名

主要城市研究报告	发布者	香港	北京	上海
全球城市指数（2014）	科尔尼	5	8	18
全球城市影响力指数（2014）	东京都市战略研究所	9	14	15
城市机会指数（2014）	普华永道	8	19	20
全球城市研究报告（2014）	福布斯	6	8	19
全球金融中心指数（2015）	伦敦金融城	3	29	16

资料来源：京沪双城记：《全球城市的形成与升级》，http://www.360doc.com/content/15/0404/20/20625606_460635483.shtml。

　　北京已经成为一个具有世界影响力的城市，今天的北京越来越多地享有全球城市的荣耀与光辉。然而，全球城市所遇到或者未曾遇到的问题也成了北京的困扰。曾经弥漫在伦敦的雾霾，今天又笼罩在北京的上空。日益拥挤的道路上车水马龙，通勤时间变得越来越长，让人们失去了耐心。10年来，北京的平均房价由每平方米4000多元，上升到2016年底的每平方米55779元，西城区存量住宅平均价已经达到每平方米113698元，东城区也达到了每平方米96694元，朝阳区为每平方米66424元，海淀区为每平方米80448元。高租金导致部分年轻人和外来人口只能住在城中村、地下室和群租房等非正规住房里，北京的居住空间日益分化，形成了城市内部的二元社会空间结构。

　　城乡二元社会结构是20世纪80年代中国学术界对中国社会结构研究的共识，得到了广泛的研究和讨论。进入21世纪，不少学者开始研究中国城市的二元社会结构。他们认为，随着大量的农民进城务工经商，中国的城乡二元结构已经转化为城市二元结构，也有的学者称之为中国的新二元结构。

　　许多学者都认为全球城市具有二元社会结构和空间极化的特征（沙森，2005；John H. Mollenkopf and Manuel Castells，1991；余佳，2009）。那么北京呢，是否也像其他全球城市一样，呈现出二元的社会结构和两极化的社会空间结构呢？本书着重探讨以下几个问题：第一，北京的社会阶层结构的状况与趋势；第二，北京人口、外来人口和社会阶层结构的空间分布状况；第三，北京社会阶层的四元结构；第四，北京的社会隔离与空间极化。

目 录

第一章　导论：理论视角、研究问题与研究方法

一　理论视角

（一）二元城市与社会极化理论

城乡二元社会的理论在学术界耳熟能详，在社会大众中也不陌生。但是二元城市社会的概念并不是很多人都了解。2006 年以来，中国国内越来越多的人开始研究城市二元社会结构（侯力，2007；李强，2011；张林江，2012；樊继达，2014；蒋永穆、张晓磊，2015），或者称之为新二元结构，城市内部的二元分割问题终于进入了中国的学术视野。实际上，在西方世界，城市二元社会结构研究的历史也不长。在国内，城市二元结构的含义是在我国的户籍和社会福利体制下，我国城镇中人口可分为两类，一类是本地户籍居民，一类是外地户籍居民（主要成分是农民工），这两类人在二元劳动力市场中处于不同位置。前者主要在第一劳动力市场从事正规劳动，后者只能在第二劳动力市场从事非正规劳动，他们享受的社会保障和其他社会福利的机会存在质的区别。两者之间存在难以逾越的鸿沟，因而成为相互独立的社会群体或者社会阶层。

城市二元社会研究源于对于城市内部社会隔离的研究，城市内部的居民，特别是外来移民和少数族群与主流社会是隔离的，甚至是分离的社会。但是真正提出城市二元社会理论的是美国社会学家沙森（也有译作萨森）。沙森（2001）在对纽约、伦敦和东京的研究后发现，全球城市的一

个主要的特点就是社会极化，城市的高收入阶层和低收入阶层呈现两极扩张的趋势，但是中产阶层并没有扩大，城市阶层结构呈现出一种沙漏形的社会结构。社会极化的原因在于全球城市的制造业岗位减少，而服务业的岗位却不断增长，以生产者服务业为代表的城市主导产业创造了更多的高收入和低收入工作岗位，而中等收入的岗位却减少了。社会极化的空间后果是分裂的城市（Divided Cities）和二元城市（Dual Cities）的出现。城市社会空间出现极化的结构，一极是城市精英群体高雅舒适的社区，是利用围墙、保安与外界隔离的防卫型社区（Gated Community）；另一极是城市低收入群体、有色人种和外国移民聚居在衰败的城市中心区。这两类社区彼此分隔，形成社会隔离。

卡斯泰尔在《信息城市》中也提出了"二元化城市"的概念和理论。他认为，在信息经济取代传统经济的情况下，经济结构的调整带来了城市社会结构的变化，促使二元化城市兴起。城市二元化结构是富人和穷人、雅皮士和无家可归者并存的社会结构，而中产阶级开始呈现萎缩的态势（卡斯泰尔，2001）。

社会极化是指城市中的职业与收入高端群体和职业与收入低端群体两个群体所占的比例都在不断增长，而处于职业与收入中间群体所占的比例在下降的社会现象。社会极化，一般地被认为是经济地位、社会背景、发展机会等不同的人群之间差别的扩大，包含收入极化、人口极化、居住极化等多方面的内容，是一种复杂的社会现象，也是举世瞩目的现代社会问题。[1]

沙森认为社会极化是指社会经济分布的顶部和底部的增长，也就是低技能、低收入的家庭和高技能、高收入的家庭数量的增长和比例的增长。她对纽约、伦敦和东京三个全球城市进行了深入的研究，发现全球城市内部的生产者服务业的发展导致城市的经济社会结构重组，引发城市社会职业结构和收入结构的双重极化：与生产者服务业相关的高薪酬职业和低薪

---

[1]　Woodward, R., "Approaches towards the Study of Social Polarization in the UK", *Progress in Human Geography*, 1995, 19 (1): 75 - 89.

酬职业都在增加，而与制造业相关的中等薪酬的职业人数和比例在下降，由此形成社会极化。① 20 世纪 80 年代，华尔街的工资急剧上涨，与此同时，纽约贫困家庭的数量也急剧上升，到 90 年代贫困家庭增加了 80%。1998 年，纽约 25% 的人的收入低于联邦贫困线标准，是全国贫困率的两倍，房租的迅速上涨使得 10% 的有小孩的贫困家庭每年至少有一段时间要住进无家收容所。纽约的家庭收入不平衡状况为全美最高，纽约最富有的 20% 的家庭收入，比收入最少的 20% 的家庭多 20 倍，其差距是 70 年代的 2 倍。最富有的 20% 的家庭是中等的 20% 的家庭收入的 4 倍。

Marcuse 用鸡蛋和沙漏来比喻社会极化现象："城市人口呈鸡蛋形分布，中间大，两头小；当极化发生的时候，中间变小，两头扩展变大，看起来像沙漏形状。鸡蛋的中间部位就是社会中间层。……当极化发生在穷人和富人之间，鸡蛋的中部就是中间收入组。"②

金文朝认为社会极化是指"社会资源在分布上呈现为二元固化的状态，即社会中富裕的人和生活艰难的人被区隔开来，他们彼此处于物质、精神交流不畅的隔绝状态"③。韩国社会在 1997 年金融危机之后社会等级结构两极化，阶层之间的割裂深化，不仅表现在收入方面，还在资产、教育、居住、消费、意识等社会各个方面迅速扩散。朴莹浚依据职业、收入、学历和住房状况等指标进行分析，主张韩国社会已经成为两极化和断裂化的"8 字形"社会。④

自 20 世纪 90 年代末期的经济衰退以来，日本社会逐渐由一个"一亿总中流"的社会结构，转变为一个"M 形"社会。日本著名的管理学家大前研一认为日本社会收入两极化，随之而来的是中产阶级的崩溃。收入分

---

① 沙森：《全球城市：纽约、伦敦、东京》，周振华译，上海社会科学院出版社，2005，第 209～238 页。
② Peter Marcuse, "Dual City: A Muddy Metaphor for Quatered City", *International Journal of Urban and Regional Research*, 1989 (13): 687–708.
③ 金文朝：《韩国社会的两极化——1997 年金融危机和不平等》，张海东、孙骁译，社会科学文献出版社，2014，第 36～37 页。
④ 金文朝：《韩国社会的两极化——1997 年金融危机和不平等》，张海东、孙骁译，社会科学文献出版社，2014，第 33～34 页。

布往上层阶层和底层阶层上下两极移动，趋向于左右两端高峰、中间低谷的"M 形"社会。美国的"里根革命"之后，这种情况日益明显，日本在 20 年后，也出现了这种潮流。① 日本的中低收入阶层在 2003 年占了 8 成，企业中的正式员工减少，非正式员工增加，有 1/3 的员工成为非正式员工。

杨上广、丁金宏认为"社会极化是指随着不同阶层尤其是收入最高与最低阶层之间，由于收入差距拉大而出现社会距离拉大的现象，其中收入差距产生的贫富阶层分化是社会极化的内核"。他们的研究发现，中国社会制度转型中，最深刻、最核心的变化之一就是个人收入的演变。中国的收入分配已由世界上少数较为平等的国家演变为世界上收入分配最为不平等的国家之一。中国的收入分配"呈现出地区、城乡、行业、城镇内部各阶层之间的差距不断扩大的趋势，这已成为不争的事实……更为严重的问题是，目前的收入分配差距还将继续扩大，短期内难有根本逆转"②。

（二）中国的城市二元结构理论

中国城市二元结构说的主要内容有四个方面：第一，城市二元结构是城乡二元结构的发展和延伸，是一种新二元结构；第二，流动人口和本地居民构成了两个分立的社会群体，也有学者认为是相对固化的两个阶级；第三，流动人口，特别是农民工无法融入城市社会导致城市贫困面的扩大，形成城市贫困聚居区和社会隔离；第四，城市二元结构会导致城市病的加剧，给社会管理带来挑战。

中国关于城市二元结构的论述最早出现在 2006 年，鲁军和战瑾在《大连日报》刊登的策论文章中指出，大连有 50 万～60 万外来务工人员，由于体制和社会保障政策的限制，他们无法融入城市，过着边缘化的生活，形成了城市的二元结构。③

---

① 大前研一：《M 型社会——中产阶级消失的危机与商机》，邓锦绣、江裕真译，中信出版社，2015，第 35～54 页。
② 杨上广、丁金宏：《社会极化及其影响因素》，《社会科学辑刊》2005 年第 2 期，第 76～80 页。
③ 鲁军、战瑾：《破除城市二元结构》，《大连日报》2006 年 4 月 6 日，第 B03 版。

2007 年，侯力在《人口学刊》发表的文章中提出，我国的城乡二元结构还未改变，农民工大量涌入城市，使我国在城乡二元结构的基础上又逐渐形成了城市二元结构。城市二元结构的出现会加大城市贫困，影响社会稳定，应从城市和乡村两方面入手，消除城市二元结构。①

2012 年，任华百指出了城市二元结构对中国社会事业发展的危害是"加大了城市的管理难度；导致教育、医疗、科技文化、劳动就业及社会保障等社会事业发展的不平衡，极易引发一些社会矛盾"②。

张林江认为城市二元结构有两个特质，第一个特质是基于户籍和职业的身份制度区隔，是城乡二元结构的变异。传统二元结构中的城乡居民在空间上和地理上是隔离的，而城市二元结构中的郊区村民与外来农民工共处于一个社会空间，是农民工与城市居民在空间中共生、在身份上区隔的制度。第二个特质是流动人口城市社会融入的失败。农民工没有融入所在城市，他们的居住条件、生活状况、收入水平、工作稳定性、社会保障等各方面与城市居民存在较大差异，面临着子女上学、住宿、看病、养老、交通等各方面困难；农民工进城后很难与本地居民建立关系，与所处社区或相关管理服务机构的互动也远少于城市居民，农民工难以获得城市当地的政治关注，也缺乏发展自我组织实现社会融入的能力和环境。

吴介民指出："二元体制已经出现了空间转型，以前的二元体制是通过城乡二元区隔，迫使农民定居在乡村，让他们不能够自由移动到城市来；到了改革开放之后，为了释放大量的农村劳动力，国家把大量的农村劳动力从乡村挤压到城镇，尤其是东南沿海。所以旧时代的二元体制已经被打破了，但是东南沿海在吸纳这些剩余劳动力的同时，却创造了一种新的二元体制——就是通过城市内部的许多政策规范，让这些被安置到新的

---

① 侯力：《从"城乡二元结构"到"城市二元结构"及其影响》，《人口学刊》2007 年第 2 期，第 32～26 页。
② 任华百：《城市二元结构对社会事业发展的危害及治理》，曲阜师范大学硕士学位论文，2012。

城市体制的外来移民，虽然具有某种居住权，但是没有获得完整的当地的市民权或公民权，他们在城市里只能够享受二流、三流的社保、福利，或者根本没有任何福利，子女就学权利也受到严格限制，变成了次等公民。他们是在自己祖国土地上的异乡客。"①

程业炳、张德化认为，我国大批的农村劳动力进城就业以后，形成了农民工阶层，他们和城市原有居民在身份、就业、收入、公民权利、社会保障等方面有明显的差距，由此形成了城市二元结构问题。城市二元结构必将对我国经济可持续发展和社会的和谐产生深远的影响，应加强对城市二元结构问题的研究，积极探索解决问题之道。②

李翔认为，城市二元结构是传统城乡二元结构在城市的翻版。错误的城市化模式以及严重滞后的制度变革，导致城乡矛盾随着农村流动人口大量进入城市演变为城市贫富分化的矛盾。城市二元结构加剧了城市不同阶层之间的对立与冲突，破坏了社会和谐稳定的基础，增大了城市化发展的风险。因此，转变城市化发展模式，加快制度的重新设计和相关体制的配套改革，打破既有的利益格局，实现公平分配，缩小城市贫富差距，是化解城市二元结构矛盾，促进城市可持续发展的关键。③

苏敏认为，城市新"二元结构"已经成为制约城市发展的瓶颈。其实质是以户籍制度为依附的福利不均，以及由此造成的流动人口城市融合的失败，这必将给城市社会事业发展、城市管理、城市社会保障和社区建设带来危害。应当从顶层设计、公共服务均等化、城市社会管理创新等角度来促进流动人口的融合，破解城市新"二元结构"困境。④

李效民认为，在我国工业化和城市化快速发展过程中，传统体制下形成的以户籍制度为核心的城乡二元结构不仅没有消除，反而逐步向城市蔓

---

① 吴介民：《海峡两岸的民主改革和公民社会》，http：//www. aisixiang. com/data/61680 - 2. html。

② 程业炳、张德化：《新型城镇化背景下城市二元结构研究述评》，《云南民族大学学报》（社会科学版）2013 年第 4 期，第 105～109 页。

③ 李翔：《城乡二元结构：困局与破局》，《理论与改革》2014 年第 4 期，第 69～72 页。

④ 苏敏：《城市新"二元结构"的危害与治理——基于深圳市龙岗区的实证分析》，《特区经济》2015 年第 1 期，第 9～13 页。

延，城市二元结构中的高低收入差距逐步扩大，繁华的城市中心与棚户区并存，城市二元结构的日益强化，将导致严重的城市贫困问题，加大城市管理的难度，并造成城市化进程的不稳定。城市内部的二元结构还存在于社会、政治、文化生活等多个方面，可以称之为多维度的二元结构。为此，应从社会保障、职业培训等多个维度加以考虑，逐步消除"城市二元结构"。①

樊志达认为，狭义的城市二元结构是指本地居民与外来移民由于户籍的差异，导致两大群体在就业、收入、公共服务、社会保障、住房等方面存在较大的差距，形成相对固化的两大阶层。而广义的城市二元结构还包括下岗职工和从事中低端行业的、居住在城市棚户区、城中村的居民，他们和城市其他居民在居住条件、收入、公共服务等方面也有一定的差距。拉丁美洲国家是世界上城镇化率较高的地区，由于未能处理好城市二元结构问题，衍生了城市居民阶层分化、贫困代际传递、犯罪率高等问题，导致拉美国家处于中等收入水平，跌入中等收入陷阱。②

梁妙荣指出，我国城乡二元结构还未得到缓解，城市二元结构却日益突出。农民工难以融入城市社会，与城市居民收入差距较大，权益不能得到保障，在公共服务上被区别对待。城市二元结构导致城市贫困问题，加大城市管理的难度，影响城市的发展。需要尽快废除不合理的城乡分治的各种制度，推进农业转移人口市民化，实现公共服务均等化，促进包容共享。③

丁宪浩认为，城市"新二元结构"中的"二元"体现在多个方面，农民工在收入上与城市居民"同工但很难同酬"，在社会保障和教育医疗等城市公共服务上无法享受"市民待遇"。他们得不到公平的对待，成为生活在城市边缘的一个最大的弱势群体。农民工和城市居民是城市里"水油分层"般清晰的两个群体，在社会身份、经济地位和政治地位上都与城市

---

① 李效民：《城市内部二元结构问题及多维度研究》，《城市发展研究》2013 年第 9 期，第 17～20 页。

② 樊志达：《城市二元结构：拉美警示与中国式应对》，《国家行政学院学报》2014 年第 1 期，第 107～111 页。

③ 梁妙荣：《对我国城市二元结构问题的思考》，《学理论》2015 年第 10 期，第107～109 页。

居民有着明显落差。①

余佳（2011）依据全球城市理论对上海市进行了实证研究，研究发现上海的劳动力市场是个二元劳动力市场，上海社会也是二元社会。

我国城镇化发展具有鲜明的"半城市化"的特点。我国的城镇化率统计指标高于实际的户籍非农业人口比重约 17 个百分点。城镇人口中有高达 1/3 的比重（规模超过 2 亿人）属于"候鸟式"迁徙的流动人口群体，他们既不可能回到农村从事农业生产，也难以享受城市中的教育、医疗、文化等公共服务设施和社会福利，难以融入城市生活，这就造成十分独特的城市"二元"社会结构，也构成了社会不稳定因素。

上述学术文献都认为，我国已经出现了城市移民与本地居民、农民工与市民构成的城市二元社会结构，农民工的权益和社会福利得不到保障，难以融入城市社会。有的还认为农民工和市民形成了两大分立的社会阶层。

（三）二元社会空间与空间极化理论

1. 社会隔离、二元空间与空间极化理论

广义的社会空间是人所能感知和利用的空间，狭义的社会空间就是指人们的居住空间。社会隔离也就是社会空间隔离，是指具有相同经济、社会、文化、种族等特征的人群在城市中聚集居住而形成同类人群聚居的社区，不同人群聚居的社区彼此分隔的社会现象。社会隔离反映了不同社会群体对城市空间资源的占有状况。"同质人群聚集居住、异质人群彼此隔离，形成了城市空间分异的基本格局，也塑造了城市不同区域的物质生态景观"（余佳，2011）。恩格斯在《英国工人阶级状况》中就曾经描述和分析过曼彻斯特的社会隔离现象，富人区以及中等阶级的居住区和脏臭拥挤的工人阶级居住区完全隔离开来，城市主干道的建筑外立面遮蔽了背后的贫民区，回避城市的肮脏和丑陋（恩格斯，1845）。

---

① 丁宪浩：《打破新二元社会结构，促进农民工社会融入》，《农业现代化研究》2007 年第 5 期，第 538～541 页。

　　社会空间的研究始于 20 世纪 20 年代芝加哥学派的城市生态学研究。1925 年 B. W. Burgess 把芝加哥城市居住空间归纳为"同心圆模型"，1939 年 H. Hoyt 提出了"扇形模型"，1945 年 J. R. Harris 在伯吉斯和霍伊特等人的基础上提出了"多核心模型"。这三种城市空间结构模型是研究城市居住空间的经典模型，尽管受到了许多批评，但是在城市研究中曾经得到广泛的应用。

　　伯吉斯（B. W. Burgess）的同心圆模型中间是城市的中央商务区，第二圈层是海外移民和贫民居住区，第三圈层是低收入工人居住区，第四圈层为中产阶级居住区，第五圈层为通勤区（见图 1－1）。

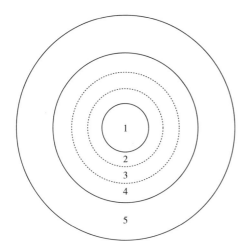

1. 中央商务区
2. 海外移民和贫民居住区
3. 低收入工人居住区
4. 中产阶级居住区
5. 通勤区

图 1－1　伯吉斯同心圆城市地域结构

　　伯吉斯的同心圆模型比较简明，但是和许多大城市的实际空间格局还有一定的差距，霍伊特（H. Hoyt）在伯吉斯的基础上提出城市空间结构的扇形模型。中间还是中央商务区，区域 2 是批发商业、轻工业区，区域 3 是低级住宅区，区域 4 是中等住宅区，区域 5 是高级住宅区（见图 1－2）。

　　哈里斯（J. R. Harris）和乌尔曼（Ullman）进一步提出多核心城市空间模型，区域 1 是中央商务区，区域 2 是批发商业、轻工业区，区域 3 是低级住宅区，区域 4 是中等住宅区，区域 5 是高级住宅区，区域 6 是重工业区，区域 7 是外用商业区，区域 8 是近郊住宅区，区域 9 是近郊工业区（见图 1－3）。

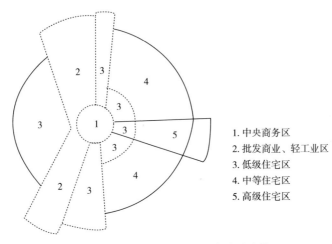

图 1-2   霍伊特扇形城市地域结构

1. 中央商务区
2. 批发商业、轻工业区
3. 低级住宅区
4. 中等住宅区
5. 高级住宅区

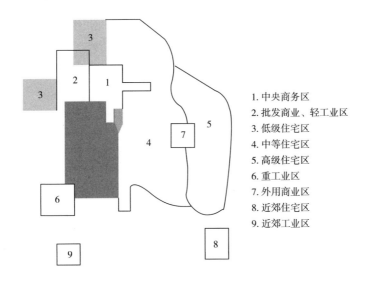

1. 中央商务区
2. 批发商业、轻工业区
3. 低级住宅区
4. 中等住宅区
5. 高级住宅区
6. 重工业区
7. 外用商业区
8. 近郊住宅区
9. 近郊工业区

图 1-3   哈里斯-乌尔曼的多核心理论

1963 年，E. J. 塔弗、B. J. 加纳、M. H. 蒂托斯提出了城市地域理想结构模式，他们的城市地域模型由五个部分组成：中间是中央商务区，第二圈层为中心边缘区，第三圈层为中间区，第四圈层为边缘区，第五圈层为近郊区。近郊区由卧城、工业区、农牧区、住宅区等社会区构成（见图 1-4）。

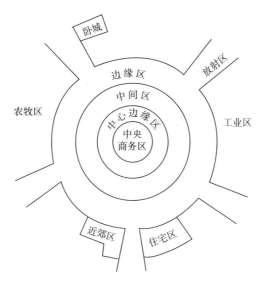

图 1 - 4 塔弗等城市地域理想结构模式

1981 年，穆勒在研究了越来越郊区化的大都市地区后提出了大都市地域结构模式，在哈里斯和乌尔曼的多核心模式的基础上，他的大都市地域结构模式由四部分组成：中心地带是衰落的中心城市，第二圈层是内郊区，第三圈层是外郊区，外郊区由若干个小城市构成，第四圈层是城市边缘区（见图 1 - 5）。穆勒的大都市地域结构模式是一种多中心城市模式。

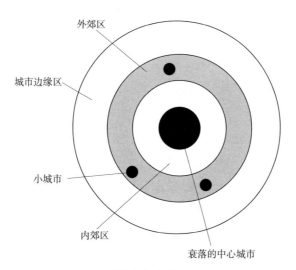

图 1 - 5 穆勒大都市地域结构模式

除上述城市社会空间结构模型以外，还有其他学者提出了很多的城市空间模型，这些模型尽管有很多差异，但是也有一个共性，就是城市社会隔离现象的普遍存在。无论是同心圆模型，还是扇形模型，乃至多核心模型，都有界限分明的低级住宅区、中级住宅区、高级住宅区的明显区隔。社会隔离是城市社会阶层分化在地理上的反映，当社会结构出现两极分化的时候，反映在空间上就是二元空间和空间极化现象。城市分化为富人区和贫民窟两大社会区，中间几乎没有过渡区。

2. 中国的城市社会隔离与二元空间研究

景天魁（2012）认为，社会分层是以空间分层为基础的，空间的等级化与隔离往往成为社会阶层分化的一个手段。中国社会阶层的空间分化在城乡二元结构体制下表现得特别明显，社会空间被区隔为城市空间和农村空间，这种空间区隔造成了中国社会的两个主要社会阶层：农民和市民阶层。空间分层是社会分层的手段，空间分层与社会分层是二位一体的。

顾朝林和 C. 克斯特洛德教授 1997 年在《地理学报》上发表文章指出："最近 10 年北京最大的变化是它的社会结构。这种转变正在改变以往的平等社会状态，导致了不同社会阶层乃至全社会的极化趋势，其结果是一些新的社会集团开始出现，社会空间分异日益增长。"[1]他们认为北京的城市社会极化主要受城市功能结构转变、外国直接投资和流动人口涌入的影响。从全国各地来到北京的农村流动人口和工作在独资或合资企业的高薪雇员正在产生两个新的社会集团：一个是低收入组，另一个是高收入组。这两个社会集团产生了城市社会极化现象。由于城市社会极化的日益加剧，新城市贫困现象已经出现，既包括相对城市贫困，又包括绝对城市贫困。一方面传统制造业部门结构调整下岗、社会救济制度、公共设施和个人保险不完善；另一方面流动人口本身的教育水平低以及在城市的不平等生活与工作权利，充当廉价劳动力，从事简单、不稳定、临时、无保障、非熟练的低薪工作。这是造成新城市贫困的根本原因。随着社会极化

① 顾朝林、C. 克斯特洛德：《北京社会极化与空间分异研究》，《地理学报》1997 年第 5 期，第 385～393 页。

的深化和新城市贫困的蔓延，这种新的社会结构也开始影响城市的空间结构。就社会结构而言，新流动人口倾向于集中居住在那些拥有过剩廉价房屋出租的城市边缘地带，北京木樨园附近的浙江村已经成为较大的新棚户区；而北郊新建的别墅区正在形成新的富裕阶层集中居住区。就空间结构而言，一方面制造业向廉价的劳动力和城市边缘地带转移；另一方面大规模的服务业在城市中心集中，导致城市内城区更新速度加快。总之，北京因社会极化正在重建它的社会空间结构。

此外，杨上广、丁金宏，柴彦威、李志刚、吴缚龙，王兴中通过对上海、北京、广州、西安等地的研究也发现中国的大都市已经出现了社会隔离甚至空间极化。社会隔离和空间极化给大都市带来一系列问题，被称为大都市病，包括空气污染、交通拥堵、违法犯罪、环境混乱、住房紧张、贫困聚集、失业率高，等等。在发展中国家的巨型城市还出现了大量绝望的巨型贫民窟，在纽约、伦敦等城市中心地带，街头无家可归的流浪汉成群结队。中国已经出现了 10 多个特大城市，6 个超大城市，中国的大都市还都处于快速的扩张期，城市规划管理面临的挑战是前所未有的，中国城市要想摆脱全球城市的通病，就必须对中国的城市社会空间结构进行深入的研究，认识中国城市社会空间结构的共性和特性，为制定城市政策和规划提供理论支持。

二　研究问题与研究方法

（一）研究的问题

1. 北京的城市社会结构是不是二元社会结构？

一些学者研究中国特大城市的社会阶层结构，认为超大城市北京、上海的社会阶层结构已经由非标准型的金字塔形转变为标准型的金字塔形，中产阶层在中心城区得到了较大发展，有可能转型为以中产阶层为主的社会，也就是一个橄榄形的社会，甚至已经是一个橄榄形的社会了（仇立平，2014；胡建国，2011；赵卫华，2006）。尽管中国的社会阶层结构发生了剧烈的变化，但是距离理想的橄榄形结构还比较遥远。而北京、上海这样的超大城市，社会阶层结构已经呈现出橄榄形的趋势。那么，北京、上海距离橄榄形的社会结构还有多远？沙森、卡斯泰尔等社会学家提出世界大城市都有二元结构趋向，那么北京的社会结构是否也会形成二元结构？是否也会出现社会极化？

2. 北京的社会空间结构是否出现社会隔离和空间极化？

中国社会学界关于社会阶层的研究普遍缺乏空间视角，很少关心社会阶层的区位问题。尽管景天魁多年来倡导时空社会学研究，中国的社会学研究有了空间转向的迹象，但是相关成果并不多。20 世纪 20 ~ 30 年代，美国的芝加哥学派对社会阶层的区位分布进行了深入的研究，提出了著名的三大古典城市社会空间结构模式，即伯吉斯的同心圆模式、霍伊特的扇形模式和哈里斯 - 乌尔曼的多核心模式，他们认为社会阶层的区位分布是市场竞争的结果。

Shevkey E. 和 William M. 后来对北美城市进行生态因子分析，发现社会等级、家庭类型和种族成分是社会阶层区位分布的主要因素。沙森以伦敦、纽约和东京为例，指出了世界城市空间分离、社会隔离和两极分化的二元性特点，一方面存在一个跨国的、占据统治地位的社会精英组成的小团体，另一方面存在一个人数不断增加的低工资、贫困、为跨国精英服务的工人阶层。二元城市是由两个系统构成的社会不平等的空间结构，一个系统是城市顶端的高收入人群，另一个系统是城市底端的低收入劳工，他们属于不同的空间和位置，形成了对立的两极。二元城市的逻辑不仅仅是劳动力与资本的对立，还是国家与某部分劳动力和市民的对立，国家在城市社会不平等问题上扮演了重要角色。他们的研究表明，资本主义大城市的社会阶层不仅出现了垂直的分化，也出现了平面的分化，即空间的分化，也被称为空间隔离，甚至空间极化。

国内的地理学和规划学对我国大城市的社会隔离和社会极化问题也进行了研究。黄怡（2005）归纳出我国城市居民住房的区位分布是社会贫富差距悬殊、住宅市场分化加剧造成的，城市住房出现了隔离现象。顾朝林等（1997）认为北京的社会极化问题越来越严重，社会阶层的分布趋于分化和隔离，其根源就在于城市功能结构转变、外国直接投资和流动人口涌入的影响，特别是农村流动人口的涌入是造成新城市贫困的根本原因。陶海燕等（2009）发现广州市海珠区高收入居民集中在老城区，贫困家庭居住在城乡接合部，反映了我国城市社会阶层的区位分布与西方发达国家不同。李志刚等（2006）把上海社会阶层的分布区域划分为六类社会区——计划经济时代建设的工人居住区、外来人口集中居住区、白领集中居住区、农民居住区、新建普通住宅居住区和离退休人员集中居住区，并发现各阶层存在严重的住房分异。总的来说，已有的研究都倾向于认为中国的城市出现社会隔离和住房分异，社会极化的问题越来越严重。这些研究有助于我们认识城市社会阶层的区位分布和社会隔离，但是研究所使用的数据都比较早，数据是自己收集的或者来自地方政府的抽样调查，使用较新的系统的数据分析我国特大城市社会阶层的分布的研究不多。

随着我国城市化的进程加快和超大城市经济飞跃，我国的超大城市人口迅速膨胀，已经出现了6个拥有千万人口的超大城市，北京和上海的人口已经超过2000万。今天，我们很有必要对超大城市的阶层分布进行进一步的研究来回答以下问题：我国的超大城市社会阶层在地理上是如何分布的，社会隔离有什么特点，是否进一步加深了？是否形成了城市空间二元结构或者空间极化？这对于全面认识我国超大城市社会阶层的区位分布规律，对于根据社会阶层的区域分布做好城市总体规划、经济社会发展规划，制定好政治、经济、社会、文化、生态政策至关重要。

3. 北京的社会结构和社会空间结构的特征和趋势是什么？

陆学艺提出中国社会已经分化为十大阶层，认为社会阶层的结构形态是金字塔形，但是现代社会结构的雏形已经形成，未来将会发展为一个橄榄形的社会结构。李强认为我国的社会结构是个"倒丁字"形的社会结构，社会结构张力较大，容易引发社会矛盾。孙立平认为中国的社会结构是个"断裂"的社会结构，是个二元结构，容易出现分裂和极化。社会学界普遍认为中国中产阶层比例还不够大，中国的中产阶层为主的橄榄形社会还有待时日才能形成。然而，黄宗智的研究比较悲观，认为中国成为中产社会遥遥无期。但是，很多学者认为中国的城市社会阶层结构是金字塔形，中产阶层比例大，已经是橄榄形的社会。那么作为中国的首都，中国的第二大城市，一个迅速崛起的全球城市，北京的社会阶层结构发展趋势是什么？是以中产阶层为主的橄榄形社会结构吗？抑或逃不出全球城市的普遍规律，也是一个二元社会结构？

无论是发达国家顶级的全球城市，还是发展中国家的巨型城市，都出现了社会隔离现象，出现了城市空间二元结构，甚至出现空间极化。那么，北京是否也像其他全球城市一样，是个空间二元结构，或者空间极化，抑或不一样？

（二）研究的方法与数据

1. 阶层的分析方法

卡尔·马克思的社会分层依据是生产资料的占有状况，马克斯·韦伯的社会分层依据是财产、权利和社会声望三个维度，而涂尔干、丹尼尔·贝尔、戈德索普等划分社会阶层的依据则是职业地位。中国的社会学家陆学艺以经济资源、组织资源、文化资源的占有为依据划分社会阶层，由于职业能够体现经济资源、组织资源和文化资源的占有状况，实际操作中是以职业来划分阶层的。根据数据的可获得性以及职业在社会阶层划分中的综合性，我们依据全国第六次人口普查资料，根据7大类63小类职业把北京的从业人口划分为七个阶层和三大阶层。我们根据职业地位把国家与社会管理者阶层和企业负责人阶层看作是社会上层，专业技术人员阶层和办事人员阶层看作社会中层，把商业服务业人员阶层、产业工人阶层和农业劳动者阶层看作社会下层。

2. 研究的范围和尺度

2010 年，第六次人口普查时北京一共有 18 个区县 327 个地区（乡镇、街道）。我们着重考察两个方面，一是以地区（乡镇、街道）为单位考察北京社会上中下层在全市的比重，考察全市的阶层分布状况；二是以地区（乡镇、街道）为单位考察地区的社会上中下层的比重，也就是考察各地区上中下层的集中程度。

我们以区和街乡为单位绘制了北京社会阶层的分布地图，来显示社会阶层在全市的地理分布和街乡的集中度，一个阶层在某个地区集中度过高就意味某种程度的社会隔离。为了区别文中的两种地图，我们把反映一个街乡中的某个阶层占该阶层全市的比例图称为北京阶层分布地图，计算的方法是一个地区（乡镇、街道）的某阶层样本除以全市某阶层总样本，比例大也就是地图颜色深表示该地区某个阶层数量大，反之，表示某个阶层数量少。我们把反映一个阶层在某街乡从业人员的比例图称为街乡阶层指数图，该指数是以一个街乡某阶层人数除以该街乡的从业人口数，该指数最大等于1，最小等于0。该指数反映一个街乡的社会阶层结构。如果社会阶层指数大于0.5，则该街乡的某个阶层占本街乡的比例很大，已经占据绝对的优势，非常集中。比如某个街道的工人阶层指数大于0.5，那么就可以称之为工人街道，某个街道专业技术人员阶层指数超过0.5，那么就可以称之为专业技术人员街道。阶层指数大于0.5就表明社会隔离程度较大，大于0.7就表明社会隔离严重，大于0.9就表明社会极化严重。通过各街乡的社会阶层指数，我们可以比较分析社会阶层的集中与分散程度，阶层的混居与隔离程度以及阶层的极化程度。

3. 数据来源

我们主要利用2010年的全国第六次人口普查数据，全国人口普查已经形成制度，每10年进行一次。普查中的短表覆盖所有的人口，长表覆盖了10%的人口。我们主要利用的是长表的数据。我们的第二个数据来源是北京市统计局统计信息网的年度数据、区域数据和统计公报。第三个来源是北京市各区政府官方网站和统计局网站的数据。第四个来源是国家卫计委流动人口监测数据。少量数据来自北京城市居民生活状况调查课题组和北京农村居民生活状况调查课题组的数据。北京市在2015年对行政区进行了调整，延庆县和密云县改为延庆区和密云区。如果书中提到延庆县或密云县，即意味着所使用的数据是2015年以前的，如果书中提到延庆区或密云区，则意味着所使用的数据是2015年的数据，或者是涉及改区后的数据。

第二章　北京的人口与就业结构

一　北京的常住人口结构

(一) 人口结构变迁

北京的常住人口在 1978 年的时候是 871.5 万人，常住外来人口 21.8 万人，常住外来人口比例只有 2.5%。常住人口中的城镇人口 479 万人，占常住人口的 54.96%；乡村人口 392.5 万人，占常住人口的 45.04%。

2010 年，北京常住人口达到 1961.9 万人，是 1978 年的 2.25 倍。其中常住外来人口 704.7 万人，常住外来人口比例达到 35.92%，比例超过了1/3，绝对数增加近 700 万。常住人口中的城镇人口 1686.4 万人，占常住人口的 85.96%；乡村人口 275.5 万人，占常住人口的 14.04%。

2014 年，北京常住人口达 2151.6 万人，是 1978 年的 2.47 倍。其中外来人口 818.7 万人，常住外来人口比例达到 38.05%，比例接近 4 成。常住人口中的城镇人口 1859.0 万人，占常住人口的 86.4%；乡村人口 292.6 万人，占常住人口的 13.6%。

2016 年年末，全市常住人口 2172.9 万人，其中常住外来人口 807.5 万人，占常住人口的比重为 37.2%。常住人口中，城镇人口 1879.6 万人，占常住人口的比重为 86.5%；乡村人口 293.3 万人，占 13.5%。全市户籍人口 1362.9 万人，比上年末增加 17.7 万人。

38 年来，北京的城市化率由 55% 提高到 86.5%，提高了 31.5 个百分点，特别是 90 年代中期以后，北京城市化加速。北京城市化加速的一个原因是北京郊区居民因征地拆迁而农转居，另一个原因就是外来务工人员的积极增加。由于外来务工经商的人口很少到农村务工经商，所以外来务工经商人员基本上都计入城镇人口。

1978年，常住外来人口只有21.8万人，占常住人口的比例为2.5%；到1983年，北京常住外来人口减少到16.8万人，占常住人口的比例为1.77%；1988年，北京常住外来人口增加到59.8万人，占常住人口的比例为5.64%。1989～1998年的10年间，常住外来人口有所波动，但是总的趋势是增加的。自1999年开始到2015年，北京常住外来人口数量一路飙升，由157.4万人增加到822.6万人，16年间增加了423%，涨幅惊人（见表2-1）。2016年最新公布的数据显示，北京常住外来人口下降了15.1万人，这恐怕只是暂时的波动。全球城市东京、伦敦和纽约尽管人口密度很大，人口也曾出现波动，但总的趋势是增长的。发展中国家的超大城市人口也在继续增加，在经济社会持续发展的情况下，超大城市人口减少的情形是罕见的。

表2-1　1978～2016年北京常住人口

单位：万人，%

年　份	常住人口	常住外来人口	按性别分		按城乡分		城市化率	外来人口比例
			男	女	城镇人口	乡村人口		
1978	871.5	21.8	443.2	428.3	479.0	392.5	55.0	2.50
1979	897.1	26.5	454.6	442.5	510.3	386.8	56.9	2.95
1980	904.3	18.6	457.8	446.5	521.1	383.2	57.6	2.06
1981	919.2	18.4	465.9	453.3	533.3	385.9	58.0	2.00
1982	935.0	17.2	474.0	461.0	544.0	391.0	58.2	1.84
1983	950.0	16.8	483.0	467.0	557.0	393.0	58.6	1.77
1984	965.0	19.8	491.0	474.0	570.0	395.0	59.1	2.05
1985	981.0	23.1	500.0	481.0	586.0	395.0	59.7	2.35
1986	1028.0	56.8	524.0	504.0	621.0	407.0	60.4	5.53

续表

年　份	常住人口	常住外来人口	按性别分		按城乡分		城市化率	外来人口比例
			男	女	城镇人口	乡村人口		
1987	1047.0	59.0	525.0	522.0	637.0	410.0	60.8	5.64
1988	1061.0	59.8	534.0	527.0	650.0	411.0	61.3	5.64
1989	1075.0	53.9	538.0	537.0	664.0	411.0	61.8	5.01
1990	1086.0	53.8	545.0	541.0	798.0	288.0	73.5	4.95
1991	1094.0	54.5	547.0	547.0	808.0	286.0	73.9	4.98
1992	1102.0	57.1	554.0	548.0	819.0	283.0	74.3	5.18
1993	1112.0	60.8	559.0	553.0	831.0	281.0	74.7	5.47
1994	1125.0	63.2	564.0	561.0	846.0	279.0	75.2	5.62
1995	1251.1	180.8	627.0	624.1	946.2	304.9	75.6	14.45
1996	1259.4	181.7	639.0	620.4	957.9	301.5	76.1	14.43
1997	1240.0	154.5	628.7	611.3	948.3	291.7	76.5	12.46
1998	1245.6	154.1	630.6	615.0	957.7	287.9	76.9	12.37
1999	1257.2	157.4	636.4	620.8	971.7	285.5	77.3	12.52
2000	1363.6	256.1	710.9	652.7	1057.4	306.2	77.5	18.78
2001	1385.1	262.8	722.1	663.0	1081.2	303.9	78.1	18.97
2002	1423.2	286.9	743.1	680.1	1118.0	305.2	78.6	20.16
2003	1456.4	307.6	761.2	695.2	1151.3	305.1	79.1	21.12
2004	1492.7	329.8	779.9	712.8	1187.2	305.5	79.5	22.09
2005	1538.0	357.3	778.7	759.3	1286.1	251.9	83.6	23.23
2006	1601.0	403.4	817.6	783.4	1350.2	250.8	84.3	25.20
2007	1676.0	462.7	850.8	825.2	1416.2	259.8	84.5	27.61
2008	1771.0	541.1	900.2	870.8	1503.6	267.4	84.9	30.55
2009	1860.0	614.2	949.8	910.2	1581.1	278.9	85.0	33.02

续表

年　份	常住人口	常住外来人口	按性别分		按城乡分		城市化率	外来人口比例
			男	女	城镇人口	乡村人口		
2010	1961.9	704.7	1013.0	948.9	1686.4	275.5	86.0	35.92
2011	2018.6	742.2	1040.7	977.9	1740.7	277.9	86.2	36.77
2012	2069.3	773.8	1068.1	1001.2	1783.7	285.6	86.2	37.39
2013	2114.8	802.7	1090.7	1024.1	1825.1	289.7	86.3	37.96
2014	2151.6	818.7	1106.5	1045.1	1859.0	292.6	86.4	38.05
2015	2170.5	822.6	113.4	1057.1	1877.7	292.8	86.5	37.9
2016	2172.9	807.5	112.7	1060.2	1879.6	293.3	86.5	37.2

注：①1978～1981年为户籍统计数，含暂住人口；1982～1989年数据是根据1982年、1990年两次人口普查数据调整的；1990年以后数据为人口动态情况抽样调查推算数，其中1995年、2005年为1%人口抽样调查推算数；2000年为第五次人口普查快速汇总推算数；2010年为第六次人口普查推算数。2006～2009年常住人口等数据又根据2010年人口普查数据进行了调整。②"按城乡分"一栏包括的"城镇人口"和"乡村人口"，1978～1989年数据为户籍管理统计中的"非农业人口"和"农业人口"口径；1990～1999年数据是根据1990年、2000年两次人口普查数据调整的；2000年数据为国家统计局1999年发布的《关于统计上划分城乡的规定（试行）》中的"城镇人口"和"乡村人口"口径，2001～2005年数据为该口径的推算数；2006～2008年数据为国家统计局2006年发布的《关于统计上划分城乡的暂行规定》中的"城镇人口"和"乡村人口"口径的推算数；2009年以后数据为《国务院关于统计上划分城乡规定的批复》中的"城镇人口"和"乡村人口"口径的推算数。

数据来源：北京统计信息网。

表2-2　北京六次人口普查基本情况

年　份项　目	1953	1964	1982	1990	2000	2010
常住人口（万人）	276.8	759.7	923.1	1081.9	1356.9	1961.2
男（万人）	159.8	391.1	467.1	559.3	707.4	1012.6
女（万人）	117.0	368.6	456.0	522.6	649.5	948.6
性别比（女＝100）	136.5	106.1	102.4	107.0	108.9	106.8
城镇人口（万人）	205.8	425.8	597.0	794.5	1052.2	1685.9
乡村人口（万人）	71.0	333.9	326.1	287.4	304.7	275.3

续表

年 份 项 目	1953	1964	1982	1990	2000	2010
家庭户规模（人/户）			3.7	3.2	2.9	2.5
0~14岁人口比重（%）	30.1	41.5	22.4	20.2	13.6	8.6
15~59岁人口比重（%）	64.3	51.9	69.1	69.7	73.9	78.9
60岁及以上人口比重（%）	5.6	6.6	8.5	10.1	12.5	12.5
65岁及以上人口比重（%）	3.3	4.1	5.6	6.3	8.4	8.7
总抚养比（%）	50.2	83.8	38.9	36.1	28.2	20.9
老年抚养比（%）	5.0	7.5	7.8	8.6	10.8	10.5
少儿抚养比（%）	45.2	76.3	31.1	27.5	17.4	10.4
汉族（万人）	260.0	731.2	890.8	1040.5	1298.4	1881.1
汉族占常住人口比重（%）	93.9	96.2	96.5	96.2	95.7	95.9
少数民族（万人）	16.8	28.5	32.3	41.4	58.5	80.1
少数民族占常住人口比重（%）	6.1	3.8	3.5	3.8	4.3	4.1
大专及以上（万人）		4.36	4.87	9.30	16.84	31.50
高中和中专（万人）		4.51	17.65	18.98	23.17	21.22
初中（万人）		11.77	29.09	30.55	34.38	31.40
小学（万人）		31.88	26.20	22.58	16.96	9.96
文盲人口（万人）		168.9	114.7	94.3	57.8	33.3
文盲率（%）		34.2	16.0	10.9	4.9	1.9
平均受教育年限（年）		5.3	7.8	8.6	10.0	11.5
平均预期寿命（岁）			71.9	72.9	76.1	80.2

（二）人口年龄结构

2010年，北京60岁以上的老年人口比例为10%，到2014年北京60岁以上人口比例达到15%。2010年，0~14岁儿童占8.6%，2014年占9.9%（见表2-3）。儿童比例和老年人比例都在增加，劳动年龄人口比重在下降。

表 2 - 3　2014 年北京常住人口年龄结构

单位：万人，%

年龄组	常住人口数	比重
0 ~ 4	90.6	4.2
5 ~ 9	71.4	3.3
10 ~ 14	51.0	2.4
15 ~ 19	84.6	3.9
20 ~ 24	223.7	10.4
25 ~ 29	243.6	11.3
30 ~ 34	229.7	10.7
35 ~ 39	168.2	7.8
40 ~ 44	183.6	8.5
45 ~ 49	170.8	7.9
50 ~ 54	161.5	7.5
55 ~ 59	151.3	7.0
60 ~ 64	109.3	5.1
65 ~ 69	71.5	3.3
70 ~ 74	49.5	2.3
75 ~ 79	45.6	2.1
80 ~ 84	29.3	1.4
85 岁及以上	16.4	0.8
合　计	2151.6	100.0

注：本表数据为人口抽样调查推算数据，为年末数。

（三）人口的文化程度

北京人口的文化素质是比较高的，2014 年北京大专以上文化程度的人口占 6 岁及以上人口的比重达到 36.78%，初中及以下文化程度人口的比重为 39.23%。男性大专以上文化程度的比重为 35.68%，女性大专以上文化程度的比重为 37.88%，总体上女性的文化程度高于男性（见表 2 - 4）。但是男性研究生文化程度的比重高于女性。

表 2 - 4 2014 年北京常住人口教育构成

单位：人，%

项目	调查人口合计	比例	男	比例	女	比例
6 岁及以上人口	541394		271649		269745	
小学	57961	10.71	26640	9.81	31321	11.61
初中	154393	28.52	83358	30.69	71035	26.33
普通高中	83184	15.36	43418	15.98	39766	14.74
中职	35457	6.55	18277	6.73	17180	6.37
大学专科	70316	12.99	34476	12.69	35840	13.29
大学本科	103236	19.07	48244	17.76	54992	20.39
研究生	25556	4.72	14215	5.23	11341	4.2

（四）各区域人口结构

2014 年，北京的常住人口达到 2151.6 万人，其中首都功能核心区 221.3 万人，占全市人口的 10.29%；城市功能拓展区 1055.0 万人，占全市人口的 49.03%；城市发展新区 684.9 万人，占全市人口的 31.83%；生态涵养发展区 190.4 万人，占全市人口的 8.85%（见表 2 - 5）。人口主要分布在城市功能拓展区和城市发展新区，两个功能区人口占全市人口的比重为 80.86%。首都功能核心区面积相对其他各区面积较小，两个区的人口虽然占总人口的比重不大，但是这两个区的人口密度是北京最高的。生态涵养发展区的面积较大，但基本是山区，平地较少，所以人口也比较少。门头沟区、怀柔区、延庆县的人口都是 30 万多一点，与北七家镇的人口差不多，相当于中心城区两三个街道的人口。

首都功能核心区的常住外来人口只有 54 万人，占全市常住外来人口的比重是 6.60%；城市功能拓展区的常住外来人口达到 436.4 万，占全市常住外来人口的比重是 53.30%；城市发展新区的常住外来人口达到 296.9 万，占全市常住外来人口的比重是 36.26%；生态涵养发展区的人口只有 31.4 万，占全市常住外来人口的比重是 3.83%。城市功能拓展区和城市发展新区的外来人口合起来占全市常住外来人口的比重是 89.56%。北京的常住人口和外来人口都主要分布在城市功能拓展区和城市发展新区，常住外来人口也更多地集中在这一区域。

表 2 - 5   2014 年北京常住人口总量（按区县分）

单位：万人

地区	常住人口	常住外来人口	城镇人口	乡村人口
全　市	2151.6	818.7	1859.0	292.6
首都功能核心区	221.3	54.0	221.3	0.0
东 城 区	91.1	21.2	91.1	0.0
西 城 区	130.2	32.8	130.2	0.0
城市功能拓展区	1055.0	436.4	1043.1	11.9
朝 阳 区	392.2	179.8	389.7	2.5
丰 台 区	230.0	85.1	228.6	1.4
石景山区	65.0	21.2	65.0	0.0
海 淀 区	367.8	150.3	359.8	8.0
城市发展新区	684.9	296.9	477.5	207.4
房 山 区	103.6	26.7	71.4	32.2
通 州 区	135.6	55.5	87.1	48.5
顺 义 区	100.4	38.9	54.9	45.5
昌 平 区	190.8	100.2	154.7	36.1
大 兴 区	154.5	75.6	109.4	45.1
生态涵养发展区	190.4	31.4	117.1	73.3
门头沟区	30.6	4.9	26.4	4.2
怀 柔 区	38.1	10.4	25.1	13.0
平 谷 区	42.3	5.3	23.2	19.1
密 云 县	47.8	7.2	26.5	21.3
延 庆 县	31.6	3.6	15.9	15.7

（五）人口密度

随着人口数量的不断增长，人口密度也逐步上升。2014 年，北京全市常住人口密度为 1311 人/平方公里，比 2011 年增加 81 人/平方公里（2011 年为 1230人/平方公里）。西城区常住人口密度最高，为 25767 人/平方公里，而延庆县最低，只有 158 人/平方公里。常住人口密度从首都功能核心区开始向外围逐渐降低。首都功能核心区人口密度为 23953 人/平方公里，是城市功能拓展区的2.9 倍，是城市发展新区的 22 倍，是生态涵养发展区的 109.9 倍（见表 2 - 6）。

表 2-6 2014 年北京常住人口密度（按区县分）

地区	土地面积（平方公里）	常住人口（万人）	常住人口密度（人/平方公里）
全 市	16410.54	2151.6	1311
首都功能核心区	92.39	221.3	23953
东 城 区	41.86	91.1	21763
西 城 区	50.53	130.2	25767
城市功能拓展区	1275.93	1055.0	8268
朝 阳 区	455.08	392.2	8618
丰 台 区	305.80	230.0	7521
石 景 山 区	84.32	65.0	7709
海 淀 区	430.73	367.8	8539
城市发展新区	6295.57	684.9	1088
房 山 区	1989.54	103.6	521
通 州 区	906.28	135.6	1496
顺 义 区	1019.89	100.4	984
昌 平 区	1343.54	190.8	1420
大 兴 区	1036.32	154.5	1491
生态涵养发展区	8746.65	190.4	218
门 头 沟 区	1450.70	30.6	211
怀 柔 区	2122.62	38.1	179
平 谷 区	950.13	42.3	445
密 云 县	2229.45	47.8	214
延 庆 县	1993.75	31.6	158

数据来源：北京统计信息网。

二 北京的外来人口结构

（一）外来人口的户籍结构

长期以来，提到北京的外来人口，人们头脑里想到的都是农村进城的农民工，很少会想到常住外来人口中还有大量从其他城市迁移而来的人口，更少会想到这中间还有不少来京投资的商人和企业负责人。那么，北京常住外来人口中的非农业户口的人口数到底有多少呢？第六次人口普查数据显示，北京常住外来人口 7044533 人，其中非农户籍的城城移民人口有 2276388 人，比例达到常住外来人口的 32.31%，接近 1/3。常住外来人口中农业户籍的乡城移民有 4768145 人，占外来人口的 67.69%。

石景山区的常住外来人口中城城移民比例最大，达到 42.43%，东城区的城城移民比例达到 39.47%，朝阳区的城城移民占常住外来人口的比例达 38.50%，西城区的城城移民占常住外来人口的比例达到 37.68%，海淀、通州、昌平的城城移民占常住外来人口的比例都超过了 1/3。平谷区的常住外来人口最少，城城移民的比例也最低，只有 12.71%；其次是怀柔区，只有 13.90%；再次是密云，只有 14.14%；顺义和大兴分别只有 17.08% 和 18.21%。远郊区县只有延庆的城城移民比例较高，达到 29.66%（见表 2-7）。

根据《中国流动人口发展报告（2011）》统计，中国流动人口平均年龄 27.9 岁，86.7% 为农业户口，属于乡城流动；13.3% 为城镇户口，属于城城流动。[1] 比较起来，北京的城城流动人口比例远远高于全国的城城流动人口比例。说明北京以自己独特的政治、经济、文化和社会优势吸引了大量的城镇人口流入北京。北京城城流动人口的数量是一个大城市人口的规模。北京的城城移民文化素质较高，其中很多是专业技术人员，还有相当比例的企业负责人，也就是外来的投资者和创业者。他们的到来影响了北京的人口结构和社会结构，对北京经济社会发展的贡献不可忽视。

表 2-7　北京各区县常住外来人口户籍结构

行政区	合计（人）	非农业户口（人）	非农户口比例	农业户口（人）	农业户口比例
北京市	7044533	2276388	0.323142	4768145	0.676858
东 城 区	219609	86681	0.394706	132928	0.605294
西 城 区	327084	123253	0.376824	203831	0.623176
朝 阳 区	1514822	583275	0.385045	931547	0.614955
丰 台 区	812713	257656	0.317032	555057	0.682968

①　国家人口和计划生育委员会流动人口服务管理司：《中国流动人口发展报告（2011）》，中国人口出版社，2011。

续表

行政区	合计（人）	非农业户口（人）	非农户口比例	农业户口（人）	农业户口比例
石景山区	206493	87624	0.424344	118869	0.575656
海淀区	1256145	439171	0.349618	816974	0.650382
门头沟区	47275	10114	0.21394	37161	0.78606
房山区	195099	43337	0.222128	151762	0.777872
通州区	435173	149878	0.34441	285295	0.65559
顺义区	278721	47616	0.170838	231105	0.829162
昌平区	847067	288560	0.340658	558507	0.659342
大兴区	644057	117259	0.182063	526798	0.817937
怀柔区	102649	14272	0.139037	88377	0.860963
平谷区	48883	6215	0.12714	42668	0.87286
密云县	69438	9820	0.141421	59618	0.858579
延庆县	39305	11657	0.296578	27648	0.703422

数据来源：第六次全国人口普查。

（二）外来人口的性别结构

北京的常住外来人口中男性比例是54.32%，女性比例是45.68%（见表2－8）。男女比例的差异略微大于全国的流动人口的男女比例差异。根据《中国流动人口发展报告（2011）》统计，中国流动人口中男性占51.8%，女性占48.2%[①]。

表2－8　北京流动人口的性别结构

行政区	合计（人）	男性（人）	男性比例	女性（人）	女性比例
东城区	219609	111989	0.509947	107620	0.490053
西城区	327084	165993	0.507493	161091	0.492507
朝阳区	1514822	815880	0.538598	698942	0.461402
丰台区	812713	429289	0.528217	383424	0.471783
石景山区	206493	108328	0.524609	98165	0.475391
海淀区	1256145	681902	0.542853	574243	0.457147

---

① 国家人口和计划生育委员会流动人口服务管理司：《中国流动人口发展报告（2011）》，中国人口出版社，2011。

续表

行政区	合计（人）	男性（人）	男性比例	女性（人）	女性比例
门头沟区	47275	23782	0.503057	23493	0.496943
房 山 区	195099	107445	0.55072	87654	0.44928
通 州 区	435173	237225	0.545128	197948	0.454872
顺 义 区	278721	155227	0.556926	123494	0.443074
昌 平 区	847067	475339	0.561159	371728	0.438841
大 兴 区	644057	370619	0.575444	273438	0.424556
怀 柔 区	102649	59730	0.581886	42919	0.418114
平 谷 区	48883	26722	0.546652	22161	0.453348
密 云 县	69438	36500	0.525649	32938	0.474351
延 庆 县	39305	20335	0.517364	18970	0.482636
合　　计	7044533	3826305	0.543159	3218228	0.456841

数据来源：第六次全国人口普查。

怀柔区的常住外来人口性别比例差异最大，男性占 58.19%，女性占41.81%，女性比例比男性约低 16 个百分点；其次是大兴区，再次是昌平区。门头沟区的常住外来人口性别比例差距最小，男性比例为 50.31%，女性比例为 49.69%，男性比例比女性高 0.62 个百分点；其次是西城区和东城区，男性比例比女性分别高 1.5 个和 1.99 个百分点。

（三）外来人口的文化水平结构

北京的外来人口中未上过学的比例很低，只有 0.80%，这一部分人主要是儿童和老人；小学文化程度的比例是 9.38%；初中文化程度是主流，比例达 45.92%；高中文化程度的占 19.55%；大学专科文化程度的占11.02%；大学本科文化程度的占 11.87%；研究生文化程度的比例为1.46%。大专以上文化程度合计占 24.35%，其比例并不是很低（见表 2 - 9）。北京常住人口中，大专以上文化程度的占 32.84%，高中文化程度的占22.12%，初中文化程度的占 32.73%，小学文化程度的占 10.38%（见表 2 - 10）。

表 2 - 9　北京分区县 6 岁及以上常住外来人口受教育程度

单位:%

行政区	未上过学	小学	初中	高中	大学专科	大学本科	研究生	合计	大专以上
全　　市	0.80	9.38	45.92	19.55	11.02	11.87	1.46	100	24.35
东 城 区	0.72	7.11	42.46	26.41	10.71	11.03	1.56	100	23.31
西 城 区	1.23	9.53	40.64	22.94	10.44	12.92	2.29	100	25.65
朝 阳 区	0.55	7.70	45.28	18.76	11.24	14.54	1.92	100	27.71
丰 台 区	0.87	10.80	45.32	21.74	10.58	9.78	0.95	100	21.31
石景山区	1.02	10.60	41.44	20.55	12.06	12.41	1.91	100	26.38
海 淀 区	0.61	7.54	39.86	22.37	12.79	14.43	2.40	100	29.62
门头沟区	1.83	16.80	53.11	17.70	6.47	3.84	0.25	100	10.56
房 山 区	1.46	16.50	49.52	18.80	8.47	4.96	0.25	100	13.68
通 州 区	0.68	9.37	46.39	18.00	12.02	12.65	0.89	100	25.57
顺 义 区	1.00	12.20	57.83	15.52	6.57	6.53	0.32	100	13.43
昌 平 区	0.67	8.11	44.27	16.43	13.95	15.18	1.38	100	30.52
大 兴 区	0.94	11.40	57.41	17.21	7.24	5.38	0.47	100	13.09
怀 柔 区	1.79	15.40	54.90	19.11	5.10	3.52	0.22	100	8.84
平 谷 区	1.63	15.00	58.27	15.23	4.90	4.85	0.15	100	9.90
密 云 县	1.56	13.20	60.54	15.84	5.53	3.17	0.19	100	8.89
延 庆 县	1.93	13.10	34.20	10.62	24.53	15.42	0.20	100	40.14

数据来源：根据第六次全国人口普查数据计算。

　　一些区县外来人口中大专以上文化程度占比高于全市外来人口占比，这些区县分别是延庆县、昌平区、海淀区、朝阳区、石景山区、西城区、通州区。延庆县的比例最高，超过了 40%，这主要是因为延庆的外来人口中部分是民办大学的学生，但户籍都是外地户籍。昌平区的外来人口中，大专以上文化程度的超过 30%。

表 2 - 10　2010 年北京常住人口受教育程度

单位：万人，%

项　　目	合　　计	比　　例
6 岁及以上人口	1881.3	100
小学	195.3	10.38
初中	615.7	32.73

续表

项　目	合　计	比　例
高中	416.2	22.12
大学专科	237.8	12.64
大学本科	310.9	16.53
研究生	69.1	3.67
大专以上	617.8	32.84

数据来源：根据第六次全国人口普查数据计算。

（四）外来人口居留时长结构

居留北京半年至一年的比例是 13.87%，1~2 年的占 19.73%，2~3 年的占 16.19%，3~4 年的占 12.27%，4~5 年的占 7.29%，5~6 年的占 4.94%，6 年以上的占 25.71%（见表 2-11）。如果我们把 1 年以下的看作短期居留，那么，短期居留的比例只有 13.87%；把 1~3 年的看作中期居留，则中期居留的比例为 35.92%；把 3 年以上的看作长期居留，那么长期居留的外来人口比例达 50.21%。

表 2-11　外来人口居留北京不同时长结构

单位：%

受教育程度	0.5~1 年	1~2 年	2~3 年	3~4 年	4~5 年	5~6 年	6 年以上
总　　计	13.87	19.73	16.19	12.27	7.29	4.94	25.71
未上过学	12.56	14.17	12.12	10.68	7.32	5.86	37.30
小　　学	11.35	15.01	13.12	11.57	7.57	6.03	35.36
初　　中	16.86	21.89	16.19	11.51	6.84	4.31	22.40
高　　中	13.67	20.86	17.00	12.38	7.00	4.60	24.50
大学专科	10.60	19.09	17.94	12.96	7.58	5.31	26.52
大学本科	8.30	14.69	16.10	14.86	8.92	6.52	30.60
研　究　生	9.55	15.49	14.70	13.99	8.36	6.28	31.63

数据来源：根据第六次全国人口普查数据计算。

研究生文化程度长期居留的占 60.26%，本科文化程度长期居留的占 60.9%，大专文化程度长期居留的占 52.37%，高中文化程度长期居留的占 48.48%，初中文化程度长期居留的占 45.06%，小学文化程度长期居留的占

60.53%，未上过学长期居留的占 61.16%。总体来看，不同文化程度者居留北京的趋势倾向于呈 U 形曲线，文化程度高的和文化程度低的两头倾向于长期居留，而文化程度居中的初高中外来人口长期居留的比例不到 50%。

（五）外来人口来京原因结构

总体来看，来北京务工经商的外来人口占全部外来人口的 73.90%，工作调动的占 3.64%，学习培训的占 4.66%，随迁家属的占 8.03%，投亲靠友的占 4.50%，拆迁搬家的占 0.67%，寄挂户口的占 0.15%，婚姻嫁娶的占 2.92%，其他原因的占 1.54%（见表 2-12）。

常住外来人口离开户籍地最主要的原因是务工经商，超过了 70%。大兴区的常住外来人口务工经商的比例最大，达到 77.68%，其次是东城区、海淀区、朝阳区、怀柔区、丰台区、顺义区，这几个区的常住外来人口务工经商的比例都超过了 75%。通州区、西城区、密云县、平谷区、昌平区常住外来人口务工经商的比例为 70% 左右。石景山区、房山区、门头沟区的比例为 60% 左右，而务工经商比例最低的延庆县还不到 40%。

常住外来人口离开户籍地原因是工作调动的在石景山区比例最高，接近 10%。西城区为 6.27%，东城区为 5.06%，朝阳区、海淀区、通州区、昌平区分别为 3.91%、3.75%、3.65%、3.6%，这几个区都超过了北京区县的平均值（3.64%）。

来京原因为学习培训的，延庆县比例最高，达到 34.19%，远远超出其他区县。其次是昌平区，达到 9.16%；再次是房山区，达到 8.02%；海淀区、石景山区和西城区也比较多，比例为 6.29%、4.79% 和 4.09%。其他区县相对比较少，门头沟区和密云县的比例都不到 2%。

随迁家属的比例最高的是门头沟区，比例为 14.20%；其次是房山区，比例为 12.29%；再次是密云县，比例为 11.35%；接着是怀柔区，比例为 11.05%；通州区、丰台区、大兴区的比例分别是 10.23%、9.43% 和 9.38%；其他区县都在 9% 以下，东城区最少，只有 4.67%。

投靠亲友的比例最高的是石景山区，比例为 7.07%；其次为西城区、门头沟区、海淀区、昌平区和东城区，比例分别为 5.47%、5.41%、

5.23%、4.88%、4.62%。房山区的比例居中，正好是各区县的平均数（4.50%），其他区县都比较少，大兴区只有 2.77%。

常住外来人口离开户籍地原因为婚姻嫁娶的比例最高的是门头沟区，达 13.6%；其次是平谷区，比例为 9.94%；再次是密云县、延庆县、房山区，比例分别是 8.68%、7.64%、7.16%，这些区县都是远郊区。比例比较低的是昌平区、海淀区、朝阳区和大兴区，分别只有 1.83%、1.97%、2.11% 和 2.12%。

离开户籍地的原因为拆迁搬家、寄挂户口以及其他原因的比例都比较小。

表 2-12　北京常住外来人口离开户籍地原因

单位：%

行政区	务工经商	工作调动	学习培训	随迁家属	投靠亲友	拆迁搬家	寄挂户口	婚姻嫁娶	其他	合计数
东 城 区	77.09	5.06	2.85	4.67	4.62	0.48	0.15	3.70	1.39	100
西 城 区	71.17	6.27	4.09	5.76	5.47	0.58	0.04	4.06	2.56	100
朝 阳 区	76.52	3.91	2.96	8.60	4.29	0.45	0.06	2.11	1.121	100
丰 台 区	75.72	2.70	2.17	9.43	4.32	0.38	0.06	3.42	1.82	100
石景山区	61.54	9.39	4.79	8.97	7.07	1.20	0.37	4.98	1.691	100
海 淀 区	76.66	3.75	6.29	5.03	5.23	0.37	0.20	1.97	0.507	100
门头沟区	58.03	2.14	1.96	14.20	5.41	2.50	0.57	13.60	1.55	100
房 山 区	61.17	2.36	8.02	12.29	4.50	2.14	0.49	7.16	1.86	100
通 州 区	72.20	3.65	3.35	10.23	4.29	0.58	0.05	3.17	2.48	100
顺 义 区	75.61	2.95	3.44	8.63	3.28	0.71	0.12	2.96	2.31	100
昌 平 区	69.70	3.60	9.16	7.28	4.88	1.11	0.33	1.83	2.11	100
大 兴 区	77.68	1.90	3.06	9.38	2.77	0.89	0.04	2.12	2.19	100
怀 柔 区	75.96	1.26	2.53	11.05	3.93	0.72	0.06	3.85	0.58	100
平 谷 区	70.59	2.07	3.78	8.40	3.80	0.81	0.05	9.94	0.56	100
密 云 县	70.84	1.60	1.42	11.35	3.74	1.21	0.38	8.68	0.77	100
延 庆 县	39.63	2.76	34.19	8.60	4.35	1.16	0.02	7.64	1.69	100
总 计	73.90	3.64	4.66	8.03	4.50	0.67	0.15	2.92	1.54	100

数据来源：根据第六次全国人口普查数据计算。

（六）外来人口年龄结构

全市外来人口处于劳动年龄的比例占 89.73%，14 岁以下的占

6.88%，60 岁及以上的占 3.39%。东城区、海淀区、朝阳区劳动年龄人口比例较大，超过 90%，房山、石景山、门头沟劳动年龄人口比例较低。门头沟、房山 14 岁以下外来人口比例较高，都超过 10%，其次是怀柔、密云、石景山、丰台；而东城、海淀、朝阳、西城 14 岁以下外来人口比例较低，东城区 14 岁以下的外来人口比例只有 4.57%。60 岁及以上的外来人口比例都低于 5%，石景山、延庆、通州、房山外来老年人口比例较大，顺义、大兴、平谷外来老年人口比例较小（见表 2 - 13）。

表 2 - 13 北京常住外来人口的年龄结构

单位：人，%

行政区	人口数				占总人口比重			
	合计	0～14 岁	15～59 岁	60 岁及以上	合计	0～14 岁	15～59 岁	60 岁及以上
总　计	7044533	484441	6321388	238704	100	6.88	89.73	3.39
市辖区	6935790	475497	6225499	234794	100	6.86	89.76	3.39
东城区	219609	10044	202116	7449	100	4.57	92.03	3.39
西城区	327084	20132	294061	12891	100	6.15	89.9	3.94
朝阳区	1514822	92627	1372908	49287	100	6.11	90.63	3.25
丰台区	812713	68393	717293	27027	100	8.42	88.26	3.33
石景山区	206493	18562	178138	9793	100	8.99	86.27	4.74
海淀区	1256145	66383	1148860	40902	100	5.28	91.46	3.26
门头沟区	47275	4892	40702	1681	100	10.35	86.1	3.56
房山区	195099	19844	167443	7812	100	10.17	85.82	4
通州区	435173	32552	385171	17450	100	7.48	88.51	4.01
顺义区	278721	23204	248526	6991	100	8.33	89.17	2.51
昌平区	847067	55589	759329	32149	100	6.56	89.64	3.8
大兴区	644057	49592	577641	16824	100	7.7	89.69	2.61
怀柔区	102649	10022	89529	3098	100	9.76	87.22	3.02
平谷区	48883	3661	43782	1440	100	7.49	89.56	2.95
县	108743	8944	95889	3910	100	8.22	88.18	3.6
密云县	69438	6319	60812	2307	100	9.1	87.58	3.32
延庆县	39305	2625	35077	1603	100	6.68	89.24	4.08

数据来源：第六次全国人口普查。

三 北京的就业结构

(一) 三次产业就业结构

30 多年来，北京三次产业就业结构发生了巨大的变化。改革开放之初的 1978 年，北京的三次产业就业结构为：第一产业 28.3%，第二产业 40.1%，第三产业 31.6%。这是典型的工业社会就业结构，工业产业就业占了 40% 多，第三产业接近 1/3，而第一产业就业比例不足 30%。1985 年，北京第二产业就业达到最高峰，比例为 46%，从此以后，第二产业就业的比例逐年下降，到 2014 年下降到 18.2%。1978 年以来第一产业就业的比例一直是下降的，从 1978 年的 28.3%，下降到 2014 年的 4.5%。1978 年第三产业就业比例是 31.6%，之后逐年上升，2014 年比例是 77.3%（见表 2 - 14）。数据显示北京就业结构早已度过了工业社会阶段，进入了后工业社会时期。

表 2 - 14　1978~2014 年北京三次产业从业人员年末人数及构成

单位：万人,%

年　份	从业人员年末人数	从业人员年末人数			构　成（合计 = 100）		
		第一产业	第二产业	第三产业	第一产业	第二产业	第三产业
1978	444.1	125.9	177.9	140.3	28.3	40.1	31.6
1979	470.5	121.4	195.2	153.9	25.8	41.5	32.7
1980	484.2	118.0	207.3	158.9	24.4	42.8	32.8
1981	511.7	117.2	220.4	174.1	22.9	43.1	34.0
1982	535.2	115.1	228.6	191.4	21.5	42.7	35.8
1983	552.0	117.1	240.2	194.7	21.2	43.5	35.3
1984	556.2	111.3	247.9	197.0	20.0	44.6	35.4
1985	566.5	100.6	260.4	205.5	17.7	46.0	36.3
1986	572.7	96.1	262.7	213.9	16.8	45.9	37.3
1987	580.2	92.3	264.1	223.8	15.9	45.5	38.6
1988	584.1	88.4	267.6	228.2	15.1	45.8	39.1
1989	593.9	91.0	266.3	236.6	15.3	44.9	39.8
1990	627.1	90.7	281.6	254.8	14.5	44.9	40.6

续表

年 份	从业人员年末人数	从业人员年末人数			构 成（合计＝100）		
		第一产业	第二产业	第三产业	第一产业	第二产业	第三产业
1991	634.0	90.8	279.7	263.5	14.3	44.1	41.6
1992	649.3	84.5	281.6	283.2	13.0	43.4	43.6
1993	627.8	65.1	279.4	283.3	10.4	44.5	45.1
1994	664.3	73.2	272.2	318.9	11.0	41.0	48.0
1995	665.3	70.6	271.0	323.7	10.6	40.7	48.7
1996	660.2	72.5	260.1	327.6	11.0	39.4	49.6
1997	655.8	71.0	257.6	327.2	10.8	39.2	50.0
1998	622.2	71.5	226.0	324.7	11.5	36.3	52.2
1999	618.6	74.5	216.2	327.9	12.1	34.9	53.0
2000	619.3	72.9	208.2	338.2	11.8	33.6	54.6
2001	628.9	71.2	215.9	341.8	11.3	34.3	54.4
2002	679.2	67.6	235.3	376.3	10.0	34.6	55.4
2003	703.3	62.7	225.8	414.8	8.9	32.1	59.0
2004	854.1	61.5	232.8	559.8	7.2	27.3	65.5
2005	878.0	62.2	231.1	584.7	7.1	26.3	66.6
2006	919.7	60.3	225.4	634.0	6.6	24.5	68.9
2007	942.7	60.9	228.1	653.7	6.5	24.2	69.3
2008	980.9	63.0	207.4	710.5	6.4	21.2	72.4
2009	998.3	62.2	199.6	736.5	6.2	20.0	73.8
2010	1031.6	61.4	202.7	767.5	6.0	19.6	74.4
2011	1069.7	59.1	219.2	791.4	5.5	20.5	74.0
2012	1107.3	57.3	212.6	837.4	5.2	19.2	75.6
2013	1141.0	55.4	210.9	874.7	4.8	18.5	76.7
2014	1156.7	52.4	209.9	894.4	4.5	18.2	77.3

注：①2010年及以前，劳务派遣人员按照"谁发工资谁统计"的原则进行统计。2011年以后，劳务派遣人员按照"谁用工谁统计"的原则进行统计。②自2012年开始，三次产业划分执行国家统计局《三次产业划分规定》（国统字〔2012〕108号）。

数据来源：北京统计信息网。

（二）就业的行业结构

根据第三次全国经济普查公报，在法人单位从业人员中，位居前5位的是：批发和零售业147.8万人，占13.3%；租赁和商务服务业141.7万人，占12.8%；制造业138.5万人，占12.5%；科学研究和技术服务业95.2万人，占8.6%；信息传输、软件和信息技术服务业93.0万人，占8.4%。

表 2-15 法人单位从业人员的行业分布

单位：万人，%

行　　业	从业人员	比　　重
采矿业	6.9	0.6
制造业	138.5	12.5
电力、热力、燃气及水生产和供应业	9.3	0.8
建筑业	65.5	5.9
批发和零售业	147.8	13.3
交通运输、仓储和邮政业	68.6	6.2
住宿和餐饮业	50.6	4.6
信息传输、软件和信息技术服务业	93.0	8.4
金融业	43.3	3.9
房地产业	56.4	5.1
租赁和商务服务业	141.7	12.8
科学研究和技术服务业	95.2	8.6
水利、环境和公共设施管理业	12.9	1.2
居民服务、修理和其他服务业	21.5	1.9
教育	53.1	4.8
卫生和社会工作	27.8	2.5
文化、体育和娱乐业	27.6	2.5
公共管理、社会保障和社会组织	51.8	4.7
合　　计	1111.3	100.0

数据来源：第三次全国经济普查公报。

（三）就业的区域结构

北京市第二产业和第三产业的法人单位从业人员主要集中在城市功能拓展区，为595.6万人，占53.6%；其次为城市发展新区（246.9万人），占22.2%。首都功能核心区有202.6万人,占18.2%;生态涵养发展区有66.2万人,占6.0%(见表2-16)。城市功能拓展区和城市发展新区的从业人员占了第二、三产业从业人员的75.8%。首都功能核心区人口只占全市人口的10.29%,但是第二、三产业从业人员却占了全市的18.2%,在创造就业方面居功至伟,但是这也导致了北京的职住分离问题。

表2-16 法人单位从业人员的地区分布

单位:万人,%

区 域	从业人员	比 重
合 计	1111.3	100.0
首都功能核心区	202.6	18.2
东 城 区	85.6	7.7
西 城 区	117.0	10.5
城市功能拓展区	595.6	53.6
朝 阳 区	228.5	20.6
丰 台 区	93.3	8.4
石景山区	31.2	2.8
海 淀 区	242.6	21.8
城市发展新区	246.9	22.2
房 山 区	27.6	2.5
通 州 区	40.3	3.6
顺 义 区	59.9	5.4
昌 平 区	46.5	4.2
大 兴 区	43.5	3.9
北京经济技术开发区	29.1	2.6
生态涵养发展区	66.2	6.0
门头沟区	10.4	0.9
怀 柔 区	16.1	1.5
平 谷 区	13.7	1.2
密 云 县	16.9	1.5
延 庆 县	9.1	0.8

数据来源:第三次全国经济普查公报。

四　本章小结

北京的人口老龄化问题日益严重。2010年，外来人口占北京常住人口的35.92%，2016年，外来人口占北京常住人口的比重为37.2%。北京人口的素质比较高，大专以上文化程度的占6岁及以上人口的36.78%。北京的常住外来人口素质也不低，2010年，大专以上文化程度的占6岁及以上常住外来人口的24.35%。北京的常住人口主要分布在城市功能拓展区和城市发展新区，两个功能区人口合计超过了全市人口的80%。北京的常住外来人口也主要分布在城市功能拓展区和城市发展新区，两个功能区人口合计接近北京常住外来人口的90%。外来人口普遍比较年轻，弥补了本地人口老龄化带来劳动力短缺的问题。北京从业人口中第一产业比重为4.5%，第二产业比重为18.2%，第三产业比重为77.3%，第三产业占据绝对的优势。

第三章　北京的社会阶层结构

一　北京的社会阶层结构

改革开放以来，北京社会发生了巨变。产业结构由以工业为主的工业社会，转变为以服务业为主的后工业社会。人口规模从 1978 年的 872 万人增加到 2014 年的 2152 万人。社会阶层结构也相应地发生了巨大的变迁，中产阶层的数量迅速上升，产业工人和农业劳动者阶层的比例大幅下降。一些学者研究了北京的社会阶层结构，认为北京的社会结构已经由非标准型的金字塔形转变为标准型的金字塔形，中产阶层在中心城区得到了较大发展，北京有可能转型为以中产阶层为主的社会，也就是一个橄榄形的社会，甚至已经是一个橄榄形的社会。[1] 也有研究认为北京社会阶层已经呈现出橄榄形的结构，农业劳动者、产业工人阶层的比例大幅减少，国家与社会管理者阶层的比例也有所减少。[2]

我们根据第六次人口普查数据，依据职业大类和中类把北京的社会阶层分为七个阶层，其结构如下。

（一）国家与社会管理者阶层

国家与社会管理者阶层包括国家机关、党群组织、事业单位负责人。

---

[1]　赵卫华：《北京市社会阶层结构状况与特点分析》，《北京社会科学》2006 年第 1 期，第 13 ~ 17 页；胡建国：《中国城市阶层：北京镜像》，社会科学文献出版社，2011，第 39 ~ 45 页。

[2]　李晓壮：《迈向均衡型社会——2020 北京社会结构趋势研究》，中国社会科学出版社，2015，第 223 ~ 230 页。

这些人是在中国共产党中央委员会和地方各级党组织，各级人民代表大会常务委员会，人民政协，人民法院，人民检察院，国家行政机关，各民主党派，工会、共青团、妇联等人民团体，群众自治组织和其他社团组织及其工作机构，事业单位中担任领导职务并具有决策权、管理权的人员。国家与社会管理者阶层占北京从业人员的 0.48%。

（二）企业负责人阶层

企业负责人阶层是在企业及其职能部门中担任领导职务并具有决策权、管理权的人员。包括：企业董事，指在企业中，经股东大会选举的企业最高层且具有决策权的董事会组成人员；企业经理，指在企业中，经董事会聘任或经职代会选举或经上级任命的企业负责人；企业职能部门经理或主管，指在企业经营、生产或业务、行政等职能部门担任经理或主管的人员。企业负责人阶层占北京从业人员的 2.49%。

（三）专业技术人员阶层

这一阶层是指从事科学研究和专业技术工作的人员。包括科学研究人员、工程技术人员、农业技术人员、飞机和船舶技术人员、卫生专业技术人员、经济业务人员、金融业务人员、法律专业人员、教学人员、文学艺术工作人员、体育工作人员、新闻出版工作人员、文化工作人员、宗教职业者和其他专业技术人员。专业技术人员阶层占北京从业人员的 20.39%。

（四）办事人员阶层

办事人员阶层是指国家职业分类中的职业大类办事人员和有关人员。包括在国家机关、党群组织、企业、事业单位中从事行政业务、行政事务工作的人员和从事安全保卫、消防、邮电等业务的人员。这一大类下包括以下职业：行政办公人员、安全保卫和消防工作人员、邮政和电信业务人员、其他办事人员和相关人员等。办事人员阶层占北京从业人员的 15.46%。

（五）商业服务业人员阶层

商业服务业人员阶层是指从事商业、餐饮、旅游娱乐、运输、医疗辅助及社会和居民生活等服务工作的人员。包括：购销人员，仓储人员，餐饮服务人员，饭店、旅游及健身娱乐场所服务人员，运输服务人员，医疗卫生辅助服务人员，社会服务和居民生活服务人员，以及其他商业、服务人员。商业服务业人员阶层占北京从业人员的33.82%。

（六）产业工人阶层

产业工人阶层是指从事矿产勘查、开采，产品生产制造，工程施工和运输设备操作的人员及有关人员。包括勘测及矿物开采人员，金属冶炼、轧制人员，化工产品生产人员，机械制造加工人员，机电产品装配人员，机械设备修理人员，电力设备安装、运行、检修及供电人员，电子元器件与设备制造、装配调试及维修人员，橡胶和塑料制品生产人员，纺织、针织、印染人员，裁剪缝纫和皮革、毛皮制品加工制作人员，粮油、食品、饮料生产加工及饲料生产加工人员，烟草及其制品加工人员，药品生产人员，木材加工、人造板生产及木材制品制作人员，制浆、造纸和纸制品生产加工人员，建筑材料生产加工人员，玻璃、陶瓷、搪瓷及其制品生产加工人员，广播影视制品制作、播放及文物保护作业人员，印刷人员，工艺、美术品制作人员，文化教育、体育用品制作人员，工程施工人员，运输设备操作人员及有关人员，环境监测与废物处理人员，检验、计量人员，其他生产、运输设备操作人员及有关人员。产业工人阶层占北京从业人员的21.54%。

（七）农业劳动者阶层

农业劳动者阶层是指从事农林牧渔业生产的人员，包括农业生产人员、林业生产人员、牧业生产人员、渔业生产人员以及其他从事农林牧渔业生产的相关人员。农业劳动者阶层占北京从业人员的5.81%。

北京社会阶层总体结构如图3-1所示。

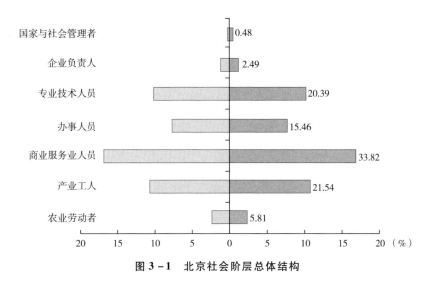

图 3 - 1　北京社会阶层总体结构

景天魁等认为，社会分层是以空间分层为基础的，空间的等级化与隔离往往成为社会阶层分化的一个手段。中国社会阶层的空间分化在城乡二元结构体制下表现得特别明显，社会空间被区隔为城市空间和农村空间，这种空间区隔造成了中国社会两个主要社会阶层：农民和市民。空间分层是社会分层的手段，空间分层与社会分层是二位一体的。[①] 国内以往的关于社会阶层的研究普遍缺乏空间视角，很少关心社会阶层的区位问题。那么，如果从空间的视角来看，北京社会各阶层的空间结构是什么样的呢？弄清全市各阶层在地理空间上的分布更有利于各级政府有针对性地做好各种经济社会决策和社会服务工作。本章利用第六次人口普查的数据对各区县的阶层结构和全市的社会阶层分布进行初步的分析。

二　北京社会阶层的四元结构

（一）农民和市民的二元结构

新中国成立以来实行"城乡分治，一国两策"，北京居民也分为非农业户籍和农业户籍两种身份。改革开放以前，农民不能随便进城务工经

[①]　景天魁、何健、邓万春、顾金土：《时空社会学理论与方法》，北京师范大学出版社，2012，第 1～11 页。

商。30 多年来，户籍政策逐步松动调整，社会政策也逐步完善，北京农村居民也获得了以前没有的福利保障，但是城乡之间的差异依旧很大，城乡居民生活水平依然存在较大差距。

根据北京市 2016 年统计年鉴的数据，2015 年，在北京市的户籍人口中，非农业人口有 1111.3 万人，占户籍人口总数的 82.58%；农业人口有233.8 万人，占户籍人口总数的 17.42%。北京市各区产业结构、经济发展水平等的不同，使得农业人口和非农业人口在很多方面存在一定的差异。根据北京市统计局的数据，2015 年北京市全市职工平均工资 85038 元；全市居民人均可支配收入 48458 元，其中城镇居民人均可支配收入 52859 元，农村居民人均可支配收入 20569 元。从数据可以看出，城乡居民的收入依然存在很大的差异。

从教育水平来看，北京市非农业户口中，低教育水平的比例相对于农业户口的居民来说，比重较低。中等教育水平中，农业户口的比例较高于非农业户口，而在高水平的教育程度中，非农业户口所占的比例比农业户口高出将近 15 个百分点（见表 3-1）。1996 年以来，郊区学校实现了大合并，逐步调整为小学上学在乡镇，中学升学进郊区新城，中小学生都要寄宿在学校。北京农业户口的居民分布在郊区和远郊区，地理上比较分散，上学不方便，优质教育资源相比中心城区更是稀缺。

表 3-1　北京市居民教育水平

单位：%

户　籍	初中及以下	高中、职高	大专	大学本科及以上
非农业户口	2.2	15.9	23.1	58.7
农业户口	6.2	24.0	26.0	43.8

资料来源：北京居民生活工作状况调查。

从社会保障来看，根据北京市民政局 2015 年民政事业发展统计公报，截至 2015 年年底，全市有农村低保对象 29828 户 48850 人；全年累计支出农村低保资金 34964.2 万元，平均每人支出 7157 元。农村五保供养人数4451 人（其中集中五保供养人数 1837 人，分散供养人数 2614 人）；全年累计支出农村五保供养资金 5072.4 万元，人均支出 11396 元。2015 年，全市城市低保户数 50130 家，低保人员 84860 人，全年累计支出低保资金 72044.6 万元，人均支出 8490 元。2014 年以前，北京农村居民实行农村养老保险，城镇居民实行职工养老保险和城镇居民养老保险，两者差距较大，2014 年，城乡居民养老保险制度实现统一。2016 年以前，城镇职工实行城镇职工医疗保险制度，城镇居民实行城镇居民医疗保险制度，农村居民执行新型农村合作医疗制度，报销的标准是不一样的。

城乡居民住房政策差异巨大，完全是两个独立的体系。农村居民可以在批准的宅基地上自建住房，城镇居民在市场上买房，或者购买经济适用房、两限房和自住型商品房。城镇低收入居民可以获得廉租房或者住房补贴，中低收入居民也可以申请公租房。保障房政策根据收入状况覆盖部分城镇居民，农村只有少量危房的居民可以获得民政部门的住房救助。从居住环境上看，城镇居民饮用水、卫生厕所、燃气、供暖等方面设备完善，标准较高，而农村还有部分居民没有条件使用自来水，没有卫生厕所，没有条件使用燃气。农村基本上没有集中供暖，农村居民只有烧煤炉自采暖，污染较大，取暖效果不好。

从就业单位和就业身份来看，北京市非农业户口的居民在党政机关、国有企业、事业单位中就业的比重均高于农业户口的居民。而在农业户口中，有 51.4% 的居民就业单位属于私营企业，超过了一半（见表 3-2）。北京市非农业户口居民中管理人员的比重均高于农业户口的居民，从事各类管理工作的占 53.9%。农业户口的居民中从事管理工作的占 37.7%，50.7% 的农村居民就业身份是普通员工（见表 3-3）。可以看出，北京市非农业户口居民就业单位和就业身份的层次总体来说要高于农业户口的居民。

表 3-2　北京市居民就业单位性质

单位：%

就业单位	非农业户口	农业户口
党政机关	6	0.7
国有企业	25.1	11.8
事业单位	17.9	13.2
集体企业	3.9	9.7

续表

就业单位	非农业户口	农业户口
军队	0.1	0
私营企业	35.0	51.4
社会团体（社会组织）	0.3	0.7
外资企业	8.0	3.5
个体经营	3.7	9.0

资料来源：北京居民生活工作状况调查。

表 3 - 3   北京市居民就业身份性质

单位：%

就业身份	非农业户口	农业户口
雇主	4.5	10.3
高层管理人员	4.3	2.1
中层管理人员	26.6	16.4
基层管理人员	23.0	19.2
普通员工	39.5	50.7
没工作	2.1	1.4

资料来源：北京居民生活工作状况调查。

（二）外来人口与本地人口的二元结构

根据北京市 2016 年统计年鉴的数据，2015 年，北京市有常住人口 2170.5 万人，其中常住外来人口有 822.6 万人。北京作为首都，它在政治、经济、文化等各方面的发展优势吸引了众多的流动人口。由于中国户籍制度的限制，外来流动人口在各方面的发展或多或少会受到一些限制，享受的社会保障和福利在很多方面和北京市本地居民存在差异。从收入上来说，北京市居民平均月收入是 7167.21 元，其中非农业户口居民平均月收入为 7225.74 元，农业户口居民平均月收入为 6361.19 元。而外地在京人口平均月收入是 5914.15 元，其中非农业户口居民的平均月收入是 6612.48 元，高于北京市农业户口居民的平均月收入，外地在京人口中农业户口居民的平均月收入是 5116.35 元（见表 3 - 4）。从收入可以看出北京市本地居民要高于外地在京居民。

表 3-4 居民个人月收入

单位：元

户籍	平均	非农业户口	农业户口
北　京	7167.21	7225.74	6361.19
外　地	5914.15	6612.48	5116.35

资料来源：北京居民生活工作状况调查。

从教育水平来看，外地在京居民中初中及以下教育程度的居民所占的比例要高出北京居民 15.4 个百分点，高中、职高以及大专文化程度的比重相差不大，而北京居民中大学本科及以上教育程度的居民要比外地在京居民高出 20.1 个百分点（见表 3-5）。在教育程度方面，北京居民的受教育水平要比外地在京居民高，差距很明显。

表 3-5 居民教育水平

单位：%

户籍	初中及以下	高中、职高	大专	大学本科及以上
北　京	2.5	16.4	23.3	57.8
外　地	17.9	20.8	23.7	37.7

资料来源：北京居民生活工作状况调查。

就社会保障来说，北京与外地在京居民的差异很明显。对北京居民而言，单位提供各种社会保障的比例很大，91.8% 的居民享有单位提供的公费医疗或医疗保险，92.4% 的居民享有单位提供的退休金或养老保险，享有工伤保险、失业保险、生育保险、住房公积金的比例分别是 90.6%、89.1%、86.4%、84.9%。而对外地在京居民来说，67.7% 的居民享有单位提供的公费医疗或医疗保险，76% 的居民享有单位提供的退休金或养老保险，享有工伤保险、失业保险、生育保险、住房公积金的比例分别是 67.1%、62.1%、58.7%、52.4%（见表 3-6）。可以看出北京居民和外地在京居民在社会保障方面的待遇有很大的差异。

表 3-6 单位提供社会保障情况

单位：%

社会保障	北　京	外　地
公费医疗或医疗保险	91.8	67.7

社会保障	北 京	外 地
退休金或养老保险	92.4	76.0
工伤保险	90.6	67.1
失业保险	89.1	62.1
生育保险	86.4	58.7
住房公积金	84.9	52.4

资料来源：北京居民生活工作状况调查。

　　从就业单位和就业身份来看，北京居民在党政机关、国有企业、事业单位、集体企业以及外资企业就业的比重均高于外地在京居民。其中差距最大的是国有企业，北京居民在国有企业就业的比例比外地在京居民高出14.2个百分点。外地在京居民中，有60.1%的是在私营企业工作，比北京居民的比重要高很多（见表3-7）。北京居民中管理人员阶层的比重均高于外地在京居民，其中差距最大的是中层管理人员，北京要高出外地13.2个百分点。外地在京居民中，有58.4%的是普通员工，比北京高出18.1个百分点（见表3-8）。北京居民就业单位和就业身份的层次都要优于外地在京居民。

表3-7　居民就业单位性质

单位：%

就业单位	北 京	外 地
党政机关	5.7	2.4
国有企业	24.2	10.0
事业单位	17.6	9.4
集体企业	4.3	3.5
军队	0.1	0.2
私营企业	36.1	60.1
社会团体（社会组织）	0.3	0.4
外资企业	7.7	5.8
个体经营	4.1	8.1

资料来源：北京居民生活工作状况调查。

表3-8　居民就业身份性质

单位：%

就业身份	北　京	外　地
雇主	4.9	7.1
高层管理人员	4.2	1.0
中层管理人员	25.9	12.7
基层管理人员	22.7	16.5
普通员工	40.3	58.4
没工作	2.1	4.3

资料来源：北京居民生活工作状况调查。

（三）乡城移民和城城移民二元结构

作为中国的首都，全国第二大城市，中国的政治、经济、文化、科技中心，北京不仅仅吸引了全国各地的农民来京务工经商，也吸引了全国其他城镇的居民来京务工经商，甚至吸引了其他大城市和超大城市的各种精英来京创业和工作。北京的外来人口根据来源分为两大类：一类是来自其他城镇的城城移民，他们在其他城镇有非农业户籍；另一类就是来自各省份农村的乡城移民，他们在其他省份有农业户籍。北京的城城移民占外来人口的30.3%，乡城移民占外来人口的69.7%。景天魁认为在城乡二元体制下中国的城乡空间分割特别明显，社会空间被区隔为城市空间和农村空间，城乡居民也被分为城市居民和农民两大阶层。李强认为中国的社会结构可以分为四个世界：城市—乡村世界和大城市—中小城市世界。因为城市社会地域的差距，中小城市的居民会前往大城市寻求机会。而北、上、广、深这样的城市更是吸引了各类城市甚至其他大城市的居民前来务工经商。

中国城市里的城城移民在他们的户籍地本来也是享有当地城镇居民的社会权利的，比如东北三省很多来自国有企业的职工，在他们成为失业下岗工人之前，享有当地城镇居民的就业服务、社会保障、教育、医疗和住房等公共服务的权利。但是随着市场化的转型，在全球资本和私人资本的竞争压力下，大批的企业关停倒闭和破产，许许多多的东北企业职工失去了传统的工作机会和相关福利。如果他们不来北京，他们可以享有微薄的失业救济、就业服务，他们的子女可以享有当地的义务教育，他们自己也可以享有当地的公共医疗服务，甚至可以享受到机会不多的公共住房资源。然而，当他们来到北京之后，却发现一切都要靠自己。尽管他们也要缴纳各种税费，但是他们享受到的公共服务和北京人是不一样的。

前文已经提到，北京市有常住外来人口822.6万人，按照户口性质来分，其中有农业户口，也有非农业户口，而这两类人尽管都是外来人口，但是在各方面也存在差异。从收入来看，2015年国家卫计委流动人口动态监测数据显示，外地在京居民在北京的个人月收入是4956.32元，而乡城移民，也就是农业户口的流动人口的个人月收入只有4253.87元，城城移民（非农业户口）的流动人口的个人月收入达到了6594.20元，比乡城移民高出2340.33元，两者的收入差异比较大（见表3-9）。

表3-9　外来人口月收入

单位：元

月 收 入	平　　　均	乡 城 移 民	城 城 移 民
数　　　额	4956.32	4253.87	6594.20

资料来源：2015年国家卫计委流动人口动态监测数据。

从教育水平来看，乡城移民中低教育程度的比重比较大，初中及以下学历的居民占61.5%，而大学本科及以上学历的只占4.8%。对城城移民来说，低教育程度的居民所占的比重较小，初中及以下学历的居民只占10.2%，大学本科及以上学历的占45.7%，比乡城移民高出40.9个百分点（见表3-10）。可见乡城移民和城城移民之间在教育程度方面的差距也很大。

表3-10　外来人口教育水平

单位：%

来源	初中及以下	高中、职高	大专	大学本科及以上
乡城移民	61.5	23.8	10.0	4.8
城城移民	10.2	16.1	28.0	45.7

资料来源：2015年国家卫计委流动人口动态监测数据。

从社会保障来看，乡城移民享有失业保险、城镇职工养老保险、城镇居民养老保险、住房公积金、新农保的比例分别是 21.0%、23.7%、2.1%、8.8%、58.1%。城城移民享有失业保险、城镇职工养老保险、城镇居民养老保险、住房公积金、新农保的比例分别是 67.6%、70.5%、6.7%、46.6%、5.8%（见表 3-11）。除了新农保以外，城城移民享有的社会保障的比例均高于乡城移民，尤其是在失业保险、城镇职工养老保险和住房公积金方面，差距比较悬殊。

表 3-11　外来人口社会保障情况

单位：%

社会保障	乡城移民	城城移民
失业保险	21.0	67.6
城镇职工养老保险	23.7	70.5
城镇居民养老保险	2.1	6.7
住房公积金	8.8	46.6
新农保	58.1	5.8

资料来源：2015 年国家卫计委流动人口动态监测数据。

从就业单位性质和职业身份来看，城城移民在机关、事业单位，国有企业，集体企业以及外资企业就业的比重均高于乡城移民。乡城移民中 80.4% 的是个体户或者在私营企业工作，而城城移民的比重是 68.2%（见表 3-12）。

表 3-12　外来人口就业单位性质

单位：%

就业单位	乡城移民	城城移民
土地承包者	0.5	0.1
机关、事业单位	2.9	5.9
国有企业	4.4	11.6
集体企业	3.6	4.2
个体户、私营企业	80.4	68.2
港澳台、外资及中外合资企业	2.5	7.8
其他（包括无单位）	5.5	2.2

资料来源：2015 年国家卫计委流动人口动态监测数据。

在职业身份方面，城城移民中是国家机关、党群组织、企事业单位负责人，专业技术人员，公务员、办事人员和有关人员的比重分别是3.9%、31.9%、7.1%。乡城移民中是国家机关、党群组织、企事业单位负责人，专业技术人员，公务员、办事人员和有关人员的比重分别是0.5%、8.4%、1.5%。乡城移民中有74.6%的居民是商业服务业人员。城城移民中这一比重只有49.4%（见表3-13）。城城移民的就业单位和职业身份的层次均优于乡城移民。

表3-13　外来人口职业身份

单位：%

职业身份	乡城移民	城城移民
国家机关、党群组织、企事业单位负责人	0.5	3.9
专业技术人员	8.4	31.9
公务员、办事人员和有关人员	1.5	7.1
商业服务业人员	74.6	49.4
农林牧渔水利业生产人员	0.7	0.3
生产、建设、运输设备操作人员及有关人员	12.7	5.2
其他（包括无固定职业）	1.6	2.1

资料来源：2015年国家卫计委流动人口动态监测数据。

（四）小结

社会分层研究一直是社会学研究的焦点领域之一，一百多年来，关于社会阶层研究的著作汗牛充栋。关于划分社会阶层的依据是十分多样化的。以职业来分层，根据职业分类、职业地位，北京从业人口的社会阶层可以分为七个社会阶层：国家与社会管理者阶层、企业负责人阶层、专业技术人员阶层、办事人员阶层、商业服务业人员阶层、产业工人阶层、农业劳动者阶层。根据职业分层的结果，北京的社会高层比例很小，其中国家与社会管理者阶层占从业人口的0.48%，企业负责人阶层占2.49%；北京的社会中层比例也不是很大，其中专业技术人员阶层占20.39%，办事人员阶层占15.46%；北京的社会下层比例过大，其中商业服务业人员阶层占33.82%，产业工人阶层占21.54%，农业劳动者阶层占5.81%。

　　根据中国户籍与社会权利挂钩的现状，按照户籍性质和户籍注册地来划分，北京的常住人口分为北京城镇居民、北京农村居民、外地城镇居民和外地农村居民。对北京本地城镇居民来说，无论是从收入、教育、社会保障，还是就业单位和就业身份来看，在各方面都要优于农村居民。对外地在京居民而言，在北京工作生活的非农业人口在收入、教育、社会保障、就业单位、就业身份都要优于农业人口。总的来说，北京居民在收入等各方面都要优于外地在京居民。总体来看，根据社会权利的享有状况和市场能力，可以得出，北京城镇居民在各方面优于城城移民，城城移民优于北京农村居民，北京农村居民优于乡城移民，这样就形成了北京的四元社会结构。改革开放以来，人口迁移流动尽管越来越频繁，但是这四大群体界限分明，身份的改变有很大的难度。非农业户籍的人口要改变户籍还是有很大的障碍，特别是要获得大城市的户籍非常困难，中小城镇户籍的居民要获得大城市的户籍同样困难。所以北京不是一个简单的二元结构，而是由北京城镇居民、北京农村居民、城城移民和乡镇移民共同构成的四元社会结构（见表3－14）。

表3－14　北京的四元社会结构

户籍类别		户籍性质	
		非农业户籍	农业户籍
户籍地	本地	北京城镇居民	北京农村居民
	外地	城城移民	乡城移民

第四章　北京各区县的社会阶层结构

一　东城区的社会阶层结构

（一）东城区概况

东城区位于首都功能核心区，经过首都功能核心区的区划调整，东城区辖区面积为 41.84 平方公里，北部和东部与朝阳区连接，南部同丰台区接壤，西部和西城区相连，东西最宽处有 5.2 公里，南北最长处有 13.0 公里。下辖 17 个街道，187 个社区。

中华人民共和国的象征天安门广场坐落在东城区，辖区内有中共中央、国务院部级机关 20 多个，局级机关 100 多个以及北京市委、市政府所属单位 200 多个，是北京市的行政中心所在地。东城区有故宫、天坛等众多文化遗址，文化产业发达，商业服务业繁荣。有王府井商业中心区、雍和文化创意园、南中轴现代服务业集聚区、前门文化创意产业集聚区、东二环交通商务区、龙潭湖体育产业园区等高端产业集聚区。

如图 4-1 所示，2015 年东城区地区生产总值为 1857.8 亿元，比上年增长 7.2%，占全市生产总值的 8.1%，人均 GDP 达到 204606 元（折合 32850 美元）。其中，第二产业实现增加值 77.9 亿元，增长 11.0%，占全区地区生产总值的 4.2%，第三产业实现增加值 1779.9 亿元，增长 7.0%，占全区生产总值的 95.8%。①

---

① 东城区统计局：《北京市东城区 2015 年国民经济和社会发展统计公报》，http://www.bjdch.gov.cn/n2001806/n2917391/n2917394/c3885858/content.html。

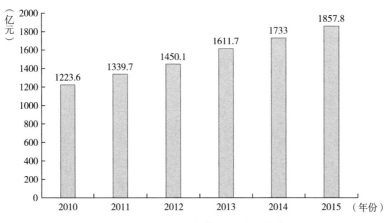

图 4-1　2010~2015 年东城区地区生产总值

（二）人口与就业

如表 4-1 所示，2015 年年末，全区常住人口 90.5 万人，较 2014 年年末减少 6000 人，降幅为 0.7%。其中，常住外来人口 20.7 万人，较 2014 年年末减少 5000 人，降幅为 2.4%，占常住人口的比重为 22.9%。常住人口密度为 2.2 万人/平方公里，与上年基本持平。年末全区户籍人口 97.4 万人，计划生育率为 98.9%。

表 4-1　2015 年年末东城区常住人口及构成

单位：万人,%

指　　标	年末数	比　　重
常住人口	90.5	100.0
按性别分：男性	44.2	48.8
女性	46.3	51.2
按年龄组分：0~14 岁	8.4	9.3
15~64 岁	68.0	75.1
65 岁及以上	14.1	15.6

2015 年年末，东城区有从业人员 656680 人，其中在岗职工 537127 人，劳务派遣 50314 人，其他 69239 人。在所有从业人员中，平均工资

123897 元，其中在岗职工平均工资 135953 元，劳务派遣人员平均工资 74032 元，其他从业人员 72678 元。[①]

2015 年，全区居民人均可支配收入达到 61764 元，比 2014 年增长 7.6%；居民人均消费支出 40865 元，比上年增长 5.7%；恩格尔系数为 24.2%，比上年下降 0.7 个百分点。[②]

（三）东城区社会阶层结构

东城区的国家与社会管理者阶层占 0.71%，企业负责人阶层占 3.02%，这是东城区的社会上层，占东城区从业人员的 3.73%；东城区的专业技术人员阶层占 27.20%，办事人员阶层占 24.66%，合计起来社会中层占东城区从业人员的 51.86%，比例比较大；东城区的商业服务业人员阶层占 34.52%，产业工人阶层占 9.83%，农业劳动者阶层占 0.07%，这三个阶层属于社会下层，合计起来占全区从业人员的 44.2%，是两头小中间大的结构，比较接近橄榄形（见表 4 - 2、图 4 - 2）。社会阶层结构已经跟西方发达国家的社会结构相似。

社会上层中，由于东城区是北京市的行政中心，北京市委、市政府的所属单位多聚集于此，所以区内国家与社会管理者所占比重非常之高，在北京市城六区内仅次于西城区。同时，东城区商业繁荣，作为商业中心地区已有上百年历史，老字号和传统企业云集，故企业负责人阶层非常活跃，占比超过 3%。

在东城区，数量众多的行政单位和王府井商业中心区、雍和文化创意园、南中轴现代服务业集聚区、前门文化创意产业集聚区、东二环交通商务区、龙潭湖体育产业园区等多个商业区和高端产业聚集区，对专业技术人员和办事人员的需求量十分庞大，形成了比重超过 50% 的社会中间阶层。发达的第三产业同时也吸纳了大量的商业服务业人员，组成了社会下层

[①]　东城区统计局：《2016 年东城统计年鉴》，http：//www.bjdch.gov.cn/n2001806/n2917385/n2917389/c4865750/content.html。

[②]　东城区统计局：《北京市东城区 2015 年国民经济和社会发展统计公报》，http：//www.bjdch.gov.cn/n2001806/n2917391/n2917394/c3885858/content.html。

中庞大的服务人员群体。但由于区内实现零农业以及工业早已转移到城市的外围，整个社会下层所占的比重仍然没有超过由专业技术人员和办事人员组成的社会中层，整个东城区的社会阶层结构基本呈"纺锤形"结构分布。

表4-2 东城区社会阶层结构

单位：%

阶 层	比 例	阶 层	比 例
国家与社会管理者	0.71	商业服务业人员	34.52
企业负责人	3.02	产业工人阶层	9.83
专业技术人员	27.20	农业劳动者	0.07
办事人员	24.66		

数据来源：根据第六次全国人口普查数据计算。

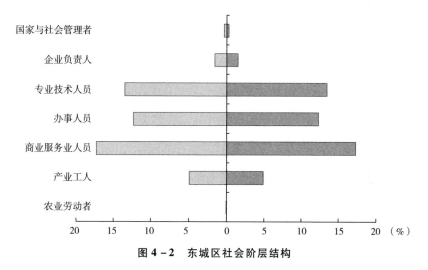

图4-2 东城区社会阶层结构

二 西城区的社会阶层结构

(一) 西城区概况

西城区与东城区一样是北京市首都功能核心区，辖区总面积达50.7平方公里，东临东城区，北部东接朝阳区、西接海淀区，西部北连海淀区、南连丰台区，南部与丰台区相靠。下辖15个街道办事处和257个社区居委会。

西城区有着明确的功能定位。《北京城市总体规划 (2004～2020年)》

指出，西城区是国家政治中心的主要载体，有具有国际影响力的金融中心、传统与现代融合发展的中心、国内外知名的商业中心和旅游地区，为和谐宜居健康的首都功能核心区。西城区内有中央机构及所属事业单位835家、企业总部和地区总部200多家、各类金融机构约1000余家，还有18片历史文化保护区，总占地面积达到9.5平方公里。

如图4-3所示，2015年，西城区地区生产总值为3270.4亿元，比上年增长7.1%，占全市生产总值的14.2%，人均GDP达到251957元（折合40453美元）。第二产业比重占9.0%，第三产业比重占91.0%。[①]

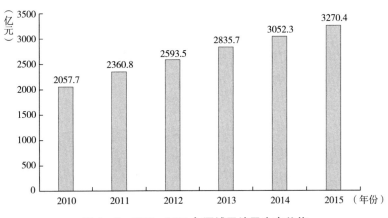

图4-3 2010～2015年西城区地区生产总值

（二）人口与就业

如表4-3所示，2015年年末，西城区常住人口129.8万人，较2014年年末减少4000人，降幅为0.3%。其中，常住外来人口31.0万人，较2014年年末减少5000人，降幅为1.6%，占常住人口的比重为23.9%，常住人口密度为2.56万人/平方公里。2015年年末，全区户籍人口144.7万人，计划生育率为99.12%。[②]

---

① 西城区统计局：《西城区2016年统计年鉴》，http：//www.xc.bjstats.gov.cn/cms/others/njxs.jsp？nh=2015。
② 西城区统计局：《西城区2016年统计年鉴》，http：//www.xc.bjstats.gov.cn/cms/others/njxs.jsp？nh=2015。

表 4 - 3 2015 年年末西城区常住人口及构成

单位：万人，%

指 标	年末数	比 重
常住人口	129.8	100.0
按性别分：男性	64.1	49.4
女性	65.7	50.6
按年龄组分：0 ~ 14 岁	13.9	10.7
15 ~ 64 岁	95.9	73.9
65 岁及以上	20	15.4

2015 年年末，西城区有从业人员 955757 人，其中在岗职工 791046 人，劳务派遣 79208 人，其他 85503 人。在所有从业人员中，平均工资 159620 元，其中在岗职工平均工资 177494 元，劳务派遣人员平均工资 71180 元，其他从业人员 76178 元。[①]

2015 年，全区居民人均可支配收入达到 67492 元，比 2014 年增长 8.1%；居民人均消费支出 43595.0 元，比上年增长 1%；恩格尔系数 为 21.5%。[②]

（三） 西城区社会阶层结构

如表 4 - 4 所示，西城区的社会上层占全区的 2.92%，其中国家与社会管理者阶层占 0.77%，企业负责人阶层占 2.15%，与东城区相比明显突出了其更加重要的政治核心地位；社会中层占西城区的 52.47%，其中专业技术人员阶层占 27.20%，办事人员阶层占 25.27%，比例同东城区一

---

① 西城区统计局：《西城区 2016 年统计年鉴》，http：//www. xc. bjstats. gov. cn/cms/others/ njxs. jsp？ nh = 2015。

② 西城区统计局：《西城区 2015 年国民经济和社会发展统计公报》，http：//www. xc. bjstats. gov. cn/sjjd/tjgb/41488. htm。

样，都超过了一半；而社会下层占了西城区的 44.56%，其中商业服务业人员阶层占 34.74%，产业工人阶层占 9.75%，农业劳动者阶层占0.07%。从图 4-4 可以看出，这样的阶层结构也是两头小中间大的"纺锤形"结构，类似西方发达国家的社会结构。

西城区是北京市城六区社会上层所占比重最大的地区。与东城区聚集了众多北京市行政单位类似，西城区拥有密集的中央行政单位，国家与社会管理者阶层在区内所占比重为城六区第一。国家经济指挥中心及国家级银行、金融机构总部大多设在西城区内，构成了西城区经济发展的核心，也充实了企业负责人阶层的队伍。

西城区拥有丰富的商业及文化产业聚集区，德胜科技园区、西单商业区、广安产业园区、什刹海文化旅游区、阜景历史文化街区、马连道茶叶特色商业区、天桥演艺区、琉璃厂艺术品交易中心区和大栅栏传统商业区的建设和繁荣离不开专业技术人员、办事人员和商业服务业人员的共同努力。其中，占比超过 50% 的社会中层成了整个西城区政治中心和商业中心经济社会发展的发动机和骨架，而数量庞大的商业服务业人员则是承载西城区发展的四轮。与东城区一样，由于零农业和工业的转移，第三产业贡献了全区 90% 以上的 GDP，即使商业服务业人员占比超过 30%，但社会下层仍旧少于社会中层，全区社会阶层结构基本呈"纺锤形"分布。

表 4-4　西城区社会阶层结构

单位：%

阶　层	比　例	阶　层	比　例
国家与社会管理者	0.77	商业服务业人员	34.74
企业负责人	2.15	产业工人	9.75
专业技术人员	27.2	农业劳动者	0.07
办事人员	25.27		

数据来源：根据第六次全国人口普查数据计算。

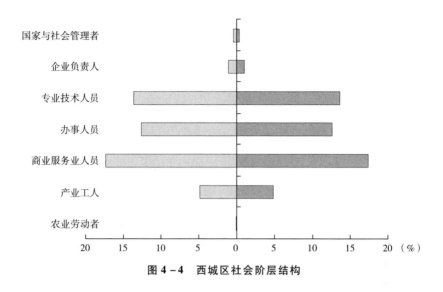

图 4 - 4　西城区社会阶层结构

三　朝阳区的社会阶层结构

(一) 朝阳区概况

朝阳区位于北京城区东部, 2004 年被定位为城市功能拓展区, 10 多年过后, 已经发展为北京中心城区的一部分。朝阳区东与通州接壤, 西同海淀、东城、西城毗邻; 南连丰台、大兴; 北接顺义、昌平。全区区域轮廓呈南北略长, 东西稍窄的多边形; 南北长约 28 公里, 东西宽约 17 公里。朝阳区现辖 24 个街道办事处, 19 个地区办事处。

按照《北京城市总体规划 (2004 ~ 2020 年)》, 朝阳区作为首都城市功能拓展区, 被赋予了"国际交往的重要窗口、中国与世界经济联系的重要节点、对外服务业发达地区、现代体育文化中心和高新技术产业基地"的功能定位。2010 年, 北京市委、市政府提出朝阳区要争当"转变发展方式示范区、建设世界城市实验区、推进城乡一体化先行区和促进社会和谐模范区"。全市六大高端产业功能区中, CBD、奥运功能区以及电子城功能区都汇聚在朝阳区。

如图 4 - 5 所示, 2015 年, 朝阳区实现地区生产总值 4640.2 亿元, 比上年增长 7.0%, 占全市生产总值的 20.1%, 按年平均常住人口计算, 全区人均 GDP 达到 117816 元（折合 18915 美元）。其中，第一产业占比 0.02%，第二产业占比 7.72%，第三产业占比 92.26%。①

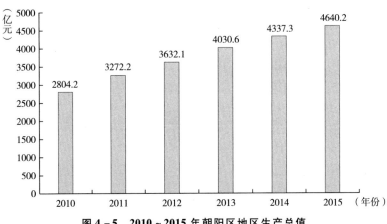

图 4-5　2010~2015 年朝阳区地区生产总值

（二）人口与就业

如表 4-5 所示，截至 2015 年，朝阳区常住人口 395.5 万人，其中常住外来人口 184.0 万人，占常住人口的 46.5%。常住人口密度为 0.84 万人/平方公里。2015 年年末全区户籍人口 207.4 万人。

表 4-5　2015 年年末朝阳区常住人口及构成

单位：万人，%

指　标	年末数	比　重
常住人口	395.5	100.0
按性别分：男性	202.4	51.2
女性	193.1	48.8
按年龄组分：0~14 岁	37.8	9.5
15~64 岁	317.1	80.2
65 岁及以上	40.6	10.3

① 朝阳区统计局：《朝阳区 2015 年国民经济与社会发展统计公报》，http://www.chystats.gov.cn/cytjj/sjjd/tjgb/index.html。

2015 年年末，朝阳区有从业人员 1518253 人，其中在岗职工 1308716 人。朝阳区从业人员平均工资达到 118837 元，其中在岗职工平均工资为 121562 元。① 城镇登记失业率为 0.94%，城乡登记失业人员实现就业人数 2.3 万人。

截至 2015 年年末，全区居民人均可支配收入达到 55450 元，其中人均工资性收入 32081 元，人均转移净收入 10958 元，人均财产净收入 10449 元，人均经营净收入 1962 元。居民人均消费支出到 2015 年达到 39660 元，其中居住、食品烟酒和交通通信支出在居民消费支出中所占比重位居前三，居民恩格尔系数为 21.3%。截至 2015 年年末，居民每百户家庭拥有家用汽车 43 辆，家用电脑 104 台，空调 162 台，手机 217 部。

（三）朝阳区的社会阶层结构

朝阳区的社会上层占 3.91%，其中国家与社会管理者阶层占 0.38%，企业负责人阶层占 3.53%；社会中层占 39.84%，其中专业技术人员占 22.65%，办事人员阶层占 17.19%；社会下层占 56.25%，其中商业服务人员阶层占 39.14%，工人阶层占 16.81%，农业劳动者阶层占 0.3%（见表 4-6、图 4-6）。这是一个上细下粗的葫芦形结构，商业服务业人员和产业工人的比例较大。

朝阳区的社会上层占比与东城区接近，达到 3.91%，不同的是其中 3.53% 都是企业负责人阶层，而国家与社会管理者阶层只占到 0.38%。可见，在朝阳区以 CBD 为核心，奥运、电子城功能区协同国家广告产业园、温榆河生态绿色休闲区、CBD-定福庄国际传媒走廊、东坝国际商贸中心区等区域共同繁荣的产业发展框架下，企业负责人阶层成了社会上层的主体。同时，在此产业布局当中，专业技术人员、商业服务业人员和产业工人作为产业经济发展的主要力量，共同组成了整个朝阳区人口的主体部分。其中，属于社会下层的商业服务业人员和产业工人加起来的比重就已经超过全区的 50%，同时还有一些农业劳动者在朝阳区的边缘进行着生产和劳作。

① 朝阳区统计局：《朝阳区 2016 年国民经济资料》，http：//www.chystats.gov.cn/cytjj/sjjd/tjnj/393394/index.html。

反观朝阳区的社会中层，尽管专业技术人员阶层在朝阳区的产业布局中仍然数量众多、地位重要，但是由于从业人员整体数量庞大，需要的产业底端的服务人员更多，朝阳区的专业技术人员阶层的比重就不如城市功能核心区的东城区和西城区那样高了。另外，由于中央行政中心和北京市行政中心都聚集在城市功能核心区，而各区自身行政事业单位的总量比较接近，朝阳区的办事人员阶层所占的比重比起东城、西城就更加低了。

表 4 - 6　朝阳区社会阶层结构

单位：%

阶 层	比 例	阶 层	比 例
国家与社会管理者	0.38	商业服务业人员	39.14
企业负责人	3.53	产业工人	16.81
专业技术人员	22.65	农业劳动者	0.3
办事人员	17.19		

数据来源：根据第六次全国人口普查数据计算。

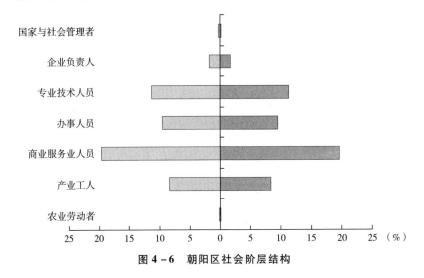

图 4 - 6　朝阳区社会阶层结构

四　丰台区的社会阶层结构

(一) 丰台区概况

丰台区位于北京市西南部，被定位为北京市城市功能拓展区之一。丰台区辖区面积为 305.53 平方公里,与 8 个区相邻,东临朝阳区,北接东城区、西城区、海淀区和石景山区,西北为门头沟区,西南和东南为房山区和大兴区。丰台区呈东西狭长形,东西相距 35 公里,南北最宽处 14 公里。永定河 15 公里的河段从丰台区中间流过,将丰台区分为东西两部。全区下辖 19 个街道,2 个镇政府,297 个社区和 65 个行政村。

丰台区依托永定河沿岸丰富的文化和生态资源以及南城三、四环的经济产业基础,建设成为北京市的金融发展新区和现代服务业与文化创意产业发展大区。沿永定河建成永定河绿色生态发展带,拥有丽泽金融商务区、丰台高科技园区、大红门时尚创意产业聚集区、青龙湖会展旅游和长辛店生态旅游区等发展型产业聚集区。全区现有区级以上重点文物保护单位 31 个,其中国家级 4 个,市级 8 个,区级 19 个。

如图 4-7 所示,2015 年,丰台区实现地区生产总值 1169.9 亿元,比上年增长 7.2%,占全市生产总值的 5.1%,人均 GDP 达到 50601 元(折合 8124 美元)。其中,第一产业 0.6 亿元,占 0.05%;第二产业 249.3 亿元,占 21.3%;第三产业 920 亿元,占 78.6%,第三产业占据重要的经济发展地位。[①]

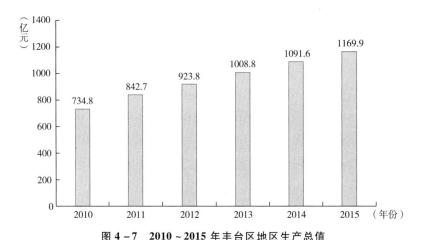

图 4-7　2010~2015 年丰台区地区生产总值

---

① 丰台区统计局:《丰台区 2015 年暨"十二五"时期国民经济和社会发展统计公报》,http://www.ft.bjstats.gov.cn/tjsj/tjgb/ndgb/15651.htm。

(二) 人口与就业

如表4-7所示，2015年年末，丰台区常住人口达到232.4万人，比2014年年末增加2.4万人；其中常住外来人口83.8万人，占常住人口的比重为36.1%，比2014年年末有所降低。在常住人口中，城镇人口231万人，占常住人口的99.4%。全区常住人口出生率为7.45‰，死亡率为4.18‰，自然增长率为3.27‰，常住人口密度为每平方公里7606人。①

表4-7　2015年年末丰台区常住人口及构成

单位：万人，%

指　标	年末数	比　重
常住人口	232.4	100.0
按性别分：男性	117.9	50.7
女性	114.5	49.3
按年龄组分：0~14岁	22.7	9.8
15~64岁	185.2	79.7
65岁及以上	24.5	10.5

截至2015年，丰台区有从业人员635355人，其中在岗职工572614人，劳务派遣32458人，其他30283人，在岗职工平均工资79180元。该年度丰台区城镇新增就业3.84万人，城镇登记失业率为1.72%，其中女性占33.4%。②

2015年，丰台区居民人均可支配收入47127元，比上年增长8.4%；全区居民人均消费支出34240元，比上年增长9.2%；全区居民人均住房建筑面积28.71平方米，比上年增加0.24平方米；恩格尔系数为22.3%。③

① 丰台区统计局：《丰台区2016年统计年鉴》，http://www.ft.bjstats.gov.cn/tjsj/tjnj/index.htm。
② 丰台区统计局：《丰台区2016年统计年鉴》，http://www.ft.bjstats.gov.cn/tjsj/tjnj/index.htm。
③ 丰台区统计局：《丰台区2015年暨"十二五"时期国民经济和社会发展统计公报》，http://www.ft.bjstats.gov.cn/tjsj/tjgb/ndgb/15651.htm。

（三）丰台区的社会阶层结构

在丰台区的社会结构中，社会上层占 1.88%，其中国家与社会管理者阶层占 0.29%，企业负责人阶层占 1.59%；社会中层占 38.97%，其中专业技术人员阶层占 20.48%，办事人员阶层占 18.49%；社会下层占 59.14%，其中商业服务业人员阶层占 41.45%，产业工人阶层占 16.92%，农业劳动者阶层占 0.77%（见表 4 - 8、图 4 - 8）。社会阶层结构和朝阳区类似，呈现出葫芦形的结构，商业服务业人员和产业工人为主体，与中产阶级为主体的橄榄形社会有一定的差距。

丰台区社会上层在城市功能拓展区中所占的比例最少。其中，由于区内行政事业单位较少，所以国家与社会管理者阶层数量也非常小；尽管建成了永定河绿色生态发展带，有着众多的产业聚集区，但发展带产业聚集区规模较小，企业也远不如朝阳和海淀区那么多，企业负责人阶层也比较少。

丰台区社会中层结构与朝阳区类似，丽泽金融商务区、丰台科技园区、大红门时尚创意产业聚集区、青龙湖会展旅游和长辛店生态旅游区等发展型产业聚集区使得专业技术人员阶层占到 20.48% 的比重，而相对数量较少的行政事业单位致使办事人员阶层仅占到 18.49%。

由于丰台区的商业旅游业发达，地位突出，丰台区商业服务业人员阶层成为全区数量最多的阶层；以丰台高科技园区为核心的第二产业为丰台区贡献了 21.3% 的增加值，产业工人阶层比重也较大，达到了 16.92%；以花卉种植为特色的农业产业链也吸纳了 0.77% 的农业劳动者阶层。

表 4 - 8　丰台区的社会阶层结构

单位：%

阶　层	比　例	阶　层	比　例
国家与社会管理者	0.29	商业服务业人员	41.45
企业负责人	1.59	产业工人	16.92
专业技术人员	20.48	农业劳动者	0.77
办事人员	18.49		

数据来源：根据第六次全国人口普查数据计算。

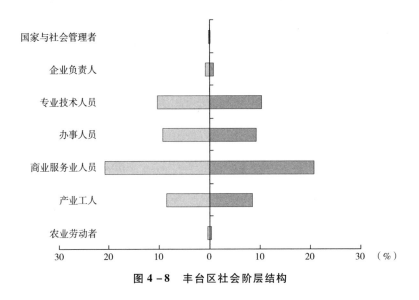

图 4－8　丰台区社会阶层结构

五　石景山区的社会阶层结构

（一）石景山区概况

　　石景山区位于北京西部，是北京市城市功能拓展区之一，也是北京市六个主城区之一。石景山区北部与海淀区毗邻，南部衔接丰台区，西部背靠门头沟区，全区总面积 84.38 平方公里，下辖 9 个街道（包含鲁谷大社区）和 132 个社区。石景山区因服务以首钢为代表的"京西八大厂"而建区发展，是传统的重工业区，历史悠久，人文荟萃，既是一个老城区，也是一个正在建设中的现代化首都新城区。

　　石景山区是北京市重工业企业、高科技单位和多个国家体育运动中心聚集的地方，有首都钢铁总公司等国有大中型企业数家，中国科学院电子对撞机实验室、首都钢铁公司 SGNEC 电子有限公司、国家射击射箭和自行车摩托车运动中心坐落区内，是市民普及科技知识、了解现代工业生产和康乐健身的首选之地。2006 年 1 月，石景山高科技园区（原八大处高科技园区）获批成为中关村科技园区石景山园，为该区进一步优化投资环境，加快产业结构调整转型，增强区域核心竞争力奠定了坚实基础。

　　如图 4－9 所示，2015 年，石景山区地区生产总值为 430.16 亿元，比上年增长 7.3%，占全市生产总值的 1.9%，人均 GDP 达到 65982 元（折合 10594 美元）。第二产业比重为 33.0%，第三产业比重为 67.0%。①

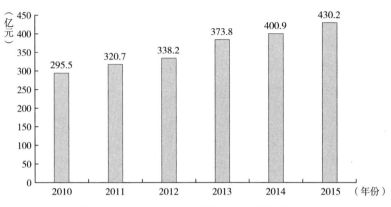

图 4-9　2010~2015 年石景山区地区生产总值

（二）人口与就业

如表 4-9 所示，截至 2015 年，石景山区常住人口 65.2 万人，较上年增加 0.3%，其中常住外来人口 21.0 万人，较上年减少 1.0%，占常住人口的 32.2%。全区常住人口中乡村人口人数为 0，是继东城区和西城区之后第三个人口城镇化率达到 100% 的城区，常住人口密度为 1.30 万人/平方公里。2015 年年末，全区户籍人口为 38.3 万人。

表 4-9　2015 年年末石景山区常住人口及构成

单位：万人，%

指　标	年末数	比　重
常住人口	65.2	100.0
按性别分：男性	32.9	50.4
女性	32.3	49.6
按年龄组分：0~14 岁	5.9	9.0
15~64 岁	52.5	80.5
65 岁及以上	6.8	10.4

---

① 北京市统计局：《2016 年北京市区域统计年鉴》，http://www.bjstats.gov.cn/nj/qxnj/2016/zk/indexch.htm。

2015 年年末，石景山区有从业人员 198350 人，其中在岗职工 184027
人。石景山区从业人员平均工资达到 91409 元，其中在岗职工平均工资为
92057 元，城镇登记失业人数为 4787 人。截至 2015 年年末，全区居民人
均可支配收入达到 56304 元，居民人均消费支出达到 36789 元，但仍有
8068 人需要通过最低生活保障来支撑生活。①

（三）石景山区的社会阶层结构

石景山区的社会上层占 1.93%，其中国家与社会管理者阶层占
0.34%，企业负责人阶层占 1.59%；社会中层占 43.96%，其中专业技术
人员阶层占 27.16%，办事人员阶层占 16.8%；社会下层占 54.11%，其中
商业服务业人员阶层占 31.28%，产业工人阶层占 22.36%，农业劳动者阶
层占 0.47%，呈现出葫芦形的社会结构（见表 4-10、图 4-10）。尽管农
业劳动者阶层几乎可以忽略不计，但是由于蓝领工人的比例很大，与现代
社会以中产阶层为主体的较理想的橄榄形社会结构有一定差距。

石景山区重工业企业众多，是北京的传统重工业区，产业发展转型过
程中也吸纳了大量高新技术企业，成为北京市重工业企业和高新技术单位
聚集的地区。所以，在社会上层当中，企业负责人阶层占据主体地位；社
会中层中，专业技术人员阶层占据绝对优势地位；社会下层中，产业工人
阶层是城六区中占比最多的地区。此外，由于石景山区也是城市功能拓展
区之一，人口众多，商业服务业发达，商业服务业人员阶层依旧是社会阶
层结构中占比最大的一个阶层。

表 4-10   石景山区社会阶层结构

单位：%

阶　层	比　例	阶　层	比　例
国家与社会管理者	0.34	企业负责人	1.59

---

① 北京市统计局：《2016 年北京市区域统计年鉴》，http：//www.bjstats.gov.cn/nj/qxnj/
2016/zk/indexch.htm。

续表

阶　层	比　例	阶　层	比　例
专业技术人员	27.16	产业工人	22.36
办事人员	16.8	农业劳动者	0.47
商业服务业人员	31.28		

数据来源：根据第六次全国人口普查数据计算。

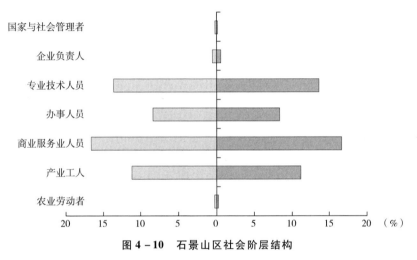

图 4 - 10　石景山区社会阶层结构

六　海淀区的社会阶层结构

（一）海淀区概况

海淀区位于北京市区的西北部，是北京市城市功能拓展区之一，东面与西城区、朝阳区相邻，南面与丰台区相连，西面和石景山区、门头沟区交界，北面和昌平区相接，总面积 430.77 平方公里，占北京市总面积的 2.6%。海淀区南北长约 30 公里，东西最宽处有 29 公里，全区下辖 22 个街道、7 个镇，有 570 个居委会和 84 个村委会。

海淀区是北京市科技文化产业聚集区，该区产业布局形式为两个中心加四大功能区开放式产业空间布局。两个中心即中关村科技园区和海淀新区科技创新中心。四大功能区为东部科教文化产业区、北部城市新区、南部现代服务区和西部生态休闲旅游区。东部科教文化产业区是海淀区长期发展形成的产业核心区，北部城市新区是海淀区未来的城市发展新区、新型城市化地区，南部现代服务区是海淀区城市生活功能核心区、高度城市化地区，西部生态休闲旅游区是海淀区的生态屏障，在保护山水生态环境的前提下发展以山水游览、休闲度假、文化体验和观光农林业为主的休闲旅游业。

如图 4-11 所示，2015 年，海淀区地区生产总值达到 4613.5 亿元，占全市生产总值的 20.0%，比上年增长 7.5%，人均 GDP 达到 124892 元（折合 20052 美元）。从产业分类看，第一产业实现增加值 1.8 亿元，占全区生产总值的 0.04%；第二产业实现增加值 565.9 亿元，占全区生产总值的 12.3%；第三产业实现增加值 4045.7 亿元，占全区生产总值的 87.7%。区域财政收入完成 2183.95 亿元。[①]

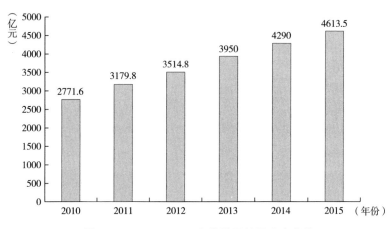

图 4-11　2010~2015 年海淀区地区生产总值

（二）人口与就业

如表 4-11 所示，截至 2015 年年末，海淀区常住人口 369.4 万人，比 2014 年年末增加 1.6 万人。其中，常住外来人口 148.6 万人，占常住人口的比重为 40.2%。年末全区户籍人口 239.5 万人，比 2014 年年末增加 1.0 万人。常住人口密度为 0.86 万人/平方公里。

---

① 海淀区统计局：《海淀区 2015 年暨"十二五"期间国民经济和社会发展统计公报》，http://hdtjj.bjhd.gov.cn/tjgb/gmjjgb/201605/t20160520_1268991.html。

表 4 – 11 2015 年年末海淀区常住人口及构成

单位：万人，%

指 标	年末数	比 重
常住人口	369.4	100.0
按性别分：男性	194.3	52.6
女性	175.1	47.4
按年龄组分：0～14 岁	32.5	8.8
15～64 岁	303.3	82.1
65 岁及以上	33.6	9.1

截至 2015 年，海淀区有从业人员 1700498 人，其中在岗职工 1488693 人，劳务派遣 110946 人，其他 100859 人，在岗职工平均工资 129810 元。该年末全区城镇登记失业率为 0.90%，比上年扩大 0.12 个百分点；失业人员就业率 67.6%，比上年降低 1.5 个百分点。[1]

2015 年，海淀区居民人均可支配收入达 62325 元，增长 7.6%；人均消费支出 44626 元，增长 7.9%。[2]

（三）海淀区的社会阶层结构

在海淀区的社会阶层结构中，社会上层占 3.37%，其中国家与社会管理者阶层占 0.66%，企业负责人阶层占 2.71%；社会中层占 46.85%，其中专业技术人员占 28.77%，办事人员占 18.08%；社会下层占 49.78%，其中商业服务业人员阶层占 37.61%，产业工人阶层占 11.11%，农业劳动者阶层占 1.06%（见表 4 – 12、图 4 – 12）。尽管海淀区的专业技术人员阶层比例在北京市各区中最大，但在海淀区却远远低于商业服务业人员阶层的比例。所以海淀区的社会阶层结构和朝阳区接近，都是上小下大的近似葫芦形的结构。

海淀区社会上层比例在全市各区中比较高，在东城区和朝阳区之后排第三位。其中企业负责人阶层在整个社会上层的 3.37% 中占了 2.71%，是

① 海淀区统计局：《2016 年海淀区统计年鉴》，http：//hdtjj. bjhd. gov. cn/tjsj/ndsj/201611/t20161124_ 1321531. html。

② 海淀区统计局：《海淀区 2015 年暨"十二五"期间国民经济和社会发展统计公报》，http：//hdtjj. bjhd. gov. cn/tjgb/gmjjgb/201605/t20160520_ 1268991. html。

社会上层的主体，但其具体构成与朝阳区又有所差异。不同于朝阳区商贸产业的重要影响力，海淀区的企业多汇聚于科技创新产业。

中关村科技园区和海淀新区科技创新中心是海淀区产业布局的中心，这不仅造就了社会上层的主体企业负责人阶层，更吸纳并聚集了社会中层的主体专业技术人员阶层。在全市各区中，海淀区是专业技术人员阶层占比最大的一个区，形成了海淀区社会阶层的一个明显特征。

海淀区除了高新技术产业发达之外，还拥有众多商业中心，加上其科教文化产业区、现代服务区和生态休闲旅游区大力发展，同样吸引了大量的商业服务业人员在此工作生活。同时，在生态农林旅游产业发展的背景下，其农业劳动者阶层所占比重也比城六区中其他地区要大。

表 4－12　海淀区社会阶层结构

单位：%

阶　层	比　例	阶　层	比　例
国家与社会管理者	0.66	商业服务业人员	37.61
企业负责人	2.71	产业工人	11.11
专业技术人员	28.77	农业劳动者	1.06
办事人员	18.08		

数据来源：根据第六次全国人口普查数据计算。

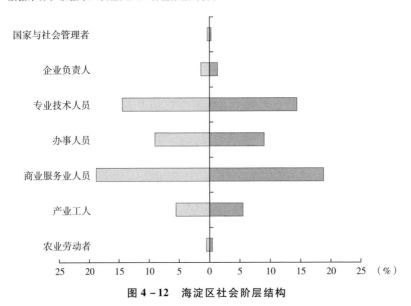

图 4－12　海淀区社会阶层结构

七 房山区的社会阶层结构

(一) 房山区概况

房山区位于北京市的西南部，属于北京市的城市发展新区，区政府所在地良乡是《北京城市总体规划 (2004～2020 年)》中首都十四个中心卫星城之一，距京城 (六里桥) 25 公里。房山区总面积 1989.5 平方公里，北邻门头沟区，东北与丰台区毗连，东隔永定河与大兴区相望，南部和西部分别与河北省涿州市和涞水县接壤。全区共辖 28 个乡、镇、街道办事处，其中，街道办事处 8 个、建制镇 14 个、建制乡 6 个，共有 133 个居委会和 459 个村委会。

房山区在北京市城市发展规划中，将自身定位为高端制造业新区和现代生态休闲新城，独特的地理区位使房山成为京津冀协同发展中京保石 (北京、保定、石家庄) 发展轴的桥头堡。《北京市房山区国民经济和社会发展第十三个五年规划纲要》中指出，房山区对内是北京市区高端要素的主要承载地之一，对外则为面向首都新机场、辐射拉动周边地区发展的重要枢纽节点，在产业发展、基础设施、旅游生态等方面实现京冀协同发展，积极发挥桥头堡的引领作用。

如图 4-13 所示，2015 年，房山区实现地区生产总值 554.7 亿元，剔除价格因素影响，比上年增长 7.5%，占全市生产总值的 2.4%，全区人均地区生产总值达到 53284.0 元 (折合 8555 美元)。其中，第一产业增加值 14.2 亿元，占全区生产总值的 2.6%；第二产业增加值 323.7 亿元，占全区生产总值的 58.4%；第三产业增加值 216.8 亿元，占全区生产总值的 39.0%。第二产业所占比重接近 60%，是房山区发展的中坚产业。[①]

(二) 人口与就业

如表 4-13 所示，截至 2015 年年末，房山区常住人口 104.6 万人，比

[①] 房山区统计局：《北京市房山区 2015 年暨 "十二五" 期间国民经济和社会发展统计公报》，http://tjj.bjfsh.gov.cn/tjsj/tjgb/96289.htm。

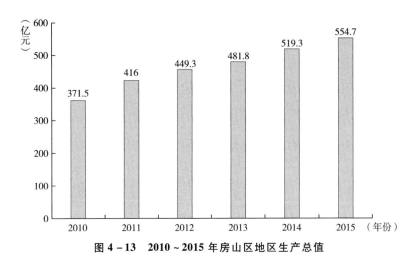

图 4 - 13 2010 ~ 2015 年房山区地区生产总值

2014 年年末增加 1 万人。其中,常住外来人口 27.4 万人,占常住人口的
比重为 26.2%。常住人口中,城镇人口 74 万人,占常住人口的比重为
70.7%。常住人口密度为每平方公里 525 人,比上年年末增加 5 人。同时,
房山区户籍人口为 79.9 万人,比 2014 年年末增加 0.5 万人,增长 0.69%。
全区出生 6853 人,比上年减少 1999 人,人口出生率为 8.64‰;死亡 4392
人,比上年减少 996 人,人口死亡率为 5.49‰。[①]

表 4 - 13 2015 年年末房山区常住人口及构成

单位:万人,%

指　标	年末数	比　重
常住人口	104.6	100.0
按性别分:男性	53.3	51.0
女性	51.3	49.0
按年龄组分:0 ~ 14 岁	11.8	11.3
15 ~ 64 岁	81.3	77.7
65 岁及以上	11.5	11.0

截至 2015 年,房山区有从业人员 152944 人,其中在岗职工 139979
人,从业人员平均工资为 74479 元,其中在岗职工平均工资为 77108 元。

① 房山区统计局:《北京市房山区 2015 年暨"十二五"期间国民经济和社会发展统计公
报》,http://tjj.bjfsh.gov.cn/tjsj/tjgb/96289.htm。

该年末全区城镇新增就业 1.9 万人，城镇登记失业人员实现就业 1 万人，城镇登记失业率为 3.56%。城乡就业困难人员实现就业 1.2 万人，实现创业 186 人，带动就业 1006 人。①

2015 年，房山区城镇居民人均可支配收入达到 36317 元，比 2014 年增长 9.1%，城镇居民恩格尔系数为 24.5%；农村居民人均可支配收入 19161 元，增长 9.2%，农村居民恩格尔系数为 28.5%。② 城乡居民收入差距依旧显著。

（三）房山区的社会阶层结构

房山区的社会阶层结构中，社会上层占 2.47%，其中国家与社会管理者阶层占 0.57%，企业负责人阶层占 1.9%；社会中层占 24.63%，其中专业技术人员阶层占 13.73%，办事人员阶层占 10.89%；社会下层占 72.91%，其中商业服务业人员阶层占 26.95%，产业工人阶层占 35.90%，农业劳动者阶层占 10.06%（见表 4 - 14、图 4 - 14）。全区呈现出工业化的社会阶层结构，农业劳动者的比例也比较大。社会阶层结构呈现出上小下大的扁葫芦形结构。

房山区是北京市西南高端制造业新区，高端制造产业聚集。在此背景下，企业负责人阶层依旧是社会上层的主体，产业工人阶层在全区社会阶层机构中占据主要地位；而由于房山区的主要产业是制造业，所需专业技术人员较少，导致社会中层相对较少，所占比例仅有 24.63%，不到社会下层的一半。

表 4 - 14 房山区社会阶层结构

单位：%

阶 层	比 例	阶 层	比 例
国家与社会管理者	0.57	商业服务业人员	26.95
企业负责人	1.9	产业工人	35.9
专业技术人员	13.73	农业劳动者	10.06
办事人员	10.89		

数据来源：根据第六次全国人口普查数据计算。

---

① 房山区统计局：《房山区 2016 年统计年鉴》，http：//tjj. bjfsh. gov. cn/tjsj/ndsj/index. htm。
② 房山区统计局：《北京市房山区 2015 年暨"十二五"期间国民经济和社会发展统计公报》，http：//tjj. bjfsh. gov. cn/tjsj/tjgb/96289. htm。

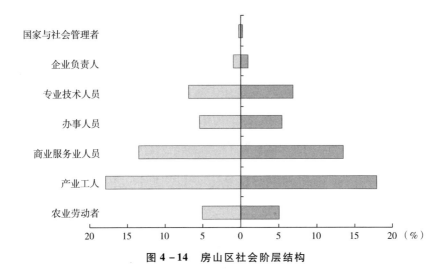

图 4 – 14　房山区社会阶层结构

八　通州区的社会阶层结构

(一) 通州区概况

通州区位于北京市东南部，京杭大运河北端，是北京市城市发展新区之一。通州面积广阔、地势平坦，东西宽 36.5 公里，南北长 48 公里，面积 907 平方公里，下辖 10 个镇、1 个乡、4 个街道、483 个行政村。西临朝阳区、大兴区，北与顺义区接壤，东隔潮白河与河北省三河市、大厂回族自治县、香河县相连，南和天津市武清区、河北省廊坊市交界。

通州区地域辽阔，历史悠久，资源丰富，地理区位非常优越。通州区"十三五"规划纲要将其定位为北京市行政副中心、国际商务新中心、文化发展创新区、和谐宜居示范区。通州区作为北京发展新区，其在建的政务新区能够缓解北京市核心城区的政府公共服务压力；商务中心区吸纳了中心城区疏解的总部型企业；文化旅游区以北京环球主题公园及度假区为核心，强化了通州文化产业国际性服务职能，宋庄文化创意产业集聚区也使得通州文化旅游产业形成集约化、高端化的发展态势。

如图 4-15 所示，2015 年，通州区实现地区生产总值 595.4 亿元，比
2014 年增长 8.5%，占北京市生产总值的 2.6%，人均 GDP 达到 43142 元
（折合 6927 美元）。从产业分类看，第一产业增加值 19 亿元，占通州区地
区生产总值的 3.2%；第二产业增加值 278.2 亿元，占全区地区生产总值
的 46.7%；第三产业增加值 298.1 亿元，占 50.1%。与 2014 年三次产业
结构的 4∶50.4∶45.6 相比，第三产业比重明显增加，替代第二产业成为
对通州区经济增长贡献最大的产业。①

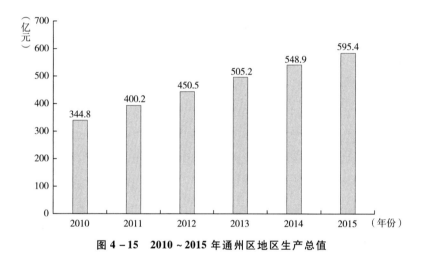

图 4-15　2010~2015 年通州区地区生产总值

（二）人口与就业

如表 4-15 所示，截至 2015 年年末，通州区常住人口 137.8 万人，比
2014 年年末增加 2.2 万人，其中常住外来人口 55.9 万人，占常住人口比
重为 40.6%。常住人口中城镇人口 88.2 万人，占常住人口的 64%。全区
常住人口出生率为 7.31‰，死亡率 5.09‰。常住人口密度为每平方公里
1521 人，人口密度呈增加趋势。

---

① 通州区统计局：《通州区 2015 年暨"十二五"时期国民经济和社会发展统计公报》，
　　http：//stats. bjtzh. gov. cn/n5244966/n7979873/index. html。

表 4-15　2015 年年末通州区常住人口及构成

单位：万人，%

指　标	年末数	比　重
常住人口	137.8	100.0
按性别分：男性	71.0	51.5
女性	66.8	48.5
按年龄组分：0~14 岁	13.3	9.7
15~64 岁	113.0	82.0
65 岁及以上	11.5	8.3

　　截至 2015 年，通州区有从业人员 226409 人，其中在岗职工 204762 人，劳务派遣 14351 人，其他 7296 人。从业人员平均工资 70679 元，在岗职工平均工资为 73632 元，劳务派遣人员平均工资为 53592 元，其他从业人员平均工资为 48606 元，劳务派遣人员和其他从业人员的工资收入与在岗职工的工资收入仍存在比较大的差距。2015 年，通州区城镇登记失业率为 1.99%，失业人员实现再就业 9941 人，失业人员就业率达到 68%。[1]

　　2015 年，通州区居民人均可支配收入达到 31397 元，其中城镇居民人均可支配收入 37608 元，农村居民人均可支配收入 21648 元。全区居民人均消费支出达到 22508 元，恩格尔系数为 28.4%；其中城镇居民人均消费支出达到 26944 元，恩格尔系数为 26.7%，农村居民人均消费支出达到 15544 元，恩格尔系数为 33%。城乡居民收入水平、消费水平和生活水平差距显著。

（三）通州区的社会阶层结构

　　通州区的社会阶层结构中社会上层占比为 1.99%，其中国家与社会管理者阶层占 0.3%，企业负责人阶层占 1.69%；社会中层比例为 26.36%，其中专业技术人员阶层占 15.21%，办事人员阶层占 11.15%；社会下层比

---

[1]　通州区统计局：《通州区 2016 年统计年鉴》，http://stats.bjtzh.gov.cn/n5244966/n5254366/c14265979/part/14266869.pdf。

例为 71.66%，其中商业服务业人员阶层占 28.05%，产业工人阶层占 33.47%，农业劳动者阶层占 10.14%（见表 4-16、图 4-16）。产业工人阶层的比例达到了 33.47%，超过 1/3 的职业人口是产业工人阶层，由此呈现出工业化的社会结构，社会阶层结构是一个上小下大的扁葫芦形结构。

通州区目前的功能是接受城市中心区的功能与产能辐射，承接中心区疏解的产业产能，并因此进行大规模的建设。城六区疏解的产业产能使得通州区社会上层中拥有占绝对主体地位的企业负责人阶层；发达的制造业和因快速发展而繁荣的建筑业吸纳了大量的产业工人，形成庞大的工人阶层；沿运河商业及文化产业聚集带也使得商业服务业人员阶层成为通州区第二大社会阶层。

通州区正在建设北京市行政副中心和国际商务新中心，随着行政副中心的建成，通州区国家与社会管理者阶层和办事人员阶层会得以扩大；随着国际商务新中心的建成，企业负责人阶层、专业技术人员阶层和商业服务业人员阶层也将有所增加。

表 4-16　通州区社会阶层结构

单位：%

阶　层	比　例	阶　层	比　例
国家与社会管理者	0.3	商业服务业人员	28.05
企业负责人	1.69	产业工人	33.47
专业技术人员	15.21	农业劳动者	10.14
办事人员	11.15		

数据来源：根据第六次全国人口普查数据计算。

九　顺义区的社会阶层结构

（一）顺义区概况

顺义区位于北京东北方向，是北京市城市发展新区之一。顺义区距市区 30 公里，总面积 1021 平方公里，北邻怀柔区、密云区，东接平谷区，南与通州区、河北省三河市接壤，西南、西与朝阳区、昌平区隔温榆河为界。顺义区下辖 12 个镇、7 个地区办事处（加挂镇牌）和 6 个街道办事

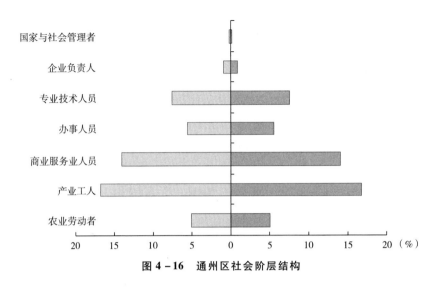

图 4 - 16　通州区社会阶层结构

处，共 426 个村民委员会、85 个居民委员会。

顺义区是北京东北部发展带的重要节点、重点发展的新城之一，是首都国际航空中心核心区，是服务全国、面向世界的临空产业中心和现代制造业基地。如图 4 - 17 所示，2015 年，顺义区实现地区生产总值 1440.9 亿元，其中第一产业增加值 21.9 亿元，占全区生产总值的 1.5%；第二产业增加值 577.7 亿元，占全区生产总值的 40.1%；第三产业增加值 841.4 亿元，占全区生产总值的 58.4%。人均 GDP 达到 141265 元（折合 22681 美元），位居全北京 16 个区县中的第三位。①

（二）人口与就业

如表 4 - 17 所示，截至 2015 年年末，顺义区常住人口 102.0 万人，比上年年末增加 1.6 万人。其中，常住外来人口 40.2 万人，占常住人口的比例为 39.4%。常住人口中，城镇人口 55.4 万人，占常住人口的比例为 54.3%。常住人口出生率 9.95‰，死亡率 7.30‰。年末全区户籍人口 61.5

---

① 顺义区统计局：《顺义区 2015 年国民经济与社会发展统计公报》，http://www.sy.bjstats.gov.cn/level3.jsp？id = 12429。

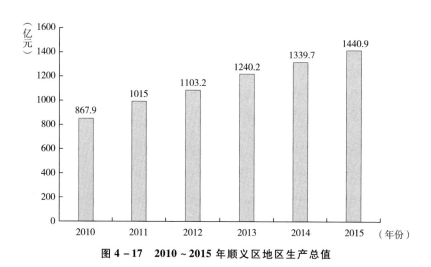

图 4 - 17　2010～2015 年顺义区地区生产总值

万人，比上年年末增加 0.6 万人。①

表 4 - 17　2015 年年末顺义区常住人口及构成

单位：万人，%

指　标	年末数	比　重
常住人口	102.0	100.0
按性别分：男性	52.2	51.2
女性	49.8	48.8
按年龄组分：0～14 岁	11.5	11.3
15～64 岁	82.4	80.8
65 岁及以上	8.1	7.9

　　截至 2015 年，顺义区有从业人员 467109 人，其中在岗职工 442110 人；从业人员平均工资 97805 元，在岗职工平均工资为 95553 元，在城市发展新区中从业人员的工资水平较高。2015 年年末，全区实有城镇登记失业人员 3364 人，比上年年末增加 145 人。城镇登记失业率为 1.5%。②

　　到 2015 年，顺义区城镇居民人均可支配收入达到 33394 元，农村居民

---

① 顺义区统计局：《顺义区 2015 年国民经济与社会发展统计公报》，http：//www. sy. bjstats. gov. cn/level3. jsp？id=12429。

② 北京市统计局：《2016 年北京区域统计年鉴》，http：//www. bjstats. gov. cn/nj/qxnj/2016/zk/indexch. htm。

人均可支配收入达到 22648 元。城镇居民人均消费性支出达到 22174 元，恩格尔系数为 27.7%；农村居民人均消费性支出达到 13926 元，恩格尔系数为 31.2%。[①]

（三）顺义区的社会阶层结构

顺义区的社会阶层结构中社会上层占比为 2.32%，其中国家与社会管理者阶层占 0.34%，企业负责人占 1.98%；社会中层占 20.73%，其中专业技术人员阶层占 10.8%，办事人员阶层占 9.93%；社会下层占 76.94%，其中商业服务业人员阶层占 28.94%，产业工人阶层占 39.14%，农业劳动者阶层占 8.86%（见表 4-18、图 4-18）。超过 1/3 的职业人口是工人阶层，呈现出典型的工业化的社会结构，社会阶层结构是一个上小下大的近似金字塔形。

顺义区是北京市临空产业中心和现代制造业基地。发达的现代制造业和临空港的交通运输、邮政和仓储产业造就了数量庞大的产业工人阶层，39.14% 的产业工人阶层所占比重位列北京市各区工人阶层所占比重的第一位。为顺义区庞大的常住人口服务的商业服务业以及临空产业中的商业服务行业也吸纳了大量的商业服务业人员，加上产业工人和农业劳动者，顺义区社会下层占比接近 80%。

表 4-18　顺义区社会阶层结构

单位：%

阶　层	比　例	阶　层	比　例
国家与社会管理者	0.34	商业服务业人员	28.94
企业负责人	1.98	产业工人	39.14
专业技术人员	10.8	农业劳动者	8.86
办事人员	9.93		

数据来源：根据第六次全国人口普查数据计算。

---

① 顺义区统计局：《顺义区 2015 年国民经济与社会发展统计公报》，http://www.sy.bjstats.gov.cn/level3.jsp? id=12429。

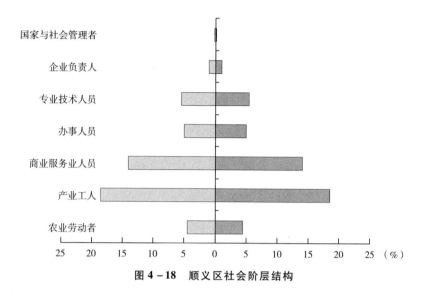

图 4 - 18　顺义区社会阶层结构

十　昌平区的社会阶层结构

(一)　昌平区概况

昌平区位于北京的西北部，是北京市城市发展新区之一。昌平区边界线总长 261.5 公里，区域面积 1343.5 平方公里，地处燕山、太行山支脉结合地带，地势西北高、东南低，北倚军都山，南俯北京城，是温榆河的发源地。昌平区北与延庆区、怀柔区相连，东邻顺义区，南与朝阳区、海淀区毗邻，西与门头沟区和河北省怀来县接壤。截至 2016 年 7 月，昌平区辖 8 个街道、4 个地区、14 个镇。

昌平区是北京重要的高等教育和科研机构聚集区之一，境内有 14 所大学和它们的分校区、18 个国家级科研机构，近 2 万名科研人员。昌平区是中国国家级科技园区——中关村国家自主创新示范区核心区的重要组成部分，经济发展以高科技产业为主，已初步形成了能源科技、高端现代制造和生物医药三大特色产业，聚集了中国石油、中国石化、中国移动等多家世界 500 强企业的研发和销售中心。

如图 4 - 19 所示，2015 年，昌平区实现地区生产总值 657.3 亿元，剔

除价格因素影响，比上年增长 8.2%，占北京市生产总值的 2.86%，人均
GDP 达到 33959 元（折合 5452 美元）。其中，第一产业增加值 8.1 亿元，
占地区生产总值的 1.2%；第二产业增加值 244.8 亿元，占地区生产总值
的 37.3%；第三产业增加值 404.4 亿元，占地区生产总值的 61.5%。产业
分布符合现代社会产业结构。①

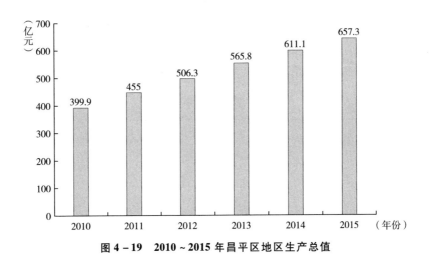

图 4 - 19　2010～2015 年昌平区地区生产总值

（二）人口与就业

如表 4 - 19 所示，截至 2015 年年末，昌平区常住人口 196.3 万人，比
上年年末增加 5.5 万人，增长 2.9%；其中常住外来人口 102.6 万人，增
长 2.4%，占常住人口的比重为 52.3%，比上年年末下降 0.2 个百分点。
年末全区户籍人口 59.5 万人，比上年年末增加 1 万人，增长 1.6%；其中
农业人口 17.8 万人，占全区户籍人口的 30%，比上年年末下降 1 个百
分点。②

---

① 昌平区统计局：《昌平区 2015 年暨"十二五"时期国民经济和社会发展统计公报》，
http：//www. bjchp. gov. cn/tjj/tabid/621/InfoID/346983/frtid/620/Default. aspx。
② 昌平区统计局：《昌平区 2015 年暨"十二五"时期国民经济和社会发展统计公报》，
http：//www. bjchp. gov. cn/tjj/tabid/621/InfoID/346983/frtid/620/Default. aspx。

表 4 - 19　2015 年年末昌平区常住人口及构成

单位：万人，%

指　标	年末数	比　重
常住人口	196.3	100.0
按性别分：男性	103.3	52.6
女性	93.0	47.4
按年龄组分：0～14 岁	21.9	11.1
15～64 岁	157.6	80.3
65 岁及以上	16.8	8.6

截至 2015 年，昌平区有从业人员 293969 人，其中在岗职工 268236 人，劳务派遣 12010 人，其他 13723 人。从业人员平均工资为 83510 元，在岗职工平均工资为 86420 元，劳务派遣人员平均工资为 69233 元，其他从业人员平均工资 56367 元。2015 年，昌平区实现城乡劳动力就业 12152 人，城镇新增就业 26369 人，城镇登记失业率控制在 1.46%。[1]

2015 年，昌平区城镇居民人均可支配收入 38794 元，比上年增长9.1%；农村居民人均可支配收入 20115 元，比上年增长 9.1%。城镇居民恩格尔系数为 24.3%，农村居民恩格尔系数为 25.7%。农村居民人均住房面积 41.4 平方米，比上年增加 1 平方米。[2]

（三）昌平区的社会阶层结构

昌平区的社会阶层结构中社会上层占比为 1.86%，其中国家与社会管理者阶层占 0.29%，企业负责人阶层占 1.57%；社会中层占 36.31%，其中专业技术人员阶层占 21.28%，办事人员阶层占 15.03%；社会下层占61.82%，其中商业服务业人员阶层占 37.53%，产业工人阶层占 20.64%，农业劳动者阶层占 3.65%（见表 4 - 20、图 4 - 20）。虽然商业服务业人员阶层和产业工人阶层数量庞大，占比较多，但农业劳动者阶层的比例与其他城

---

[1]　昌平区统计局：《昌平区 2016 年统计年鉴》，http：//www. bjchp. gov. cn/tjj/tabid/621/In-foID/397815/frtid/5909/Default. aspx。

[2]　昌平区统计局：《昌平区 2015 年暨"十二五"时期国民经济和社会发展统计公报》，http：//www. bjchp. gov. cn/tjj/tabid/621/InfoID/346983/frtid/620/Default. aspx。

市发展新区相比要少很多，整体呈现出的社会阶层结构是近似葫芦形的。

昌平区的经济发展依托高科技产业，能源科技、高端现代制造和生物医药是昌平区的三大特色产业，许多大型企业的研发和销售中心都聚集在昌平区，同时昌平区还是高等教育和科研机构的聚集地。高科技产业和教育科研的发达意味着对高层次人才的需求量十分庞大，所以昌平区的专业技术人员阶层占比在城市发展新区中是最大的，达到21.28%。而由于高科技产业的研发功能要远远大于生产功能，所以产业工人阶层的数量低于专业技术人员阶层的数量。同时，为了满足昌平区数量庞大的人口的工作与生活需求，商业服务业人员阶层占比依然是最大的。

表 4-20   昌平区社会阶层结构

单位：%

阶 层	比 例	阶 层	比 例
国家与社会管理者	0.29	商业服务业人员	37.53
企业负责人	1.57	产业工人	20.64
专业技术人员	21.28	农业劳动者	3.65
办事人员	15.03		

数据来源：根据第六次全国人口普查数据计算。

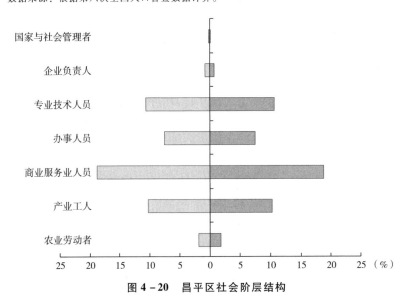

图 4-20   昌平区社会阶层结构

十一　大兴区的社会阶层结构

（一）大兴区概况

大兴区是北京市城市发展新区之一，位于北京市南部，区域面积 1031 平方公里，下辖 5 个地区、9 个镇、5 个街道。大兴区东临通州区，南临河北省固安县、霸州市等，西与房山区隔永定河为邻，北接丰台区、朝阳区，全境属永定河冲积平原，地势自西向东南缓倾。

大兴区区位优势得天独厚，是北京市唯一一个拥有两座新城的区。其中，区政府所在地大兴新城距市区的主要交通路线南三环仅 13 公里，它是 1984 年国务院批准建设的首都第一批重点发展的卫星城之一；北京新城亦庄，即北京经济技术开发区，是在北京跨入国际化大都市的经济发展框架和战略选择中，在大兴亦庄镇内迅速崛起的又一座新城。大兴区交通便利，它不但是京津塘高新技术产业带上的一个重要环节，还是京九铁路的龙头，将成为沟通南北东西的现代化物流中心之一。北京首都新机场的建设，使得一个新航城正在崛起，将与大兴新城和亦庄新城形成鼎立发展态势。

如图 4-21 所示，2015 年，大兴区实现地区生产总值 1591.6 亿元，比上年增长 8.1%，占北京市生产总值的 6.9%，人均 GDP 达到 101895 元（折合 16360 美元）。其中，大兴新城地区生产总值实现 510.2 亿元，比上年增长 7.4%；北京经济技术开发区地区生产总值实现 1081.4 亿元，比上年增长 8.4%，为整个大兴和北京市的高端技术产业发展提供了强大的动力。按三次产业分，第一产业完成增加值 21.9 亿元，占全区地区生产总值的 1.4%；第二产业完成增加值 900.2 亿元，占全区地区生产总值的 56.6%；第三产业完成增加值 669.5 亿元，占全区地区生产总值的 42.0%，第二产业明显占据主导地位，同样是经济技术开发区带来的显著效益。[①]

（二）人口与就业

如表 4-21 所示，2015 年年末，大兴区常住人口 156.2 万人，比上年

---

① 大兴区统计局：《新区（大兴-开发区）2015 年暨"十二五"时期国民经济和社会发展统计公报》，http://dxtjj.bjdx.gov.cn/sjjd/tjnj/2052885.htm。

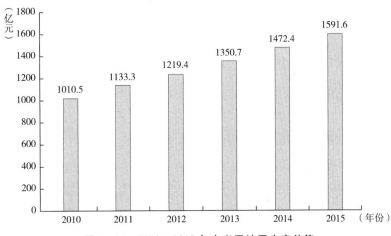

图 4 - 21　2010 ~ 2015 年大兴区地区生产总值

年末增加 1.7 万人。其中，大兴新城常住人口 145 万人，开发区常住人口
11.2 万人。大兴区常住外来人口 76.1 万人，占常住人口的比重为 48.7%。
其中，大兴新城常住外来人口 67.6 万人，开发区常住外来人口 8.5 万人。
常住人口中，城镇人口 110.9 万人，占常住人口的比重为 71.0%。常住人
口出生率 9.42‰，死亡率 3.48‰，自然增长率 5.94‰。年末，大兴区户
籍人口 66.3 万人，比上年年末增加 1.2 万人。其中，大兴新城户籍人口
65 万人，开发区户籍人口 1.3 万人。①

表 4 - 21　2015 年年末大兴区常住人口及构成

单位：万人，%

指　标	年末数	比　重
常住人口	156.2	100.0
按性别分：男性	80.5	51.5
女性	75.7	48.5
按年龄组分：0 ~ 14 岁	18.1	11.5
15 ~ 64 岁	125.7	80.5
65 岁及以上	12.4	8.0

①　大兴区统计局：《大兴区 2016 年统计年鉴》，http://dxtjj.bjdx.gov.cn/tjsj/ndsj/2086762.
htm。

截至 2015 年，大兴区有从业人员 505146 人，其中在岗职工 461986 人；从业人员平均工资 89870 元，其中在岗职工平均工资为 93926 元。[1] 2015 年，大兴区实现全区城乡劳动力就业 1.4 万余人，农村劳动力转移就业近 1 万人，年末实有城镇登记失业人数 3236 人，城镇登记失业率控制在 1.44%。[2]

2015 年，大兴区居民人均可支配收入 33849 元，居民人均生活消费支出 23402 元。城镇居民人均可支配收入 40598 元，其中，工资性收入 24648元，财产净收入 7988 元；城镇居民人均生活消费支出 26798 元，城镇居民恩格尔系数为 25.4%，平均每百户家庭拥有家用汽车 48 辆，家用计算机 91 台，移动电话机 215 部。同年，大兴区农村居民人均可支配收入 17796元，其中工资性收入 14537 元；农村居民人均生活消费支出 15322 元，农村居民恩格尔系数为 30.9%，平均每百户家庭拥有家用汽车 39 辆，家用计算机 68 台，移动电话机 222 部。[3]

（三）大兴区的社会阶层结构

大兴区的社会阶层结构中社会上层占比为 4.88%，其中国家与社会管理者阶层占 0.42%，企业负责人阶层占 4.46%；社会中层占 19.61%，其中专业技术人员阶层占 11.59%，办事人员阶层占 8.02%；社会下层占75.5%，其中商业服务业人员阶层占 24.5%，产业工人阶层占 36.01%，农业劳动者阶层占 14.99%（见表 4 - 22、图 4 - 22）。整体呈现出工业化的社会结构，社会阶层结构是一个上小下大的近似金字塔形。社会两极化的程度是北京市各区县中最高的。

大兴区的社会阶层结构在北京市城市发展新区中是非常具有特色的。首先，大兴区的社会上层比例是全市各区县中最高的，达到 4.88%，而其中 4.46% 由企业负责人阶层构成，这完全归功于大兴新城和经济技术开发

---

① 北京市统计局：《2016 年北京区域统计年鉴》，http：//www. bjstats. gov. cn/nj/qxnj/2016/zk/indexch. htm。

② 大兴区统计局：《大兴区 2016 年统计年鉴》，http：//dxtjj. bjdx. gov. cn/tjsj/ndsj/2086762. htm。

③ 大兴区统计局：《新区（大兴 - 开发区）2015 年暨"十二五"时期国民经济和社会发展统计公报》，http：//dxtjj. bjdx. gov. cn/sjjd/tjnj/2052885. htm。

区庞大的企业数量。

大兴区的经济技术开发区内聚集了大量的企业，大量的企业意味着存在大量的企业负责人；加之大兴区的企业以加工制造业为主，这就需要有大量的产业工人而不是专业技术人员来支撑，所以在大兴区的社会下层中，产业工人阶层所占比例超过商业服务业人员阶层，是全区数量最大的阶层。

另外值得关注的是，大兴区的农业劳动者阶层占比将近15%，这在北京市非生态涵养发展区中是最高的，因为大兴区是北京市的"南菜园"，全区有蔬菜、西瓜甜瓜、果品、甘薯、花卉五大种植业主导产业，全区农产品综合供给量占全市的近1/6。15%的比重尽管不如生态涵养发展区的农业劳动者阶层所占比重大，但基于大兴区从业人员要远多于各生态涵养发展区，大兴区农业劳动者阶层的数量也是可观的。

表4－22 大兴区社会阶层结构

单位：%

阶　层	比　例	阶　层	比　例
国家与社会管理者	0.42	商业服务业人员	24.5
企业负责人	4.46	产业工人	36.01
专业技术人员	11.59	农业劳动者	14.99
办事人员	8.02		

数据来源：根据第六次全国人口普查数据计算。

十二 门头沟区的社会阶层结构

（一）门头沟区概况

门头沟区位于北京城区正西偏南的山区，是北京市生态涵养发展区之一，东西长约62公里，南北宽约34公里，总面积1448.9平方公里，山地面积占98.5%。东与石景山区和海淀区相接，南与丰台区和房山区相连，西与河北省涞水县和涿鹿县为邻，北与昌平区和河北省怀来县交界。门头沟区下辖9个乡镇、4个街道办事处，有103个居委会和178个行政村。

门头沟区生态环境资源和历史文化资源十分丰厚，旅游文化休闲产业为其主导产业，也是北京市西部的一道生态屏障。如图4－23所示，2015年，门头沟区实现地区生产总值144.1亿元，剔除价格因素影响，比上年增长

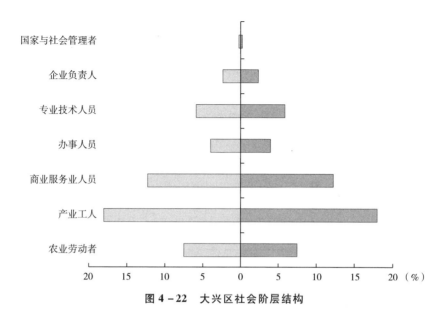

图 4 - 22 大兴区社会阶层结构

8.6%，占全市生产总值的 0.6%，人均 GDP 达到 46916 元（折合 7533 美元）。其中第一产业实现增加值 0.8 亿元，占全区生产总值的 0.6%；第二产业实现增加值 69.7 亿元，占全区生产总值的 48.4%；第三产业实现增加值 73.5 亿元，占全区生产总值的 51.0%。①

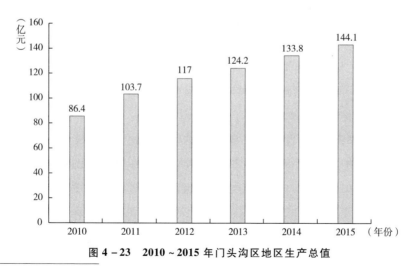

图 4 - 23 2010～2015 年门头沟区地区生产总值

---

① 门头沟区统计局：《门头沟区 2015 年国民经济与社会发展统计公报》，http：//www.mtg.
bjstats. gov. cn/Page/293/InfoID/20697/SourceId/1156/PubDate/2016 - 05 - 06/Default. aspx。

（二）人口与就业

如表4-23所示，截至2015年年末，门头沟区常住人口30.8万人，比上年增加0.2万人，其中常住外来人口4.8万人，占常住人口的15.6%，常住人口密度为每平方公里213人。户籍人口总户数120668户，总人数249436人，其中非农业人口201259人，农业人口48177人。户籍人口中，全年出生人口1636人，死亡人口1448人，人口出生率6.56‰，死亡率5.81‰，自然增长率0.75‰，计划生育率98.37%。[①]

表4-23　2015年年末门头沟区常住人口及构成

单位：万人，%

指　标	年末数	比　重
常住人口	30.8	100.0
按性别分：男性	15.5	50.3
女性	15.3	49.7
按年龄组分：0~14岁	3.4	11.0
15~64岁	23.3	75.7
65岁及以上	4.1	13.3

截至2015年，门头沟区有城镇单位从业人员56171人，其中在岗职工46602人，城镇单位从业人员平均工资为73218元，其中在岗职工平均工资为79432元。2015年年末，门头沟区城镇登记失业率为3.8%；5213名城镇登记失业人员实现就业，年末实有城镇登记失业人员3434人。

2015年，门头沟区城镇居民人均可支配收入42350元，人均消费支出30012元，恩格尔系数为24.7%。农村居民人均可支配收入20167元，人均消费支出18980元，恩格尔系数为22.4%。由此可见，虽然门头沟区城乡居民收入与支出数额相差不大，但城镇居民可支配收入和消费支出分别是乡村居民的2倍和1.6倍左右，城乡居民收入差距依旧明显。全年，门头沟区城乡最低生活保障应保尽保，城镇、农村居民最低生活保障人数分别达到6082人、1941人，农村五保户人数为323人，贫困人口数量依旧庞大。

① 门头沟区统计局：《门头沟区2016年统计年鉴》，http://www.mtg.bjstats.gov.cn/Page/162/Default.aspx。

（三）门头沟区的社会阶层结构

门头沟区的社会上层比例为 2.6%，其中国家与社会管理者阶层占 0.93%，企业负责人阶层占 1.67%；社会中层比例为 30.75%，其中专业技术人员阶层占 15.95%，办事人员阶层占 14.8%；社会下层比例为 66.64%，其中商业服务业人员阶层占 28.94%，产业工人阶层占 30.87%，农业劳动者阶层占 6.83%（见表 4 - 24、图 4 - 24）。社会阶层结构是一个上小下大的金字塔形。就业结构体现出工业化的形态。

门头沟区是北京市传统资源型工业生产地，2015 年地区生产总值中第二产业占比达到 48.4%，其中现代制造业、高新技术产业、资源型工业以及建筑业是门头沟区第二产业的主导力量。由于这些产业需要密集的劳动力、资源和技术，所以在社会下层中产业工人阶层占比最大，社会中层中专业技术人员占比较大。门头沟区企业的总体数量虽然不算多，但由于整体从业人口少，所以在社会上层中，企业负责人阶层仍然占据主体地位。

另外，门头沟区旅游资源丰富，生态文化旅游业发达，所以商业服务业人员阶层数量庞大，占比接近 30%。

表 4 - 24　门头沟区社会阶层结构

单位：%

阶　层	比　例	阶　层	比　例
国家与社会管理者	0.93	商业服务业人员	28.94
企业负责人	1.67	产业工人	30.87
专业技术人员	15.95	农业劳动者	6.83
办事人员	14.8		

资料来源：根据第六次全国人口普查数据计算。

十三　怀柔区的社会阶层结构

（一）怀柔区概况

怀柔区位于北京城区东北部，是北京市生态涵养发展区之一，区域面积 2122.8 平方公里，其中山区占 89%。怀柔区东靠密云区，南连顺义区，西和昌平区、延庆区为邻，北与河北省丰宁、滦平、赤城三县接壤。怀柔

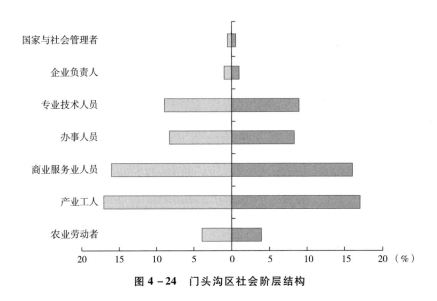

图4-24 门头沟区社会阶层结构

区历史悠久，早在1300多年前的唐朝就已经设立了怀柔县，2001年12月30日，国务院正式批准撤销怀柔县设立怀柔区。区辖12个镇、2个满族乡、2个街道办事处，有284个行政村。

工业是怀柔区国民经济的支柱产业，在国民经济中的地位举足轻重。区内有京承、大秦、京通三条客货两运铁路过境，"三纵十横"的道路网使怀柔区纳入了北京的半小时经济圈，区位优势更加明显。怀柔区自然条件优越，全区98%以上地区属北京市一级、二级饮用水源保护区，丰富的文化旅游资源使怀柔区形成了融人文古迹、自然风光、民俗体验、农业观光、体育休闲旅游为一体的旅游格局。

如图4-25所示，2015年，怀柔区实现地区生产总值234.2亿元，剔除价格因素影响，比上年增长7.6%，占全市生产总值的1.0%。其中，第一产业增加值7.1亿元，占地区生产总值的3.0%；第二产业增加值131.8亿元，占地区生产总值的56.3%；第三产业增加值95.3亿元，占地区生产总值的40.7%。全区人均GDP达到61217元（折合9829美元）。①

---

① 怀柔区统计局：《怀柔区2015年暨"十二五"时期国民经济和社会发展统计公报》，http：//www. hrtj. gov. cn/docs/2016 - 04/20160405143513265431. pdf。

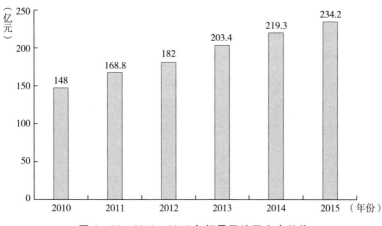

图 4 - 25 2010 ~ 2015 年怀柔区地区生产总值

（二）人口与就业

如表 4 - 25 所示，2015 年年末，怀柔区常住人口 38.4 万人，比上年末增加 0.3 万人。其中，常住外来人口 10.5 万人，占常住人口的比重为27.3%。常住人口中，城镇人口 25.5 万人，占常住人口的比重为 66.4%。常住人口出生率 7.91‰，死亡率 7.53‰，自然增长率 0.38‰。常住人口密度为每平方公里 181 人，比上年年末增加 2 人。年末全区户籍人口 28.2 万人，比上年年末增加 523 人。在 2011 到 2015 年间，怀柔区常住人口尽管数量有所增加，但增速和增量都有所降低。

表 4 - 25 2015 年年末怀柔区常住人口及构成

单位：万人，%

指 标	年末数	比 重
常住人口	38.4	100.0
按性别分：男性	19.9	51.8
女性	18.5	48.2
按年龄组分：0 ~ 14 岁	4.4	11.5
15 ~ 64 岁	30.0	78.1
65 岁及以上	4.0	10.4

截至 2015 年，怀柔区有从业人员 95999 人，其中在岗职工 91428 人；从业人员平均工资为 83672 元，其中在岗职工平均工资为 84628 元。① 该年末实有登记失业人员 2459 人，比上年年末增加 230 人。

截至 2015 年，怀柔区居民人均可支配收入达到 28595 元，比上年增长 8.6%。其中，城镇居民人均可支配收入 33247 元，比上年增长 9.3%；农村居民人均可支配收入 19937 元，比上年增长 8.5%。全年全区居民人均消费支出 19569 元，比上年增长 12.2%；恩格尔系数为 26.2%。城镇居民人均消费支出达到 21720 元，比上年增长 10.5%；恩格尔系数为 25.0%，与上年持平。农村居民人均消费支出达到 15567 元，比上年增长 18.3%；恩格尔系数为 29.3%，比上年下降 0.8 个百分点。全区居民人均住房面积为 42.80 平方米。其中，城镇居民人均住房面积为 43.88 平方米，农村居民人均住房面积为 40.79 平方米。

（三）怀柔区的社会阶层结构

怀柔区的社会阶层结构中社会上层占比为 2.00%，其中国家与社会管理者阶层占 0.61%，企业负责人阶层占 1.39%；社会中层占 20.34%，其中专业技术人员占 11.4%，办事人员阶层占 8.94%；社会下层占 77.66%，其中商业服务业人员阶层占 26.6%，产业工人阶层占 35.48%，农业劳动者阶层占 15.58%（见表 4 - 26、图 4 - 26）。整体呈现出工业化的社会结构，社会阶层结构是一个上小下大的扁葫芦形。

怀柔区的支柱产业是工业，其中食品饮料、汽车及配件、包装印刷业是怀柔工业的主导，与门头沟区一样，这类劳动密集型的产业需要吸纳大量的产业工人进行生产，所以工人阶层所占比重是最大的。此外，怀柔区风光优美，旅游资源丰富，生态文化旅游业发展迅速，吸引了大量商业服务业人员。

---

① 怀柔区统计局：《怀柔区 2016 年统计年鉴》，http://www.hrtj.gov.cn/tjsj/jdsj/46857.htm。

表 4 - 26　怀柔区社会阶层结构

单位：%

阶　层	比　例	阶　层	比　例
国家与社会管理者	0.61	商业服务业人员	26.6
企业负责人	1.39	产业工人	35.48
专业技术人员	11.4	农业劳动者	15.58
办事人员	8.94		

资料来源：根据第六次全国人口普查数据计算。

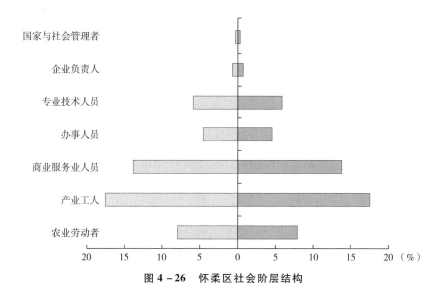

图 4 - 26　怀柔区社会阶层结构

十四　平谷区的社会阶层结构

（一）平谷区概况

平谷区位于北京市东北部，是北京市生态涵养发展区之一。平谷区西北与密云区、西与顺义区接壤，南与河北省三河市为邻，东南与天津市蓟县、东北与河北省兴隆县毗连。境域东西长 35.5 公里，南北宽 30.5 公里，区域面积 1075 平方公里，下辖 2 个街道、14 个镇、2 个乡。地处燕山南麓与华北平原北端的相交地带，因其东、南、北三面环山，中间为平原谷地，故得名平谷。

平谷区是北京市主要的农副产品生产基地之一，全区粮经比例达到
2∶8。平谷区还有滨河工业开发区、兴谷经济开发区、北京马坊工业园
区及平谷商城等多个开发区，无污染、附加值高的机械、电子、轻工、
缫纺、食品、建材、工艺品及相关的高科技项目是平谷开发区主要的工
业产业。

如图 4-27 所示，2015 年，平谷区实现地区生产总值 197.1 亿元，比
上年增长 7.4%，占全市生产总值的 0.86%。其中，第一产业增加值 18.7
亿元，占区域生产总值的 9.5%；第二产业增加值 90.6 亿元，占区域生产
总值的 46.0%；第三产业增加值 87.7 亿元，占区域生产总值的 44.5%。
人均 GDP 达到 46586 元（折合 7479 美元），增长 7.3%。①

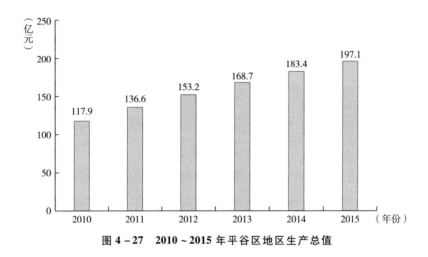

图 4-27　2010~2015 年平谷区地区生产总值

（二）人口与就业

如表 4-27 所示，2015 年年末，平谷区有常住人口 42.3 万人，其中
常住外来人口 5.3 万人，占常住人口的比重为 12.5%，属于外来人口较少
的地区。常住人口中，城镇人口 23.3 万人，占比为 55.1%，比上年提高

①　平谷区统计局：《北京市平谷区 2015 年暨"十二五"时期国民经济和社会发展统计公
报》，http://www.pg.bjstats.gov.cn/tjsj/tjgb/cs11/38133.htm。

0.3 个百分点。如表 4 – 27 所示,男性人口 21.4 万人,女性人口 20.9 万人,性别比(以女性为 100)为 102.4。全区常住人口密度为 445 人/平方公里。[①]

表 4 – 27 2015 年年末平谷区常住人口及构成

单位:万人,%

指 标	年末数	比 重
常住人口	42.3	100.0
按性别分:男性	21.4	50.6
女性	20.9	49.4
按年龄组分:0 ~ 14 岁	4.6	10.9
15 ~ 64 岁	32.3	76.3
65 岁及以上	5.4	12.8

截至 2015 年,平谷区有从业人员 124505 人,其中在岗职工 111412 人,劳务派遣 4608 人,其他 8485 人。从业人员平均工资为 56687 元,其中在岗职工平均工资为 58727 元,劳务派遣人员平均工资为 46303 元,其他从业人员平均工资为 35116 元。全区在该年年末实有城镇登记失业人数 2590 人,比上年年末增加 229 人;城镇登记失业率为 2.8%,比上年年末增加 0.2 个百分点;城镇登记失业人员就业人数 7182 人,减少 198 人,就业压力有所增加。[②]

2015 年,平谷区居民人均可支配收入达到 28367 元,比上年增长 8.5%。其中,城镇居民人均可支配收入 35117 元,增长 8.5%;城镇居民人均生活消费支出 22519 元,增长 0.4%。农村居民人均可支配收入 20147 元,增长 8.5%;农村居民人均生活消费支出 14693 元,增长 5.8%。[③]

---

① 平谷区统计局:《北京市平谷区 2015 年暨"十二五"时期国民经济和社会发展统计公报》,http://www.pg.bjstats.gov.cn/tjsj/tjgb/cs11/38133.htm。

② 平谷区统计局:《平谷区 2016 年统计年鉴》,http://www.pg.bjstats.gov.cn/tjsj/ndsj/index.htm。

③ 平谷区统计局:《北京市平谷区 2015 年暨"十二五"时期国民经济和社会发展统计公报》,http://www.pg.bjstats.gov.cn/tjsj/tjgb/cs11/38133.htm。

（三）平谷区的社会阶层结构

平谷区的社会阶层结构中社会上层占比为 2.44%，其中国家与社会管理者阶层占 0.63%，企业负责人阶层占 1.81%；社会中层占 15.63%，其中专业技术人员阶层占 9.36%，办事人员阶层占 6.27%；社会下层占 81.93%，其中商业服务业人员阶层占 17.37%，产业工人阶层占 32.01%，农业劳动者占 32.56%，比例较大（见表 4-28、图 4-28）。社会阶层结构呈现出平谷区正在从农业到工业化的发展过程中，社会阶层结构是一个金字塔形。

平谷区是北京农副产品生产基地之一，故农业劳动者阶层数量庞大，在全区社会阶层结构中占比最大，达到 32.56%，仅次于延庆区，是农业劳动者占比第二大的地区。平谷区还有多个经济开发区，主要的工业产业包括机械、电子、轻工、缫纺、食品、建材、工艺品及相关的高科技项目，在其中就业的产业工人阶层数量众多，在全区社会阶层结构中达到 32.01% 的比例。

行政事业单位的数量不多，从业人员相对固定，所以国家与社会管理者阶层和办事人员阶层数量在社会上层和社会中层中比重都较小。其中国家与社会管理者阶层占比 0.63%，与大多数地区的该阶层占比接近，这是由于行政事业单位数量比较固定，管理者岗位人数也相对固定；办事人员阶层占比仅有 6.27%，这是因为平谷区人口总量少，行政事业单位需要的办事人员没有人口多的地区那么多。

表 4-28　平谷区社会阶层结构

单位：%

阶　层	比　例	阶　层	比　例
国家与社会管理者	0.63	商业服务业人员	17.37
企业负责人	1.81	产业工人	32.01
专业技术人员	9.36	农业劳动者	32.56
办事人员	6.27		

资料来源：根据第六次全国人口普查数据计算。

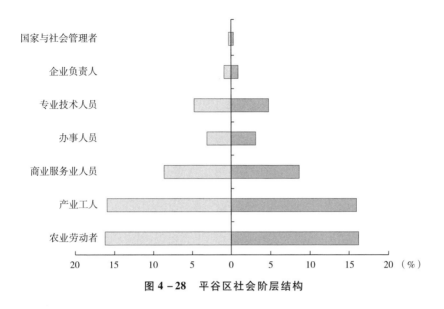

图 4 - 28　平谷区社会阶层结构

十五　密云区的社会阶层结构

(一) 密云区概况

密云区位于北京市东北部,是北京市生态涵养发展区之一。密云区原为密云县,国务院在 2015 年 11 月下发《关于同意北京市调整部分行政区划的批复》,同意撤销密云县,设立密云区。密云区东西长 69 公里,南北宽约 64 公里,东南至西北依次与本市的平谷、顺义、怀柔三区接壤,北部和东部分别与河北省的滦平、承德、兴隆三县毗邻。密云区城区距北京市区 65 公里,全区总面积 2229.45 平方公里,占全市面积的 13.6%,是北京市土地面积最大的区,共辖 2 个街道、17 个镇、1 个乡 (地区办事处),有 92 个居委会、334 个村委会。

密云区位于北京市东北部、燕山山脉南麓、华北大平原北缘,是北京至东北、内蒙古的重要门户,有“京师锁钥”之称。区内有中型以上水库 4 座,密云水库是首都的重要水源,密云水库以北为密云的生态涵养区,水库以南则是产业发展区。环境友好型工业是密云区社会经济发展的支撑,休闲旅游产业和都市型现代农业则是重要基础。全区产业发展空间规划布局为"两区、两带、一基地"：两区为经济开发区和非水源保护区中的产业园区；两带为潮河产业带和白河产业带，潮河产业带重点发展高端休闲旅游业，白河产业带重点发展以自然山水为特色的生态休闲旅游业；一基地为密云总部基地，重点发展总部经济和高端商业。

如图4-29所示，2015年，密云区实现地区生产总值226.7亿元，比上年增长7%，占全市生产总值的1.0%。其中，第一产业增加值16.3亿元，占全区地区生产总值的7.2%；第二产业增加值100.9亿元，占全区地区生产总值的44.5%；第三产业增加值109.5亿元，占全区地区生产总值的48.3%。三次产业结构由2010年的11.6:45.2:43.2调整为2015年的7.2:44.5:48.3，第三产业超过第二产业成为占比最高的产业。全区人均GDP达到47378元（折合7607美元）。①

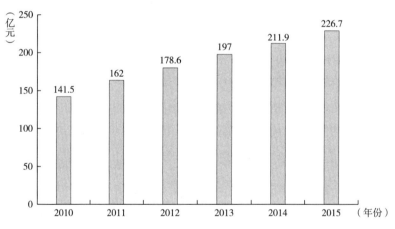

图4-29　2010~2015年密云区地区生产总值

(二) 人口与就业

如表4-29所示，2015年年末，密云区常住人口有47.9万人，比上年年末增加0.1万人。其中，常住外来人口7.1万人，占常住人口的比重

---

① 密云区统计局：《密云区2015年暨"十二五"时期国民经济和社会发展统计公报》，http://www.my.bjstats.gov.cn/News-489-1530-16940。

为 14.8% 。常住人口中，城镇人口 26.6 万人，占常住人口的比重为
55.5% 。常住人口出生率 7.61‰，死亡率 8.55‰。全区常住人口密度为每
平方公里 215 人。密云区该年户籍人口有 43.34 万人，比上年年末增加
350 人，其中农业人口 24.86 万人，非农业人口 18.48 万人，户籍人口城
镇化率达到 57.4% 。[①]

表 4-29　2015 年年末密云区常住人口及构成

单位：万人，%

指　标	年末数	比重
常住人口	47.9	100.0
按性别分：男性	24.5	51.1
女性	23.4	48.9
按年龄组分：0～14 岁	5.5	11.5
15～64 岁	36.7	76.6
65 岁及以上	5.7	11.9

　　截至 2015 年年末，密云区城镇单位有从业人员 104168 人，平均工资
为 68415 元，其中在岗职工 90310 人，平均工资 73563 元。该年年末全区
实有城镇登记失业人员 2019 人，比上年末增加 73 人；城镇登记失业率为
2.02% ，比上年提高 0.07 个百分点，就业情况并未好转。[②]

　　2015 年，密云区居民人均可支配收入达到 27259 元。城镇居民人均可
支配收入 33878 元，比上年增长 8.1% ；农村居民人均可支配收入 19183
元，比上年增长 9.2% 。该年密云区居民人均消费支出达到 18792 元，恩
格尔系数为 24% 。[③]

（三）密云县的社会阶层结构

　　密云县的社会阶层结构中社会上层占比为 3.22% ，其中国家与社会管
理者阶层占比 0.85% ，企业负责人阶层占 2.37% ；社会中层占 16.94% ，

---

① 密云区统计局：《密云区 2016 年统计年鉴》，http：//www.my.bjstats.gov.cn/Page-483。
② 密云区统计局：《密云区 2016 年统计年鉴》，http：//www.my.bjstats.gov.cn/Page-483。
③ 密云区统计局：《密云区 2015 年暨"十二五"时期国民经济和社会发展统计公报》，http：//www.my.bjstats.gov.cn/News-489-1530-16940。

其中专业技术人员阶层占 9.72%，办事人员占 7.22%；社会下层占 79.83%，其中商业服务业人员阶层占 19.74%，产业工人阶层占 30.35%，农业劳动者占 29.74%，比例较大。（见表 4 - 30、图 4 - 30）社会阶层结构呈现出密云县正在从农业到工业化的发展过程中，社会阶层结构是一个金字塔形。

密云县社会上层比例较大，超过 3%，在生态涵养发展区中位列第一，其中 2.37% 都是企业负责人阶层。环境友好型工业是密云县的支柱产业，密云总部基地重点发展总部经济和高端商业，经济开发和非水源保护区中的产业园区则是工业发展聚集区。大量的企业在县内，使得在人口稀少的密云县的企业负责人阶层得以占据较大的比例。工业产业的聚集，同时也吸纳了大量的产业工人，在社会下层中产业工人阶层占比达到 30.35%，是全区社会阶层结构中占比最大的阶层。

休闲旅游产业和都市型现代农业是密云经济发展的重要基础，旅游产业吸引了许多人从事旅游商业和服务业，商业服务业人员阶层达到了 19.74% 的比重；都市型现代农业是结合了旅游业发展的新型农业，许多农民在其中进行农业生产，农业劳动者阶层也得以占到将近 30% 的比重。

表 4 - 30　密云县社会阶层结构

单位：%

阶　层	比　例	阶　层	比　例
国家与社会管理者	0.85	商业服务业人员	19.74
企业负责人	2.37	产业工人	30.35
专业技术人员	9.72	农业劳动者	29.74
办事人员	7.22		

数据来源：根据第六次全国人口数据计算。

十六　延庆区的社会阶层结构

（一）延庆区概况

延庆区地处北京市西北部，距北京市区 74 公里，是北京市生态涵养发

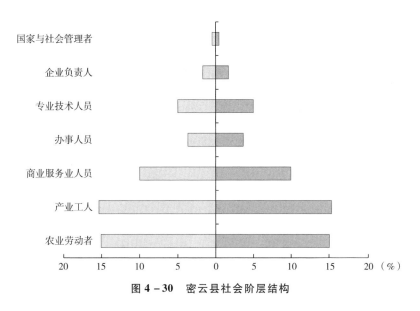

图 4-30 密云县社会阶层结构

展区之一，也是首都北京的北大门。延庆区原为延庆县，2015 年 11 月国务院下发《关于同意北京市调整部分行政区划的批复》，同意撤销延庆县，设立延庆。延庆区总面积 1993.75 平方公里，东与怀柔区相邻，南与昌平区相连，西面和北面与河北省怀来、赤城接壤，是一个北东南三面环山，西临官厅水库的小盆地。延庆区共辖 3 个街道、11 个镇、4 个乡、376个行政村和 46 个社区居委会。

延庆区立足生态涵养发展区的功能定位，建立起都市型现代生态农业、生态友好型工业和以旅游业为主导的第三产业相结合的生态经济体系，其中以"百里山水画廊"为代表的沟域经济成为全北京市山区发展的亮点，绿色经济特征进一步巩固。延庆区是京郊的农业大区，是首都北京的农副产品供应基地，全区 10 多万亩粮田被国务院绿色食品办公室批准为"绿色食品基地"。此外，延庆区旅游资源丰富，以八达岭旅游区为核心，构建出丰满的休闲旅游产业链，成为京郊旅游第一大区。

如图 4-31 所示，2015 年，延庆区实现地区生产总值 107.3 亿元，占全市生产总值的 0.5%。其中，第一产业实现增加值 7.8 亿元，占延庆区地区生产总值的 7.3%；第二产业实现增加值 29.2 亿元，占延庆区地区生产总值的 27.2%；第三产业实现增加值 70.3 亿元，占延庆区地区生产总值的 65.5%，以旅游业为主导的第三产业支柱地位十分显著。该年，延庆区全区人均 GDP 达到 34188 元（折合 5489 美元）。①2011~2015 年，延庆区地区生产总值年均增长 9.7%，第一产业和第二产业的比例有所萎缩，第三产业比例大幅增加。

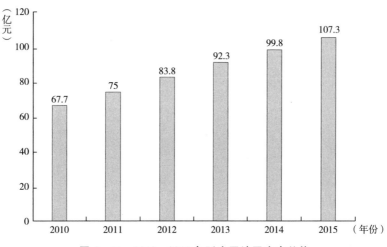

图 4-31　2010~2015 年延庆区地区生产总值

（二）人口与就业

如表 4-31 所示，2015 年年末，延庆区常住人口有 31.4 万人，比上年年末减少 0.2 万人。其中，常住外来人口 3.6 万人，占常住人口的比重为 11.5%，是北京市常住外来人口占比最低的地区。常住人口中，城镇人口 16.1 万人，占常住人口的比重为 51.3%，乡村人口 15.3 万人，占常住人口的比重为 48.7%。全区常住人口密度为每平方公里 157 人。该年延庆区户籍人口有 28.2 万人，与上年年末基本持平。②

①　延庆区统计局：《延庆区 2015 年暨"十二五"期间国民经济与社会发展统计公报》，http://yq.bjstats.gov.cn/sjjd/tjgb/ndgb/15058.htm。

②　北京市统计局：《2016 年北京区域统计年鉴》，http://www.bjstats.gov.cn/nj/qxnj/2016/zk/indexch.htm。

表 4 - 31 2015 年年末延庆区常住人口及构成

单位：万人，%

指 标	年末数	比 重
常住人口	31.4	100.0
按性别分：男性	16.0	51.0
女性	15.4	49.0
按年龄组分：0～14 岁	3.4	10.8
15～64 岁	24.3	77.4
65 岁及以上	3.7	11.8

截至 2015 年年末，延庆区城镇单位有从业人员 70698 人，平均工资为 57153 元，其中在岗职工 68142 人，平均工资 55389 元。该年年末全区实有登记失业人员 2330 人，比上年年末增加 174 人。

延庆区城镇居民人均可支配收入在 2015 年达到了 35603 元，人均消费支出 22882 元；农村居民人均可支配收入 18088 元，人均消费支出 13382 元；城镇居民恩格尔系数为 24.9%，农村居民恩格尔系数为 28.9%。同时，城乡居民居住条件进一步改善：城镇居民人均自有现住房面积达到 32.45 平方米，农村居民人均自有现住房面积达到 37.26 平方米。

（三）延庆县的社会阶层结构

延庆县的社会阶层结构中国家与社会管理者阶层占 0.87%，企业负责人阶层占 0.98%，专业技术人员阶层占 11.33%，办事人员阶层占 9.17%，商业服务业人员占 23.78%，产业工人阶层占 19.29%，农业劳动者阶层占 34.58%（见表 4 - 32、图 4 - 32）。社会上层占比为 1.85%，社会中层占 20.5%，社会下层占 77.65%。其中农业劳动者阶层比例最大，社会阶层结构呈现出延庆县正在从农业到工商业化的发展过程中，社会阶层结构是一个金字塔形。

延庆区是京郊的农业大区，是首都北京的农副产品供应基地，所以其农业劳动者阶层占比也是全市各区中最大的。由于延庆区经济体系是以旅游业为主导的第三产业和都市型现代生态农业、生态友好型工业相结合的生态经济体系，工业规模受到控制，企业数量较少，所以在延庆区社会阶层结构中，企业负责人阶层和产业工人阶层占比都不大。而以旅游业为主导的第三产业作为延庆区生态经济发展的特色产业，吸引了大量的人从事与旅游相关的商业和服务业的工作，商业服务业人员阶层的比例也就比较高。

表 4 - 32　延庆县社会阶层结构

单位：%

阶　层	比　例	阶　层	比　例
国家与社会管理者	0.87	商业服务业人员	23.78
企业负责人	0.98	产业工人	19.29
专业技术人员	11.33	农业劳动者	34.58
办事人员	9.17		

数据来源：根据第六次全国人口普查数据计算。

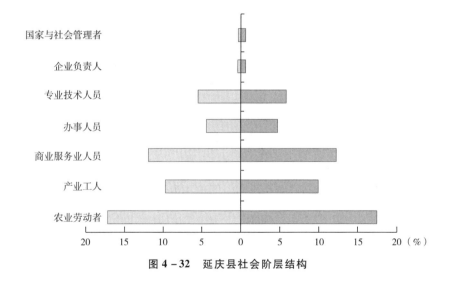

图 4 - 32　延庆县社会阶层结构

十七　本章小结

根据职业分层的情况，2010 年的北京市整体社会阶层结构还是底部大上部小的"金字塔形"结构，但由于各区的经济社会结构和功能有所不同，各区的社会阶层结构差异较大。

城市功能核心区的社会阶层是接近西方发达国家的橄榄形社会阶层结构，都是两头小，中间大，社会中层占比最大，都超过了50%；城市功能拓展区的社会阶层结构是一个扁平的"子弹形"社会结构，细分来看两头小中间大，但是整体来看社会中层所占的比重和社会下层所占的比重基本相当；城市发展新区的社会阶层结构类似葫芦形，上小下大，社会下层超过50%；生态涵养发展区则都呈现出金字塔形的社会阶层结构，社会下层占绝大多数。

全市各区的国家与社会管理者阶层占比都不高，但有趣的是，相较于国家中央行政中心和北京市行政中心的所在地东城区和西城区，位于生态涵养发展区的各区国家与社会管理者阶层占比都要更高一些。这并不是因为生态涵养发展区各区国家与社会管理者更多，而是因为这些地区人口总数、从业人员总数都比东城区和西城区少太多，而行政事业单位的数量是接近的，相应地国家与社会管理者阶层的数量接近，而从业人口基数差异较大，所以导致上述情况。另外，由于人越多的地方才需要越多的行政事业单位办事人员，所以在各地区中，人口总数越少的地区，办事人员阶层所占比重也相应较小。

专业技术人员多分布在技术密集型的高新技术企业以及金融、科研、高等教育等行业，这些行业的分布大多集中于城市功能核心区与城市功能拓展区，所以这两个区的专业技术人员阶层比重都比较大，而城市发展新区和生态涵养发展区中，高新技术产业相对集中的地区如昌平区、门头沟区、通州区的专业技术人员阶层比重也比较大。

由于整个北京市的商业服务业都比较发达，吸引了大量的农民工来到北京，在第二产业岗位较饱和的情况下，商业服务业还能创造大量的就业创业机会，所以不论哪个区商业服务业人员阶层的比重都比较高。反观工业，随着工业产能的逐步向外转移，只有在城市发展新区和生态涵养发展区，产业工人阶层的比重高一些。而农业劳动者，只有在生态涵养发展区和大兴区，成为一个比例较大的社会阶层。

第五章　各区县社会阶层比较

关于老北京的社会空间在清末就有"东富西贵、南贱北贫"的谚语，民国时期又有"东贵西富、南贫北寒"的说法。这是对北京社会阶层空间格局的传统描述，是说北京的东城区多富人，西城区多达官贵人。东城有很多巨商大贾和殷实之家，是很富有的。而西城的宣武门内外和西四等地方有许多王府，住着满清王朝的达官显贵。南城里生活的多为劳动大众和民间艺人，这些人被视为下贱之人，所以有"南贱"之说，而北城，因交通不够发达，影响了商业的发展。另外，在清末时八旗的满族人家道中落，日渐贫寒，因此说"北贫"。从当时市场经营的品种上也可以看出南北城的贫寒。清末民初的南城有很多粥饼铺，以出售窝头、绿豆粥为主，档次高些的也就是锅饼、馒头、咸鸭蛋；而北城出售的多为卤煮豆腐、炸丸子汤。

新中国成立以后，中央部委和大院（包括部队和高校），都设立在长安街以北（如东城的人事部、劳动部、农业部、林业部、交通部、四机部等，西城三里河附近的计委、中科院等）。一些军队大院设在公主坟、五棵松一带，国家早期的高级领导也基本是住在北城四合院或者王府中。

在2000年以前，北京的各种城市布局和规划基本都是以北城为重点的。形成了以东西城辐射到海淀、朝阳区的北贵北富的格局。北京的大学几乎全在北边（海淀），大企业也基本全在北边（朝阳）。高污染的首钢、燕化在西南，化工厂在东南。而且，由科技教育中心发展成的中关村高科技开发区、企业中心发展成的CBD-外企跨国公司以及金融街-银行证券集中地，全部都在长安街以北。商业中心，无论是王府井、西单等，也大多是在长安街以北。相反，南城依旧一穷二破，还成了外来人口、批发市场的聚集地，比如大红门的浙江村。这就形成了北城富贵和南城贫贱的新格局。亚运会、奥运会的召开，使得北京的北部更加现代和时尚。新世纪以来，北城的房价一直比南城高，北五环的房价甚至比南四环的还高。

那么今天的北京社会阶层分布格局到底是什么样的呢？我们在这一章利用第六次人口普查长表的数据对各区县的社会阶层分布进行比较，从而更清楚地认识北京社会空间格局的特点。

一　各区县国家与社会管理者阶层比较

从国家与社会管理者阶层占本区县从业人口的比例来看，排在前3位的区县竟然是门头沟、延庆和密云。初看起来令人费解，但细细思量就觉得是有道理的。门头沟、延庆和密云的总人口在北京各区县里是比较低的，从业人员数在北京也是排在后面的。然而，这几个区县却有跟其他区县几乎一样的五大班子，区委、区人大、区政协、区法院、检察院及政府部门一应俱全，干部职数比其他区县略少些，但是也不会少很多。乡镇和街道办事处的负责人也都是处级干部。三个区县虽然都是远郊区县，但是社会事业和社会管理机构也和其他区县的结构差不多，所以事业单位负责人的数量相对本地人口来说也是比较多的。排在第四、第五的是西城区和东城区，这里不仅有本区的国家与社会管理者，北京市和中央机关的国家与社会管理者也分布在这里，加上东西城的总人口并不很多，所以国家与社会管理者阶层的比例也是比较高的。排在第六的是海淀，事实上海淀的国家与社会管理者阶层的绝对数是最大的，大量的国家机关和事业单位分布在这里，但是因为海淀区的人口基数排在全北京第二，所以国家与社会管理者阶层的比例只能屈居第六。排在第七、第八的是平谷和怀柔，这两个区跟排在前三的门头沟、延庆和密云比较相似，国家与社会管理者尽管绝对数不多，但是因为从业人员数较少，所以国家与社会管理者的比例也比较靠前。排在后面的朝阳比较特殊，国家与社会管理者阶层的绝对数排在北京各区县第二，但是因为是北京人口和从业人员数最多的区，因而国家与社会管理者阶层占本区从业人员的比例屈居第十一位。房山、大兴、顺义、石景山、通州和昌平国家与社会管理者阶层比例比较靠后。最不可思议的是近郊区的丰台，国家与社会管理者阶层的绝对数量排在北京第五位，但是国家与社会管理者阶层的比例竟然是最后一位，这当然也是因为丰台区的人口基数大，人口数量居北京各区县第三位（见表 5-1 和图 5-1）。

表 5-1　各区县国家与社会管理者占本区县从业人员的比例

单位：%

区　　县	频　　数	所占比例	区　　县	频　　数	所占比例
门头沟区	109	0.93	房　山　区	239	0.57
延　庆　县	141	0.87	大　兴　区	310	0.42
密　云　县	212	0.85	朝　阳　区	693	0.38
西　城　区	441	0.77	顺　义　区	169	0.34
东　城　区	260	0.71	石景山区	98	0.34
海　淀　区	1019	0.66	通　州　区	193	0.30
平　谷　区	146	0.63	昌　平　区	243	0.29
怀　柔　区	118	0.61	丰　台　区	307	0.29

数据来源：北京第六次人口普查长表数据。

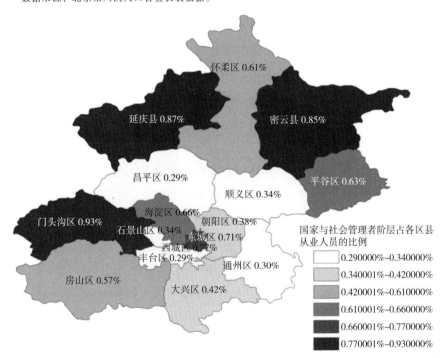

图 5-1　国家与社会管理者阶层区县分布

二 各区县企业负责人阶层比较

民国时期的富人多在东城，而今天的富人在哪里呢？根据第六次普查数据，企业负责人数量最多的区是朝阳区，以绝对数量排序的话，前8位的区县依次是朝阳、海淀、大兴、丰台、昌平、西城、东城、通州。排在倒数8位的是延庆、门头沟、怀柔、平谷、石景山、密云、房山、顺义。然而，按照企业负责人阶层占本区县从业人员的比例来排序的话，大兴是排在第一的。这也是出乎意料的，排在最后的延庆县企业负责人阶层占本县从业人员的比例不到1%，而大兴区的企业负责人阶层占从业人员的比例竟然达到4.46%，远远高于延庆的比例，也比东城区的比例高得多。这是因为大兴有北京经济技术开发区和瀛海镇工业园区、亦庄镇工业区、魏善庄镇工业园、北京新能源新材料产业园、庞各庄镇工业园区、国家新媒体产业基地、黄村工业园区、榆垡产业园区、北京轻纺服装产业基地、安定镇工业园、旧宫镇工业园区和生物医药产业基地等产业园区，这众多的园区吸引了大批国内外客商在大兴区兴办企业，安家落户。企业负责人阶层占从业人员比例排在前6位的区县依次是大兴、朝阳、东城、海淀、密云、西城，这些区县的企业负责人阶层占从业人员的比例大于2%，这意味着每一百人中有2~5人是企业负责人。其他区县企业负责人阶层的比例都在2%以下，延庆不到1%（见表5-2和图5-2）。总而言之，今天的北京再也不是东富西贵、南贫北贱的格局了，大兴区的企业负责人阶层比例是最高的。

表5-2 各区县企业负责人阶层占本区县从业人员的比例

单位：%

区 县	频 数	所占比例	区 县	频 数	所占比例
大兴区	3303	4.46	平谷区	416	1.81
朝阳区	6521	3.53	通州区	1107	1.69
东城区	1111	3.02	门头沟区	195	1.67
海淀区	4196	2.71	丰台区	1685	1.59
密云县	594	2.37	石景山区	462	1.59
西城区	1238	2.15	昌平区	1304	1.57
顺义区	972	1.98	怀柔区	272	1.39
房山区	801	1.90	延庆县	159	0.98

数据来源：北京第六次人口普查长表数据。

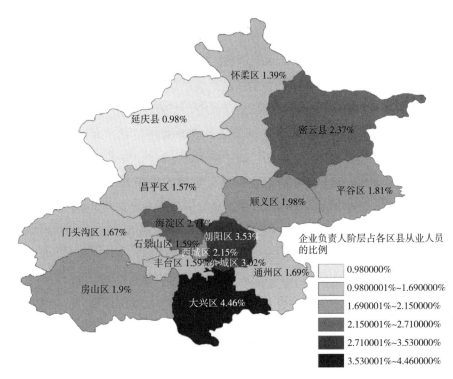

图 5 - 2　企业负责人阶层区县分布

三　各区县专业技术人员阶层比较

海淀区的专业技术人员阶层占本区从业人员的比例最大，达到 28.77%，西城区、东城区和石景山区的比例也很高，占到 27.27%、27.20% 和 27.16%。朝阳区、昌平区和丰台区专业技术人员阶层的比例也不低，占到 22.65%、21.28% 和 20.48%。门头沟区、通州区的比例较低，在 15% ~ 16%，房山区、大兴区、怀柔区、延庆县、顺义区的专业技术人员阶层占本区县从业人员的比例在 10% ~ 15%，比例更低。而密云县和平谷区的专业技术人员阶层比例都在 10% 以下（见表 5 - 3 和图 5 - 3）。

表 5-3 各区县专业技术人员阶层占本区县从业人员的比例

单位：%

区 县	频 数	所占比例	区 县	频 数	所占比例
海 淀 区	44480	28.77	通 州 区	9931	15.21
西 城 区	15707	27.27	房 山 区	5781	13.73
东 城 区	10017	27.20	大 兴 区	8575	11.59
石景山区	7889	27.16	怀 柔 区	2222	11.40
朝 阳 区	41835	22.65	延 庆 县	1841	11.33
昌 平 区	17644	21.28	顺 义 区	5299	10.80
丰 台 区	21651	20.48	密 云 县	2437	9.72
门头沟区	1861	15.95	平 谷 区	2155	9.36

数据来源：北京第六次人口普查长表数据。

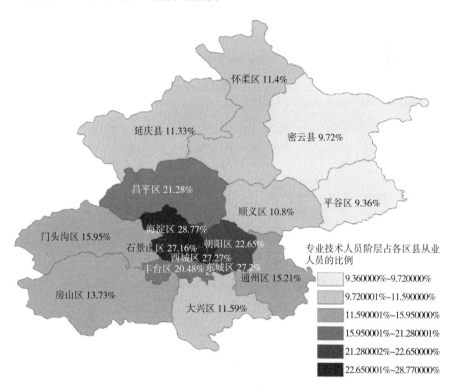

图 5-3 专业技术人员阶层区县分布

四 各区县办事人员阶层比较

办事人员阶层占本区县从业人员的比例中西城区最高，达到 25.27%，东城区的比例也很高，为 24.66%。丰台区、海淀区、朝阳区、石景山区、昌平区的比例也较高，都在15% ~ 20%。门头沟区、通州区和房山区的比例较低，在10% ~ 15%。而其他区县办事人员阶层的比例都在10%以下，比例很低（见表5 - 4和图5 - 4）。

表5 - 4　办事人员阶层占本区县从业人员的比例

单位：%

区　县	频　数	所占比例	区　县	频　数	所占比例
西 城 区	14555	25. 27	通 州 区	7281	11. 15
东 城 区	9082	24. 66	房 山 区	4586	10. 89
丰 台 区	19545	18. 49	顺 义 区	4872	9. 93
海 淀 区	27950	18. 08	延 庆 县	1490	9. 17
朝 阳 区	31759	17. 19	怀 柔 区	1744	8. 94
石景山区	4878	16. 80	大 兴 区	5934	8. 02
昌 平 区	12464	15. 03	密 云 县	1811	7. 22
门头沟区	1726	14. 80	平 谷 区	1444	6. 27

数据来源：北京第六次人口普查长表数据。

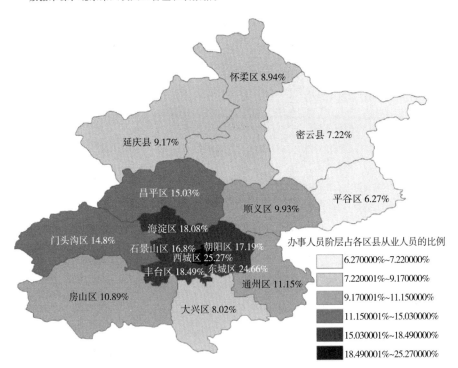

图5 - 4　办事人员阶层区县分布

五　各区县商业服务业人员阶层比较

商业服务业人员阶层的比例中丰台区最高，达 41.45%。朝阳区、海淀区和昌平区商业服务业人员阶层的比例也比较高，在 35% ~40%。西城区、东城区和石景山区的比例在 30% ~35%。门头沟区、顺义区、通州区、房山区、怀柔区的比例在 25% ~30%。大兴区和延庆县的比例在 20% ~25%。而密云县和平谷区商业服务业人员阶层的比例在 20% 以下（见表 5 -5 和图 5 -5）。

表 5 -5　商业服务业人员阶层占本区县从业人员的比例

单位：%

区　县	频　数	所占比例	区　县	频　数	所占比例
丰 台 区	43810	41.45	顺 义 区	14195	28.94
朝 阳 区	72298	39.14	通 州 区	18317	28.05
海 淀 区	58160	37.61	房 山 区	11344	26.95
昌 平 区	31114	37.53	怀 柔 区	5186	26.60
西 城 区	20014	34.74	大 兴 区	18129	24.50
东 城 区	12713	34.52	延 庆 县	3863	23.78
石景山区	9086	31.28	密 云 县	4950	19.74
门头沟区	3376	28.94	平 谷 区	4000	17.37

数据来源：北京第六次人口普查长表数据。

六　各区县产业工人阶层比较

产业工人阶层的增加是工业化的标志，北京的各区县中，产业工人比例最大的是顺义区，达 39.14%。大兴区、房山区、怀柔区、通州区、平谷区、门头沟区、密云县的比例都在 30% ~37%，比例也比较高。石景山区、昌平区的比例分别是 22.36% 和 20.64%，延庆县、丰台区、朝阳区和海淀区的比例在 10% ~20%。东城区和西城区产业工人阶层的比例在 10% 以下（见表 5 -6 和图 5 -6）。由此可见，东城和西城两个区早已进入后工业社会，延庆县还未进入工业时代，而朝阳、海淀、丰台也已经进入后工业时代。

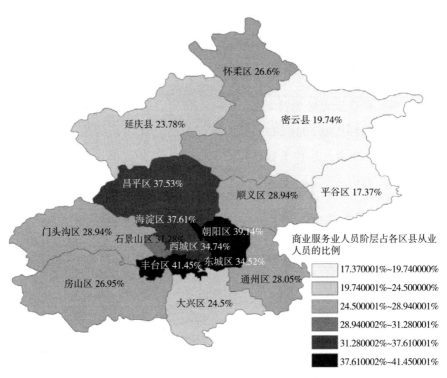

商业服务业人员阶层占各区县从业
人员的比例

▢ 17.370001%~19.740000%
▢ 19.740001%~24.500000%
▢ 24.500001%~28.940001%
▢ 28.940002%~31.280001%
▢ 31.280002%~37.610001%
▢ 37.610002%~41.450001%

图 5-5　商业服务业人员阶层区县分布

表 5-6　产业工人阶层占本区县从业人员的比例

单位：%

区　县	频　数	所占比例	区　县	频　数	所占比例
顺 义 区	19197	39.14	石景山区	6493	22.36
大 兴 区	26643	36.01	昌 平 区	17107	20.64
房 山 区	15113	35.90	延 庆 县	3135	19.29
怀 柔 区	6919	35.48	丰 台 区	17888	16.92
通 州 区	21860	33.47	朝 阳 区	31059	16.81
平 谷 区	7498	32.56	海 淀 区	17186	11.11
门头沟区	3601	30.87	东 城 区	3620	9.83
密 云 县	7610	30.35	西 城 区	5614	9.75

数据来源：北京第六次人口普查长表数据。

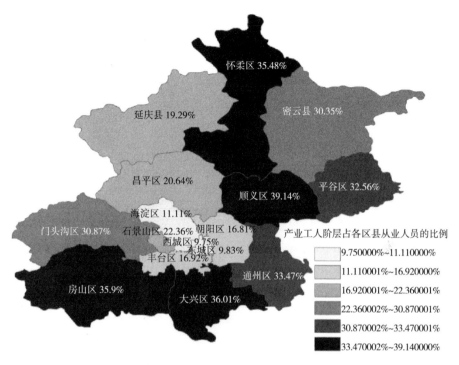

怀柔区 35.48%

延庆县 19.29%

密云县 30.35%

昌平区 20.64%

平谷区 32.56%

顺义区 39.14%

海淀区 11.11%

门头沟区 30.87%

石景山区 22.36% 朝阳区 16.81%

西城区 9.75%

东城区 9.83%

丰台区 16.92%

产业工人阶层占各区县从业人员的比例

通州区 33.47%

房山区 35.9%

大兴区 36.01%

9.750000%~11.110000%

11.110001%~16.920000%

16.920001%~22.360001%

22.360002%~30.870001%

30.870002%~33.470001%

33.470002%~39.140000%

图 5 - 6　产业工人阶层区县分布

七　各区县农业劳动者阶层比较

延庆县和平谷区的农业劳动者阶层占本区县从业人员的比例在 30%以上，密云县农业劳动者阶层比例也很大，接近 30%。这标志着上述 3个区县的产业结构还比较落后，城乡二元结构比较明显。怀柔区、大兴区、通州区、房山区的农业劳动者阶层比例在 10%～16%，顺义区、门头沟区农业劳动者阶层的比例在 5%～10%。昌平区、海淀区、丰台区、石景山区、朝阳区、西城区和东城区的农业劳动者阶层比例都在 4%以下，东城区和西城区的农业劳动者阶层比例只有 0.07%（见表 5 - 7 和图 5 - 7）。

表5-7 农业劳动者阶层占本区县从业人员的比例

单位：%

区　县	频　数	所占比例	区　县	频　数	所占比例
延庆县	5618	34.58	门头沟区	797	6.83
平谷区	7372	32.01	昌平区	3026	3.65
密云县	7457	29.74	海淀区	1637	1.06
怀柔区	3038	15.58	丰台区	810	0.77
大兴区	11089	14.99	石景山区	137	0.47
通州区	6621	10.14	朝阳区	558	0.30
房山区	4235	10.06	西城区	38	0.07
顺义区	4346	8.86	东城区	24	0.07

数据来源：北京第六次人口普查长表数据。

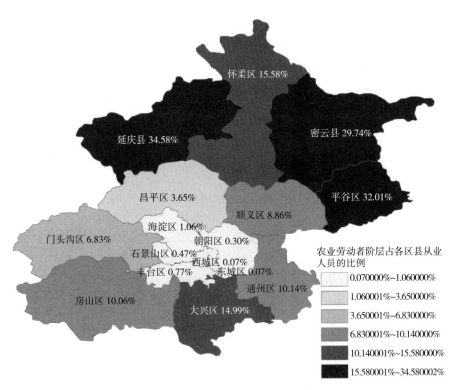

图5-7 农业劳动者阶层区县分布

第六章　北京社会阶层的空间结构

一　北京七阶层的空间结构

改革开放以来，北京的经济社会发生了巨大的变化。产业结构由以工业为主转变为以服务业为主。人口规模从 1978 年的 872 万人增加到 2014年的 2152 万人。社会阶层结构也发生了巨大的变迁，社会中层的数量迅速上升，产业工人和农业劳动者阶层的比例大幅下降。一些学者认为北京的社会结构已经由非标准型的金字塔形转变为标准型的金字塔形，中产阶层在中心城区增加较快，有可能转型为以中产阶层为主的橄榄形社会，甚至已经是一个橄榄形的社会。[①] 也有研究认为北京社会阶层已经呈现出橄榄形的结构，农业劳动者、产业工人阶层的比例大幅减少，国家与社会管理者阶层的比例也有所减少。[②] 根据第六次人口普查数据，2010 年北京的社会阶层结构呈现为：国家与社会管理者阶层占 0.48%，企业负责人阶层占 2.49%，专业技术人员阶层占 20.39%，办事人员阶层占 15.46%，商业服务业人员阶层占 33.82%，产业工人阶层占 21.54%，农业劳动者阶层占 5.81%（见图 6-1）。这就是北京总体的社会阶层结构状况。中间层的专业技术人员阶层和办事人员阶层只占 35.85%，比例并不是很大。只有这两个阶层超过半数，北京社会阶层才真正成为两头小、中间

[①]　赵卫华：《北京市社会阶层结构状况与特点分析》，《北京社会科学》2006 年第 1 期，第 13~17页；胡建国：《中国城市阶层：北京镜像》，社会科学文献出版社，2011，第 39~45 页。
[②]　李晓壮：《迈向均衡型社会——2020 北京社会结构趋势研究》，中国社会科学出版社，2015，第 223~230 页。

大的橄榄形结构。景天魁等认为，社会分层是以空间分层为基础的，空间的等级化与隔离往往成为社会阶层分化的一个手段。中国社会阶层的空间分化在城乡二元结构体制下表现得特别明显，这种空间区隔造成了中国的农民和市民阶层。空间分层是社会分层的手段，空间分层与社会分层是二位一体的。[①] 国内以往的关于社会阶层的研究普遍缺乏空间视角，很少关心社会阶层的区位问题。那么，如果从空间的视角来看，北京社会各阶层的空间结构是什么样的呢？本章从空间视角利用第六次人口普查数据分析北京社会各阶层，包括国家与社会管理者阶层、企业负责人阶层、专业技术人员阶层、办事人员阶层、商业服务业人员阶层、产业工人阶层和农业劳动者阶层的空间分布，以期解决社会阶层空间结构的问题。弄清北京全市各阶层在地理空间上的分布，更有利于各级政府有针对性地做好各种经济社会决策和社会服务工作。

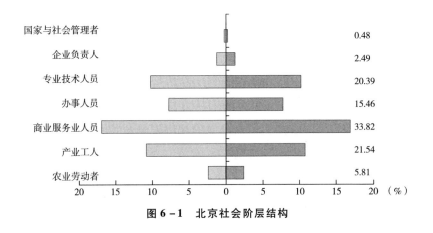

图 6-1　北京社会阶层结构

（一）国家与社会管理者阶层的空间分布

国家与社会管理者阶层包括中国共产党中央委员会和地方各级组织负责人，国家机关及其工作机构负责人，民主党派和社会团体及其工作机构

---

① 景天魁、何健、邓万春、顾金土：《时空社会学理论与方法》，北京师范大学出版社，2012，第1~11页。

负责人,事业单位负责人。国家与社会管理者阶层社会地位最高,掌握的
社会资源最多,社会影响力最大。

北京的国家与社会管理者阶层相对来说集中分布在海淀区和朝阳区,
这两个区的国家社会管理者阶层占全市的36.44%,西城区面积狭小,国
家与社会管理者阶层占比达到全市的9.39%,国家与社会管理者阶层密度
较大。东城区面积也很小,国家与社会管理者阶层占比达到5.53%,密度
也不小。其他区县中大兴区占6.60%,丰台区占6.53%,昌平区占
5.17%,房山区占5.09%,是占比比较大的几个区。密云县、通州区、顺
义区、平谷区、延庆县、怀柔区、门头沟区和石景山区8个区县的国家与
社会管理者阶层所占比例最小,都在5%以下,合计占25.25%,仅占1/4
强,其中的石景山区占比最小,仅有2.09%(见表6-1、图6-2)。

表6-1 国家与社会管理者阶层区县空间分布

单位:%

区 县	所占比例	区 县	所占比例
海 淀 区	21.69	密 云 县	4.51
朝 阳 区	14.75	通 州 区	4.11
西 城 区	9.39	顺 义 区	3.60
大 兴 区	6.60	平 谷 区	3.11
丰 台 区	6.53	延 庆 县	3.00
东 城 区	5.53	怀 柔 区	2.51
昌 平 区	5.17	门头沟区	2.32
房 山 区	5.09	石景山区	2.09

数据来源:根据第六次全国人口普查数据计算。

以地区(乡镇、街道)为单元分析北京社会阶层的区位分布,我们发
现海淀区和西城区的各地区(乡镇、街道)的国家与社会管理者阶层指
数[①]最高,海淀区各街道的国家与社会管理者阶层平均指数是0.75,其次
是西城区,各街道国家与社会管理者阶层平均指数达0.63。朝阳、大兴
区、东城区、丰台区、昌平区5个区的各地区(乡镇、街道)国家与社会

---

① 地区(乡镇、街道)国家与社会管理者阶层指数=某地区(乡镇、街道)的国家与社会
管理者阶层人数/本地区(乡镇、街道)从业人员数。其余阶层指数同。

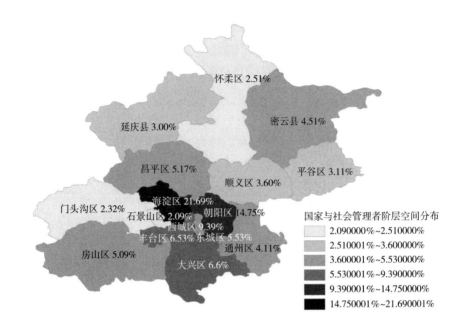

怀柔区 2.51%

密云县 4.51%

延庆县 3.00%

昌平区 5.17%

平谷区 3.11%

顺义区 3.60%

门头沟区 2.32%

海淀区 21.69%

朝阳区 14.75%

石景山区 2.09%

西城区 9.39%

丰台区 6.53% 东城区 5.53%

通州区 4.11%

房山区 5.09%

大兴区 6.6%

国家与社会管理者阶层空间分布

2.090000%~2.510000%
2.510001%~3.600000%
3.600001%~5.530000%
5.530001%~9.390000%
9.390001%~14.750000%
14.750001%~21.690001%

图6-2 国家与社会管理者阶层区县空间分布

管理者阶层指数在 0.30~0.35,通州、密云、石景山的国家与社会管理者
阶层指数在 0.20~0.28,房山、门头沟、平谷、延庆、怀柔、顺义等区县
的国家与社会管理者阶层指数都在 0.2 以下(见图 6-3)。

国家与社会管理者阶层地区指数排在前 10% 的 33 个地区(乡镇、街
道)国家与社会管理者阶层占全市的比例达 39.5%,指数排在前 20% 的
66 个地区(乡镇、街道)国家与社会管理者阶层占全市的比例为 54.88%。
指数排在后 10% 的 33 个地区(乡镇、街道)国家与社会管理者阶层的占比
为 0.41%,指数排在后 20% 的 66 个地区(乡镇、街道)国家与社会管理者
阶层的占比为 1.94%。这显示出国家与社会管理者阶层的分布比较集中,但
是远郊区县也有分布。国家与社会管理者阶层地区指数排在全市前 10 位的
地区(乡镇、街道)中海淀区占了 7 个,西城、密云和昌平各占 1 个。

(二) 企业负责人阶层的空间分布

企业负责人阶层既包括大型国有企业负责人,也包括中小企业负责人

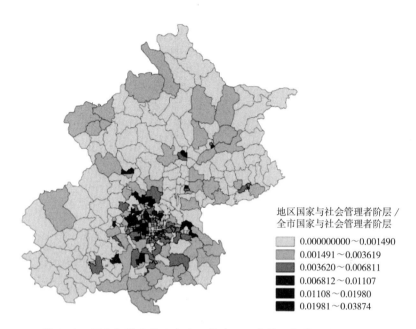

地区国家与社会管理者阶层／
全市国家与社会管理者阶层

　　0.000000000～0.001490
　　0.001491～0.003619
　　0.003620～0.006811
　　0.006812～0.01107
　　0.01108～0.01980
　　0.01981～0.03874

图6－3　国家与社会管理者阶层的地区（乡镇、街道）空间分布

和私营企业主。其中的大中型国有企业负责人是社会上层，其政治、经济和社会地位都很高，掌握和支配着大量的社会资源。小企业负责人和私营企业主大部分属于社会的中上层。总的来说，企业负责人阶层掌握的社会资源较多，多数是社会的上层。

　　朝阳、海淀的企业负责人阶层就占了全市企业负责人阶层的44.04%，接近半数。朝阳、海淀、大兴、丰台、昌平、西城这6个区的占比都在全市的5%以上，6区合计占比74.98%，接近3/4，集中度比较高（见表6－2和图6－4）。

　　民间一直流行老北京的阶层分布特征为"东富西贵，南贫北贱"，这一阶层分布的格局至今还没有大的改变，海淀、西城的官员多，而朝阳、东城的商人多。企业负责人阶层分布变化最大的是大兴和昌平，随着开发区的建设、新城的发展，大兴和昌平的企业负责人数量增加较快，占比较大。

表 6 – 2　企业负责人阶层区县空间分布

单位：%

区　县	所占比例	区　县	所占比例
朝 阳 区	26.80	顺 义 区	3.99
海 淀 区	17.24	房 山 区	3.29
大 兴 区	13.57	密 云 县	2.44
丰 台 区	6.92	石景山区	1.90
昌 平 区	5.36	平 谷 区	1.71
西 城 区	5.09	怀 柔 区	1.12
东 城 区	4.57	门头沟区	0.80
通 州 区	4.55	延 庆 县	0.65

数据来源：根据第六次全国人口普查数据计算。

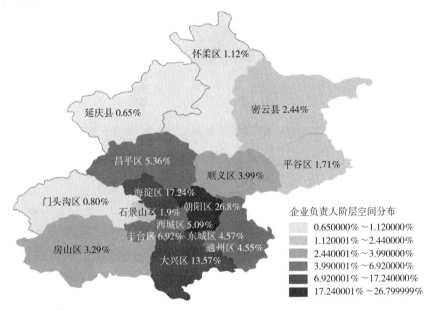

图 6 – 4　企业负责人阶层区县空间分布

　　若论企业负责人阶层的地区（乡镇、街道）集中程度，大兴区是最高的。虽然企业负责人总量排在各区县的第三位，但是大兴各地区（乡镇、街道）的企业负责人阶层指数是全市最高的，因为大兴的地区（乡镇、街道）数量少，总人口也比朝阳和海淀少很多；大兴的南部农业劳动者阶层比较集中，大兴的企业负责人阶层主要在大兴的北部，所以企业负责人阶层更为集中。企业负责人数量排在前 10 位的地区（乡镇、街道）中朝阳占 5 个，大兴占 3 个，海淀占 2 个（见图 6 – 5）。

　　企业负责人阶层地区指数排在前 10% 的 33 个地区（乡镇、街道）企业负责人阶层占全市的 42.09%，企业负责人阶层地区指数排在前 20% 的 66 个地区（乡镇、街道）企业负责人阶层占全市的 61.66%；而全市企业负责人阶层地区指数排在后 10% 的 33 个地区（乡镇、街道）企业负责人阶层的比例只有 0.15%，全市企业负责人阶层地区指数居后 20% 的 66 个地区（乡镇、街道）企业负责人阶层的比例只有 0.78%。相比国家与社会管理者阶层，企业负责人阶层的区位分布更加集中。

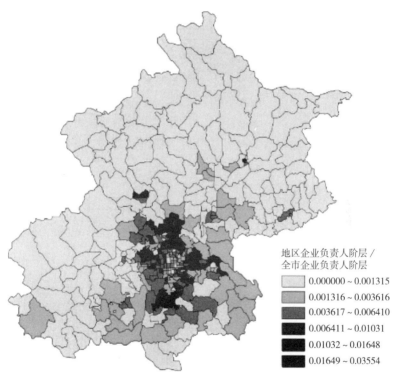

地区企业负责人阶层／
全市企业负责人阶层

　0.000000 ~ 0.001315
　0.001316 ~ 0.003616
　0.003617 ~ 0.006410
　0.006411 ~ 0.01031
　0.01032 ~ 0.01648
　0.01649 ~ 0.03554

图 6 – 5　企业负责人阶层地区（乡镇、街道）区位分布

（三）专业技术人员阶层的空间分布

　　专业技术人员阶层是社会中间层，拥有较多的人力资本，收入也相对较高，随着经济社会发展和社会就业结构的高级化，专业技术人员数量增加较快，比例也大大提升。专业技术人员阶层收入较高，消费能力较强，思想活跃开放。社会中间层的不断壮大，对于稳定的橄榄形社会的形成和消费的提升具有举足轻重的影响。

专业技术人员阶层的区位分布跟企业负责人阶层的分布有些相似，集中度也比较高，海淀、朝阳两区占43.31%（见表6-3、图6-6），占比很大；丰台、昌平、西城和东城次之，占比都在5%以上，这6个区的总占比达75.93%，超过全市的3/4。而其他10个区县的专业技术人员占比仅不到1/4。

表6-3 专业技术人员阶层区县分布

单位：%

区　　县	所占比例	区　　县	所占比例
海　淀　区	22.32	石景山区	3.96
朝　阳　区	20.99	房　山　区	2.90
丰　台　区	10.86	顺　义　区	2.66
昌　平　区	8.85	密　云　县	1.22
西　城　区	7.88	怀　柔　区	1.11
东　城　区	5.03	平　谷　区	1.08
通　州　区	4.98	门头沟区	0.93
大　兴　区	4.30	延　庆　县	0.92

数据来源：根据第六次全国人口普查数据计算。

海淀区的专业技术人员阶层占全市的比例最大，地区（乡镇、街道）指数也最高。朝阳区虽然总量排在第二，但是地区（乡镇、街道）指数并不高，说明平均到每个地区（乡镇、街道）的专业技术人员数量并不靠前。专业技术人员地区（乡镇、街道）指数排名中海淀区第一，依次是西城、昌平、丰台和朝阳；排在后五位的依次是房山、延庆、密云、平谷和怀柔。

从地区（乡镇、街道）分布来看，北京的专业技术人员阶层分布也非常集中。专业技术人员阶层地区指数排在前2位的是昌平区的回龙观地区办事处和东小口地区办事处；专业技术人员阶层地区指数排在北京前10位的还有海淀区的4个街道，朝阳区的2个街道，西城区、丰台区各1个街道（见图6-7）。

专业技术人员阶层地区指数排在前10%的33个地区（乡镇、街道）

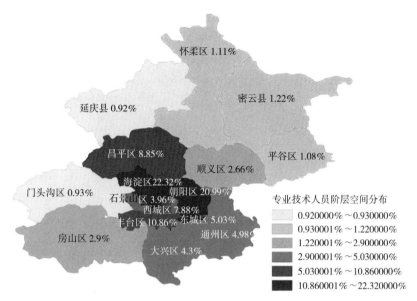

怀柔区 1.11%

密云县 1.22%

延庆县 0.92%

昌平区 8.85%

门头沟区 0.93%

海淀区 22.32%

石景山 3.96%

朝阳区 20.99%

西城区 7.88%

丰台区 10.86%

东城区 5.03%

房山区 2.9%

通州区 4.98%

大兴区 4.3%

顺义区 2.66%

平谷区 1.08%

专业技术人员阶层空间分布
- 0.920000% ~ 0.930000%
- 0.930001% ~ 1.220000%
- 1.220001% ~ 2.900000%
- 2.900001% ~ 5.030000%
- 5.030001% ~ 10.860000%
- 10.860001% ~ 22.320000%

图 6-6　专业技术人员阶层区县空间分布

专业技术人员阶层占全市的比例是 40.12%，专业技术人员阶层地区指数排在前 20% 的 66 个地区（乡镇、街道）专业技术人员阶层占全市的比例是 61.63%。专业技术人员阶层地区指数排在后 10% 的 33 个地区（乡镇、街道）专业技术人员阶层占全市的比例是 0.18%，排在后 20% 的 66 个地区（乡镇、街道）专业技术人员阶层占全市的比例是 0.76%。

（四）办事人员阶层的空间分布

办事人员阶层包括行政办公人员、安全保卫和消防人员、邮政和电信业务人员、其他办事人员和有关人员。办事人员阶层也属于社会的中间层，拥有较多的社会资源和较高的消费能力。

办事人员阶层的区位分布跟专业技术人员阶层的区位分布比较接近，朝阳、海淀、丰台的办事人员阶层占全市的比例较大，都在 10% 以上（见表 6-4 和图 6-8），三区合计占全市的 52.45%，西城区、昌平和东城区次之，占全市的比例都在 5% 以上，排在前六位的区占比达 76.34%。而排在后面的 10 个区县占比不到 1/4。

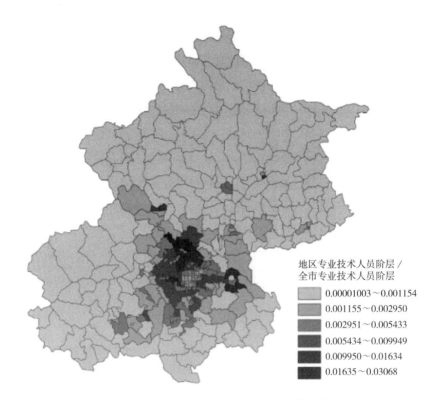

图 6-7 专业技术人员阶层地区（乡镇、街道）空间分布

表 6-4 办事人员阶层区县分布

单位：%

区 县	所占比例	区 县	所占比例
朝 阳 区	21.02	石景山区	3.23
海 淀 区	18.50	顺 义 区	3.22
丰 台 区	12.93	房 山 区	3.03
西 城 区	9.63	密 云 县	1.20
昌 平 区	8.25	怀 柔 区	1.15
东 城 区	6.01	门头沟区	1.14
通 州 区	4.82	延 庆 县	0.99
大 兴 区	3.93	平 谷 区	0.96

数据来源：根据第六次全国人口普查数据计算。

从地区（乡镇、街道）的尺度来看，北京办事人员阶层的分布同样很集中，办事人员阶层的地区指数排在前两位的依旧是昌平区的东小口地区和回

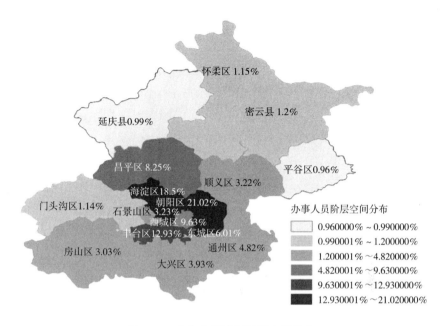

图 6 - 8　办事人员阶层区县空间分布

龙观地区。除了以上两个地区，办事人员阶层的地区指数排在前 10 位的地区（乡镇、街道）还有海淀区 4 个，丰台区 3 个，西城区 1 个（见图 6 - 9）。

地区指数前 10% 的 33 个地区（乡镇、街道）办事人员阶层占北京市办事人员总量的 37.62%，前 20% 的 66 个地区（乡镇、街道）办事人员阶层占北京市办事人员总量的 59.54%；后 10% 的 33 个地区（乡镇、街道）占北京市办事人员总量的 0.24%，后 20% 的 66 个地区（乡镇、街道）占北京市办事人员总量的 0.89%。

（五）商业服务业人员阶层的空间分布

商业服务业人员阶层是北京市人数最多的阶层，多数属于社会下层。商业服务业人员的收入相对较低，拥有的人力资源和其他社会资源比较少，收入也不高。他们对免费的基本公共服务的需求也更为迫切，因此在城市的公共设施规划和建设中应特别考虑他们的需求。

北京有七个区的商业服务业人员占全市的比例超过 5%，七个区合计超过 79.19%。排在前三位的是朝阳、海淀和丰台，三区合计达 52.71%。

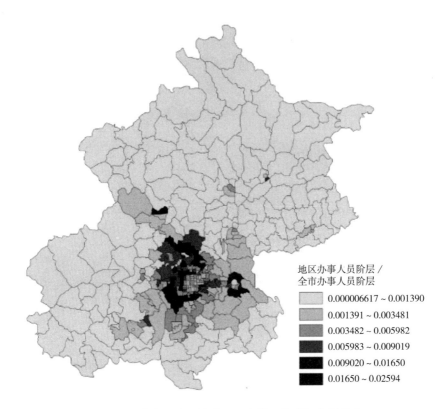

图6-9 办事人员阶层的地区（乡镇、街道）空间分布

排在后面的9个区县合计仅占1/5强，其中，怀柔、密云、平谷、延庆和门头沟的占比都不到2%（见表6-5、图6-10）。

表6-5 商业服务业人员区县分布

单位：%

区 县	所占比例	区 县	所占比例
朝 阳 区	21.87	东 城 区	3.85
海 淀 区	17.59	房 山 区	3.43
丰 台 区	13.25	石景山区	2.75
昌 平 区	9.41	怀 柔 区	1.57
西 城 区	6.05	密 云 县	1.50
通 州 区	5.54	平 谷 区	1.21
大 兴 区	5.48	延 庆 县	1.17
顺 义 区	4.29	门头沟区	1.02

数据来源：根据第六次全国人口普查数据计算。

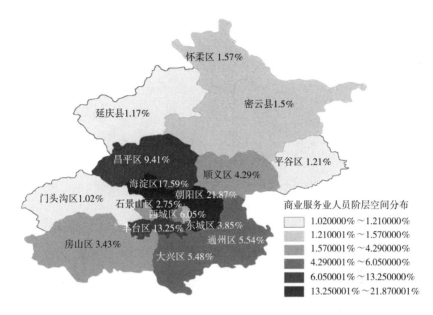

怀柔区 1.57%

密云县 1.5%

延庆县 1.17%

昌平区 9.41%

海淀区 17.59%

顺义区 4.29%

平谷区 1.21%

门头沟区 1.02%

石景山区 2.75%

朝阳区 21.87%

西城区 6.05%

丰台区 13.25%

东城区 3.85%

房山区 3.43%

通州区 5.54%

大兴区 5.48%

商业服务业人员阶层空间分布

　1.020000%～1.210000%
　1.210001%～1.570000%
　1.570001%～4.290000%
　4.290001%～6.050000%
　6.050001%～13.250000%
　13.250001%～21.870001%

图 6 - 10　商业服务业人员阶层区县空间分布

从地区（乡镇、街道）的尺度来看，商业服务业人员阶层的分布也比较集中，主要分布在北京的四环、五环周围。排在前 10 位的依次是朝阳区的十八里店，昌平区的东小口地区、北七家镇，丰台区的大红门、南苑和卢沟桥地区，昌平区的回龙观地区，海淀区的青龙桥街道、四季青镇，通州区的永顺地区（见图 6 - 11）。

商业服务业人员阶层地区指数排在前 10% 的 33 个地区（乡镇、街道）商业服务业人员占全市的 38.44%，排在前 20% 的 66 个地区（乡镇、街道）商业服务业人员占全市的比例是 57.01%。商业服务业人员阶层地区指数排在后 10% 的 33 个地区（乡镇、街道）商业服务业人员占 0.21%，商业服务业人员阶层地区指数排在后 20% 的 66 个地区（乡镇、街道）商业服务业人员占全市的 1.65%。

（六）产业工人阶层的空间分布

产业工人阶层主要是生产和运输设备操作人员，他们拥有的各类社会资源较少，是社会的下层。尽管近 10 年来比例持续下降，但产业工人阶层

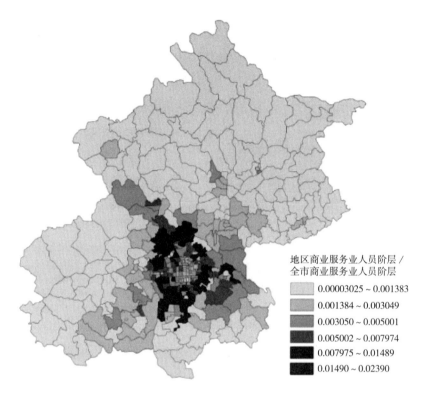

图6-11　商业服务业人员阶层地区（乡镇、街道）空间分布

是北京数量次大的社会阶层。他们的收入相对较低，消费能力有限，对基本公共服务的需求也十分迫切。

北京的产业工人阶层主要分布在朝阳、大兴、通州、顺义、丰台、海淀、昌平、房山8个区，8个区占全市产业工人的比例达78.87%，其中朝阳、大兴、通州占比分别超过10%，3区合计达到37.78%。密云县、平谷区、怀柔区、石景山区、西城区、东城区、门头沟区和延庆县8区县的产业工人阶层较少，在全市的占比都在4%以下（见表6-6和图6-12）。从产业工人阶层的区县分布可以看出，北京产业工人阶层的区位分布可以分为三类：朝阳、大兴、通州的产业工人占全市的比例都在10%以上；顺义、丰台、海淀、昌平、房山的产业工人比例在7%～10%；其余区县的产业工人比例都在4%以下。

表 6-6　产业工人阶层区县空间分布

单位：%

区　县	所占比例	区　县	所占比例
朝 阳 区	14.75	密 云 县	3.61
大 兴 区	12.65	平 谷 区	3.56
通 州 区	10.38	怀 柔 区	3.29
顺 义 区	9.12	石景山区	3.08
丰 台 区	8.50	西 城 区	2.67
海 淀 区	8.16	东 城 区	1.72
昌 平 区	8.13	门头沟区	1.71
房 山 区	7.18	延 庆 县	1.49

数据来源：根据第六次全国人口普查数据计算。

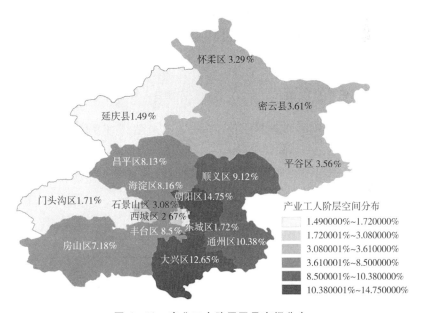

图 6-12　产业工人阶层区县空间分布

从地区（乡镇、街道）的尺度来看，产业工人阶层的分布相对分散，从中心城区到边缘的乡镇都有分布，以六环以内为主，但是六环以外也有不少。排在前 10 位的依次是大兴区的旧宫地区，通州区的马驹桥镇，大兴区的西红门地区、黄村地区，朝阳区的十八里店地区，昌平区的北七家镇，通州区的台湖镇、宋庄镇，海淀区的西北旺镇，昌平区的东小口地区（见图 6-13）。

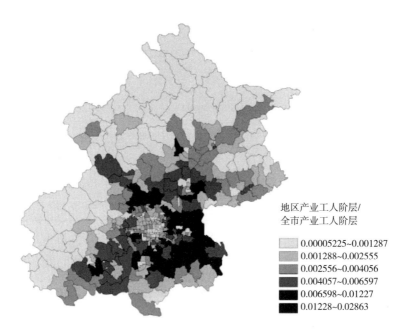

图 6-13 地区（乡镇、街道）产业工人阶层空间分布

产业工人阶层地区指数排在前 10% 的 33 个地区（乡镇、街道）的产业工人阶层占全市的比例为 35.57%，地区指数排在前 20% 的 66 个地区（乡镇、街道）产业工人阶层占全市的比例为 52.29%。产业工人阶层地区指数排在后 10% 的 33 个地区（乡镇、街道）产业工人阶层占全市的比例为 0.67%，排在后 20% 的 66 个地区（乡镇、街道）的产业工人阶层占全市的比例为 2.74%。

（七）农业劳动者阶层的空间分布

农业劳动者阶层是从事农林牧渔业生产的人员，他们拥有的各类社会资源都比较少，是社会下层，消费能力较低。他们没有更多的能力从市场上满足基本需求，对公共服务的需求十分迫切。尽管在近郊区的部分农业劳动者阶层，可以把自家的房屋用于出租，从事所谓的瓦片经济，获得了较高收入，甚至有很高的收入，拥有较多的经济资源，但是享受的公共服务较少，其他资源也比较少，社会地位偏低。

农业劳动者阶层中大兴区、密云县、平谷区和通州区的占比都超过

10%（见表6-7、图6-14），四区县合计达57.29%。延庆县、顺义区、房山区、怀柔区、昌平区五个区县占比超过35.68%。其他区县包括海淀区、丰台区、门头沟区、西城区、东城区、朝阳区、石景山区的比例都在3%以下，合计仅占7.04%，其中的石景山区、西城区和东城区三区的占比合计只有0.35%。

表6-7 农业劳动者阶层区县空间分布

单位：%

区 县	所占比例	区 县	所占比例
大 兴 区	19.52	昌 平 区	5.33
密 云 县	13.13	海 淀 区	2.88
平 谷 区	12.98	丰 台 区	1.43
通 州 区	11.66	门头沟区	1.40
延 庆 县	9.89	朝 阳 区	0.98
顺 义 区	7.65	石景山区	0.24
房 山 区	7.46	西 城 区	0.07
怀 柔 区	5.35	东 城 区	0.04

数据来源：根据第六次全国人口普查数据计算。

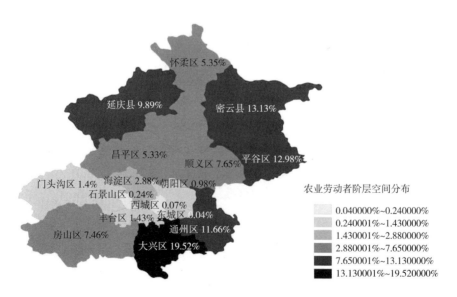

图6-14 农业劳动者阶层区县空间分布

从地区（乡镇、街道）的尺度来看，农业劳动者阶层的区位分布特征也比较明显，主要分布在六环以外，特别是分布在北京的边界与河北接壤的地方。农业劳动者阶层地区指数排在前10位的分别是大兴的庞各庄镇、榆垡镇，通州的漷县镇，大兴的礼贤镇，密云的西田各庄镇，通州的永乐店镇，大兴的青云店镇、安定镇、魏善庄镇，平谷的大华山镇（见图6-15）。

农业劳动者阶层地区指数排在全市前10%的33个地区（乡镇、街道）农业劳动者阶层占全市农业劳动者阶层的比例为49.67%，排在前20%的66个地区（乡镇、街道）农业劳动者阶层占全市的71.37%；排在后10%的33个地区（乡镇、街道）的农业劳动者阶层只占全市的0.02%，排在后20%的66个地区（乡镇、街道）农业劳动者阶层只占全市的0.13%。农业劳动者阶层的分布非常集中，主要分布在六环以外的北京边缘地带，北京的南部边缘数量和比例最大。

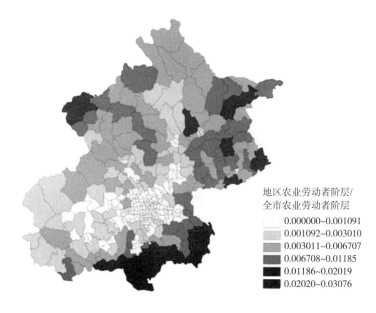

地区农业劳动者阶层/
全市农业劳动者阶层

　0.000000~0.001091
　0.001092~0.003010
　0.003011~0.006707
　0.006708~0.01185
　0.01186~0.02019
　0.02020~0.03076

图6-15　地区（乡镇、街道）农业劳动者阶层空间分布

（八）小结

北京社会各阶层分布的特点有以下几点。

（1）北京的社会上层主要集中在中心城区和城市功能拓展区，特别是朝阳、海淀、大兴、丰台，西城和东城的社会上层占全市的比例不大，但是占本区人口的比例较大。

（2）北京的社会中层主要集中在中心城区和城市功能拓展区，特别是海淀、朝阳、丰台、东城、西城、昌平。

（3）北京的社会下层主要集中在城市功能拓展区、城市发展新区和生态涵养区，中心城区比例较小。其中商业服务业人员阶层主要分布在城市功能拓展区和城市发展新区，朝阳、海淀、丰台比例较大，其次为昌平、西城、通州和大兴，其他区县比例较小；产业工人阶层主要分布在朝阳、大兴和通州，其次是顺义、丰台、昌平和房山，其他区县比例较小；农业劳动者阶层主要分布在大兴、密云、平谷和通州，其次是延庆、顺义、房山、怀柔和昌平，其他区县比例很小，朝阳、石景山、西城和东城几乎没有农业劳动者阶层。

（4）东城和西城是社会中层占主流的橄榄形社会阶层结构，社会中层超过50%，高层比例较小，下层比例偏大。

（5）海淀、朝阳、丰台、石景山、昌平的社会阶层结构是近似橄榄形的社会结构，上层比较小，中层和下层比较大，社会中层的比例在35%~45%。

（6）房山、顺义、通州的社会中层在25%~35%，产业工人阶层比例较大，社会阶层结构是上小下大的扁平葫芦形。

（7）平谷、密云、延庆、大兴的社会中层比例在25%以下，农业劳动者阶层比例较大，社会阶层结构是金字塔形。

从集中程度来看，我们发现农业劳动者阶层分布的集中度最高，主要分布在北京的地理边缘；其次是企业负责人阶层，偏向分布于城市功能拓展区和中心城区，城市发展新区也有很大的比例；再次是专业技术人员阶层，主要集中在城市功能拓展区和中心城区；办事人员阶层的分布跟专业技术人员阶层分布比较相似；产业工人阶层分布相对分散，但主要分布在东部和南部；国家与社会管理者阶层在城区比较集中，远郊区也有分布；商业服务业人员阶层也向中心城区和城市功能拓展区集中，远郊区也有分布（见表6-8）。

表6-8 各社会阶层分布的集中程度

分　类	前20%地区占 全市比例	后20%地区占 全市比例	集中程度排序
国家与社会管理者阶层	54.88	1.94	6
企业负责人阶层	61.66	0.78	2
专业技术人员阶层	61.63	0.76	3
办事人员阶层	59.54	0.89	4
商业服务业人员阶层	57.01	1.65	5
产业工人阶层	52.29	2.74	7
农业劳动者阶层	71.37	0.13	1

数据来源：根据第六次全国人口普查数据计算。

从空间分布的视角来看北京的社会阶层，我们发现专业技术人员和办事人员阶层比较集中地分布在城六区。国家与社会管理者阶层尽管也集中在城六区，但是比起社会中层，还是相对分散的。因为国家与社会管理者阶层的分布受国家体制和政策的制约更多一些，在远郊区也需要国家与社会管理者阶层提供基本的公共服务管理，部分国家与社会管理者阶层因为工作需要居住在远郊区。而企业负责人阶层的分布更为集中一些，这主要是因为他们的区位分布跟市场的关系更为密切，北京的产业和市场相对集中在六环以内的城六区，受商业的便利条件吸引，因而他们的分布更为集中一些。随着郊区新城的发展，城市发展新区的企业负责人阶层也有很多分布。商业服务业人员也因为北京的商业活动集中而主要分布在五环以内，为了上班的便利，所以他们也主要居住在五环以内；远郊区虽然工商业不发达，但是也需要基本的商业服务，所以商业服务业人员在郊区也有一定的比例。由于北京的制造业分布主要在五环以外，所以北京的产业工人阶层的分布比较分散，但主要位于朝阳、大兴、通州和顺义的五环、六环之间。北京的农业劳动者阶层主要分布在北京和河北接壤的边缘地区，大兴、密云、平谷和通州占比较大，且大兴尤为突出。

二　北京三大阶层的空间结构

随着经济社会的发展，中国的城市社会已经逐步地分化为不同社会地位的众多社会阶层，不同的社会阶层之间也出现了居住隔离的现象。社会阶层地理空间的分布不均衡，使一些区域社会上层聚集度高，而一些区域社会下层聚集度高，但是有些区域社会上层和社会下层共生共栖。社会阶层的分布模式对城市社会经济发展影响极大，对社会建设与社会治理至关重要。不同社会阶层的社会需求也有较大的差异，这就要求城市公共政策既要考虑到社会阶层结构，也要考虑不同阶层的区域分布状态。本节我们根据职业地位高低把北京的七个社会阶层结构合并为上中下三大阶层进行区位分析，可以看出北京的上中下阶层是怎么分布的。

（一）北京社会上层的地区分布

北京的社会上层呈现大分散、小集中的分布格局（见图6-16），社会上层在各区县都有分布，但是主要集中在城六区的五环以内，五环以外的郊区新城也分布着一部分社会上层。在327个地区（乡镇、街道）中，社会上层占全市社会上层比重排在前10位的地区（乡镇、街道）分别是大兴的旧宫地区，海淀的万寿路街道，朝阳的望京街道，大兴的西红门地区，朝阳的双井街道，大兴的清源街道，朝阳的南磨房街道，海淀的曙光街道，朝阳的大屯街道和十八里店地区，这10个地区的社会上层占全市的比例为17.66%。排在后10位的地区（乡镇、街道）分别是房山的蒲洼乡、南窖乡，延庆的刘斌堡乡，平谷的熊儿寨乡，怀柔的喇叭沟门乡，门头沟的大台街道，平谷的镇罗营镇、刘家店镇，怀柔的汤河口镇，门头沟的雁翅镇，这10个地区的社会上层占全市的比例为0.04%。

社会上层排在前10%的33个地区（乡镇、街道）社会上层占全市社会上层的39.84%，排在后10%的33个地区（乡镇、街道）社会上层占全市的比例只有0.45%，显示出社会上层的分布是比较集中的。

为了比较每个地区的阶层分布情况，我们设立了地区阶层指数。一个地区的某阶层人数除以该地区从业人口数就是该地区该阶层的地区阶层指数。该指数可以反映某个阶层占一个地区从业人口的比例，反映这个地区的阶层结构状况。通过社会上层指数形成的社会上层地区指数图可以反映全北京市哪些地区的社会上层比例大，哪些地区的社会上层比例小。

从图6-17来看，社会上层占本地从业人员的比例排在前10位的地区

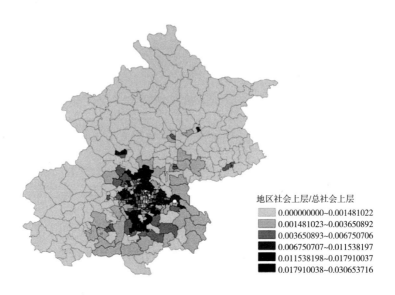

图 6－16 北京地区（乡镇、街道）社会上层分布

分别是大兴的兴丰街道、东城的体育馆路街道、大兴的清源街道、朝阳的
双井街道、密云的果园街道、大兴的观音寺街道、海淀的万寿路街道、东城
的龙潭街道、大兴的北京经济技术开发区和朝阳的东湖街道（见表 6－9）。

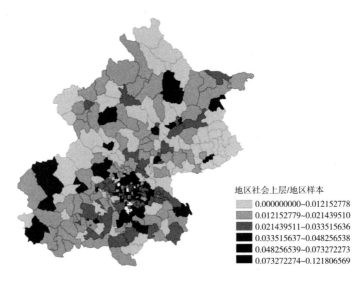

图 6－17 北京地区（乡镇、街道）社会上层指数

表 6 - 9　北京市社会上层比例前 10 位的地区

地　区	区　县	样本总量	社会上层频数	地区上层指数
兴丰街道	大兴区	2192	267	0.121806569
体育馆路街道	东城区	1138	133	0.116871705
清源街道	大兴区	4068	442	0.108652901
双井街道	朝阳区	5070	486	0.095857988
果园街道	密云县	2400	226	0.094166667
观音寺街道	大兴区	3351	300	0.089525515
万寿路街道	海淀区	7918	697	0.08802728
龙潭街道	东城区	2526	222	0.087885986
北京经济技术开发区	大兴区	3846	334	0.086843474
东湖街道	朝阳区	3480	295	0.084770115

　　远郊的一些地区社会上层的比例也比较大，比如房山的十渡镇，顺义的胜利街道、光明街道、空港街道，密云的檀营地区。社会上层比例排在后 10 位的地区分别是房山的蒲洼乡、南窖乡，通州的台湖镇，门头沟的大台街道，石景山的古城街道，延庆的刘斌堡乡，怀柔的喇叭沟门满族乡，平谷的镇罗营镇，通州的于家务回族乡和顺义的木林镇（见表 6 - 10）。在城镇地区中，东城区的朝阳门街道，海淀区的西三旗街道、海淀街道的社会上层比例也是比较低的，属于全市 327 个地区的后 10%。

表 6 - 10　北京市社会上层比例后 10 位的地区

地　区	区　县	样本总量	社会上层频数	地区上层指数
木林镇	顺义区	1677	7	0.00417412
于家务回族乡	通州区	1518	6	0.003952569
镇罗营镇	平谷区	553	2	0.003616637
喇叭沟门满族乡	怀柔区	308	1	0.003246753
刘斌堡乡	延庆县	313	1	0.003194888
古城街道	石景山区	3000	9	0.003
大台街道	门头沟区	504	1	0.001984127
台湖镇	通州区	6181	11	0.001779647
南窖乡	房山区	157	0	0
蒲洼乡	房山区	110	0	0

（二）北京社会中层的地区分布

北京社会中层的分布同样也呈现大分散、小集中的形态，主要集中于五环以内和六环外的新城（见图6-18）。排在前10位的是昌平的回龙观地区、东小口地区，西城的广安门外街道，海淀的学院路街道，丰台的卢沟桥街道，海淀的万寿路街道、西三旗街道，朝阳的来广营地区，海淀的北太平庄街道，朝阳的望京街道。排在后10位的全部是乡镇地区，包括平谷的熊儿寨乡，房山的蒲洼乡，平谷的刘家店镇，密云的冯家峪镇，平谷的镇罗营镇，怀柔的长哨营乡，房山的霞云岭乡，延庆的大庄科乡等。排在前10位的地区社会中层占全市的比例为15.67%，低于社会上层前10地区的比例；排在后10位的地区社会中层占全市的比例只有0.03%，也低于社会上层后10位的比例。社会中层排在前10%的33个地区占全市的比例为39.5%，排在后10%的33个地区占全市的比例为0.22%。

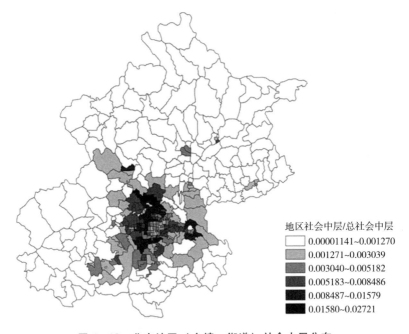

地区社会中层/总社会中层

☐	0.00001141~0.001270
	0.001271~0.003039
	0.003040~0.005182
	0.005183~0.008486
	0.008487~0.01579
	0.01580~0.02721

图6-18 北京地区（乡镇、街道）社会中层分布

从图 6 - 19 可以看出，社会中层主要集中在城六区。海淀区的清华园街道、朝阳区的奥运村街道、海淀区的海淀街道、朝阳区的和平街街道、西城区的德胜街道、东城区的东花市街道、丰台区的云岗街道、东城区的和平里街道、海淀区的燕园街道、朝阳区的安贞街道、西城区的月坛街道社会中层的比例都达到了 60% 以上（见表 6 - 11）。

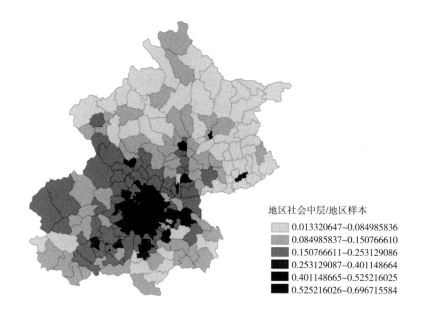

地区社会中层/地区样本
- 0.013320647~0.084985836
- 0.084985837~0.150766610
- 0.150766611~0.253129086
- 0.253129087~0.401148664
- 0.401148665~0.525216025
- 0.525216026~0.696715584

图 6 - 19 北京地区（乡镇、街道）社会中层指数

表 6 - 11 北京社会中层比例排名前 11 位的地区

地 区	区 县	样本总量	社会上层频数	地区中层指数
清华园街道	海淀区	1431	997	0.696715584
奥运村街道	朝阳区	5627	3679	0.653811978
海淀街道	海淀区	5559	3600	0.647598489
和平街街道	朝阳区	3768	2377	0.630838641
德胜街道	西城区	5635	3532	0.626796806
东花市街道	东城区	2385	1486	0.623060797
云岗街道	丰台区	1490	924	0.620134228
和平里街道	东城区	5056	3118	0.616693038

地　区	区　县	样本总量	社会上层频数	地区中层指数
燕园街道	海淀区	901	550	0.610432852
安贞街道	朝阳区	3134	1891	0.603382259
月坛街道	西城区	5532	3329	0.601771511

数据来源：根据第六次全国人口普查数据计算。

社会中层比例后 10 位的地区都在远郊区县，包括平谷区的大华山镇、熊儿寨乡、刘家店镇、镇罗营镇，密云县的冯家峪镇、高岭镇、不老屯镇、大城子镇、太师屯镇，怀柔区的长哨营满族乡，比例都在 5% 以下（见表 6 - 12）。全市社会中层比例排在最后 10% 的地区全部在远郊区县。

表 6 - 12　北京社会中层比例后 10 位的地区

地　区	区　县	样本总量	社会中层频数	地区中层指数
长哨营满族乡	怀柔区	358	15	0.041899441
太师屯镇	密云县	1635	67	0.040978593
大城子镇	密云县	665	25	0.037593985
不老屯镇	密云县	755	26	0.034437086
高岭镇	密云县	861	26	0.030197445
冯家峪镇	密云县	430	9	0.020930233
镇罗营镇	平谷区	553	11	0.019891501
刘家店镇	平谷区	455	8	0.017582418
熊儿寨乡	平谷区	232	4	0.017241379
大华山镇	平谷区	1051	14	0.013320647

数据来源：根据第六次全国人口普查数据计算。

（三）北京社会下层的地区分布

从图 6 - 20 可以看出，北京的社会下层分布也比较集中。排在前 10 位的地区是朝阳区的十八里店地区，昌平区的北七家镇、东小口地区，大兴区的旧宫地区，丰台区的南苑地区，大兴区的黄村地区，丰台区的卢沟桥地区、大红门街道，大兴区的西红门地区，昌平区的回龙观地区，排在前 10 位的地区中有昌平的 3 个地区，大兴的 3 个地区，丰台的 3 个地区和朝阳的 1 个地区。排在后 10 位的是房山区的蒲洼乡、南窖乡和史家营乡，门头沟区的王平地区，房山区的新镇街道，怀柔区的雁栖经济开发区，延庆县的珍珠泉乡，房山区的向阳街道，门头沟区的清水镇，通州区的新华街道。排在前 10 位的地区社会下层占全市的 14.02%，排在后 10 位的地区社会下层的比例为 0.29%。排在前 10% 的 33 个地区社会下层占全市的比例为 32.04%，排在后 10% 的 33 个地区社会下层占全市的比例为 1.41%。这显示出社会下层的分布总体上比社会上层和中层的分布更为分散一些。

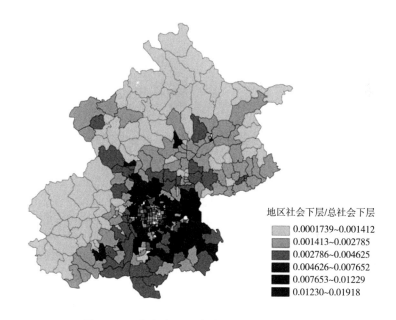

图 6 - 20 北京地区（乡镇、街道）社会下层分布

从图 6 - 21 可以看出，很显然，北京五环以内的地区社会下层占本地区从业人口的比例较低，五环外比例较高，特别是六环以外跟河北接壤的地区社会下层比例很高。社会下层比例超过 95% 的地区有平谷的熊儿寨乡、刘家店镇、镇罗营镇、金海湖地区，密云县的冯家峪镇、高岭镇、大城子镇、不老屯镇，延庆县的刘斌堡乡，怀柔区的长哨营满族乡（见表 6 - 13）。实际上这些地区的居民主要是农民，产业工人和商业服务业人员很少。

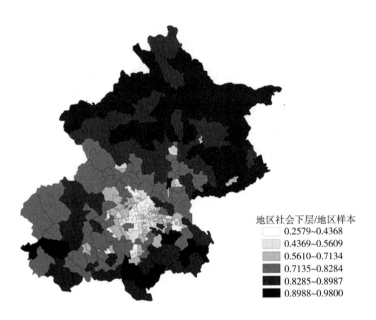

地区社会下层/地区样本
☐ 0.2579~0.4368
▨ 0.4369~0.5609
▨ 0.5610~0.7134
▨ 0.7135~0.8284
▧ 0.8285~0.8987
■ 0.8988~0.9800

图 6 - 21   北京地区（乡镇、街道）社会下层指数

表 6 - 13   北京社会下层比例前 10 位的地区

地　区	区　县	样本总量	社会下层频数	地区下层指数
熊儿寨乡	平谷区	232	227	0.978448276
刘家店镇	平谷区	455	445	0.978021978
镇罗营镇	平谷区	553	540	0.976491863
冯家峪镇	密云县	430	416	0.96744186
高岭镇	密云县	861	824	0.957026713
刘斌堡乡	延庆县	313	298	0.952076677
大城子镇	密云县	665	633	0.951879699
金海湖地区	平谷区	1591	1514	0.951602766
不老屯镇	密云县	755	718	0.950993377
长哨营满族乡	怀柔区	358	339	0.946927374

数据来源：根据第六次全国人口普查数据计算。

　　社会下层比例较低的地区都集中在城六区，特别是海淀区和朝阳区
（见表 6 - 14）。通州的北苑街道，大兴的兴丰街道、清源街道也属于社会
下层比例排在后 10% 的街道。

表 6-14　北京社会下层比例后 10 位的地区

单位：%

地　区	区　县	样本总量	社会下层频数	地区下层指数
德胜街道	西城区	5635	1986	0.352440106
和平里街道	东城区	5056	1777	0.351463608
紫竹院街道	海淀区	4624	1611	0.348399654
海淀街道	海淀区	5559	1931	0.347364634
和平街道	朝阳区	3768	1279	0.339437367
双井街道	朝阳区	5070	1710	0.337278107
燕园街道	海淀区	901	301	0.334073252
东湖街道	朝阳区	3480	1154	0.331609195
奥运村街道	朝阳区	5627	1723	0.306202239
清华园街道	海淀区	1431	369	0.257861635

数据来源：根据第六次全国人口普查数据计算。

北京人口主要分布在北京中心城区和城市功能拓展区的 6 个区，远郊区县人口稀疏。北京社会阶层的分布跟人口的分布格局是接近的，人口集中地区的社会上层、社会中层和社会下层占全市的比例都比较高，人口分散稀疏地区的社会上层、社会中层和社会下层占全市的比例都比较低。

（四）小结

（1）各阶层的区位分布特征如下：北京的社会上层主要分布在中心城区和城市功能拓展区，特别是朝阳区、海淀区、大兴区、丰台区。西城区和东城区的社会上层占全市社会上层的比例不大，但是占本区从业人口的比例较大；北京的社会中层主要分布在城市功能拓展区和中心城区，特别是海淀区、朝阳区、丰台区，其次是东城区、西城区、昌平区；北京的社会下层主要分布在城市功能拓展区、城市发展新区和生态涵养区，中心城区比例较小。其中商业服务业人员阶层主要分布在城市功能拓展区和城市发展新区，朝阳区、海淀区、丰台区比例较大，其次为昌平区、西城区、通州区和大兴区，其他区县比例较小；产业工人阶层主要分布在朝阳区、大兴区和通州区，其次是顺义区、丰台区、昌平区和房山区，其他区县比例较小；农业劳动者阶层主要分布在大兴区、密云县、平谷区和通州区，其次是延庆县、顺义区、房山区、怀柔区和昌平区，其他区县比例很小，其中朝阳区、石景山区、西城区和东城区农业劳动者阶层的比例很低。

（2）北京的社会空间分化为明显的城市中心、半边缘和边缘地带，但不是二元简单的社会，也不是简单的两极化的社会。北京的中心地带大体上是五环以内的大部分地区，这是社会上层、中层、下层混居的空间；半边缘地带，是北京的五环沿线到六环之间，以及郊区的新城，这里社会上中下层都有一定的比例，总体上是社会阶层的大混居状态，但是社会下层的比例较大，既有豪华别墅和公寓，也有普通商品房小区，社会隔离较为明显，特别是有大量外来人口聚居的城边村明显呈现出局部的隔离状态；而边缘地带是以社会下层为主，社会中上层很少的地带，包括北京六环以外的除了郊区卫星城的部分地区，与城区相比社会区隔非常明显。

三　本章小结

以职业为基础，我们可以把北京社会阶层分为七小阶层和三大阶层。从三大阶层来看，北京的社会阶层结构中，社会下层的比例还是比较大的，社会中层和社会上层的比例比较小，还不是一个橄榄形的结构。东城区和西城区的社会中层已经超过一半，虽然还不是橄榄形，但是已经是中间大、两头小的结构。海淀、朝阳、丰台、石景山是子弹头形结构，社会上层比例小，而社会中层和社会下层的比例比较接近；房山、昌平、顺义、通州和大兴的社会阶层结构是金字塔形，底部大，中部小，上部更小。门头沟、延庆、怀柔、密云、平谷的社会阶层结构也是金字塔形，但是金字塔的底部更大。

李晓壮以北京的功能区为分析视角，分析了北京社会阶层结构在地域空间上的差距。他认为，社会阶层结构在各功能区之间形成较为明显的阶层结构差，从首都功能核心区到生态涵养发展区中产阶层依次梯度递减，产业工人阶层、农业劳动者阶层总体依次梯度递增。从社会阶层结构形态上看，首都功能核心区已形成"倒金字塔形"的"中产社会"（中产阶层超过50%），城市功能拓展区已经形成"橄榄形"，城市发展新区已形成"金字塔形"，生态涵养发展区还是"士字形"。[1]北京四个功能区已经形成

---

① 李晓壮：《迈向均衡型社会——2020北京社会结构趋势研究》，中国社会科学出版社，2015。

四类政治经济社会区域体的阶层结构（见表6 – 15、图6 – 22 ~ 图6 – 25）。

表6 – 15 2010 年北京四个功能区社会阶层结构构成

单位：%

职业	首都功能核心区	城市功能拓展区	城市发展新区	生态涵养发展区
管理者阶层	3. 23	3. 16	2. 76	2. 47
专业技术人员阶层	27. 24	24. 46	15. 07	11. 01
办事人员阶层	25. 03	17. 75	11. 21	8. 6
商业服务业人员阶层	34. 65	38. 65	29. 71	22. 38
产业工人阶层	9. 78	15. 31	31. 89	30. 11
农业劳动者阶层	0. 07	0. 67	9. 36	25. 43
合　计	100. 00	100. 00	100. 00	100. 00

资料来源：根据第六次全国人口普查资料整理。

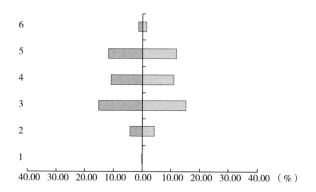

图6 – 22 2010 年首都功能核心区社会阶层结构形态

注：图左侧为阶层标示，1 是农业劳动者阶层，2 是产业工人阶层，3 是商业服务业人员阶层，4 是办事人员阶层，5 是专业技术人员阶层，6 是管理者阶层。下同。

资料来源：李晓壮：《迈向均衡型社会——2020 北京社会结构趋势研究》，中国社会科学出版社，2015。下同。

北京城乡社会空间隔离明显，城区内部出现了一定程度的社会隔离，但远远小于城乡之间的社会隔离。城乡之间社会空间分异明显，差异巨大，这印证了景天魁的中国城市和农村二元社会空间理论。在城区，社会空间隔离表现在小区的封闭与隔离，而从地区（乡镇、街道）层面看，社会空间是混合型的。在城区，几乎每个街道都有一定比例的社会下层聚居

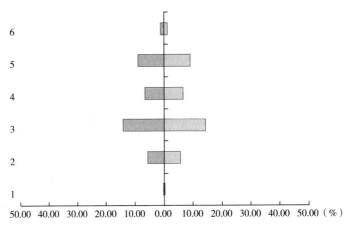

图 6-23   2010 年城市功能拓展区社会阶层结构形态

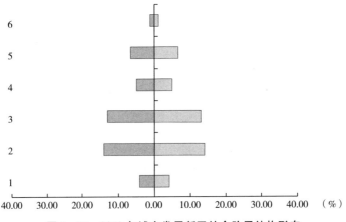

图 6-24   2010 年城市发展新区社会阶层结构形态

区，也有社会上层聚居区和中层聚居区。但是城乡之间的社会隔离非常明显，远郊区县主要是社会下层，社会中层和上层比例很低，有的地区根本就没有社会上层。总体来看，北京的社会上层和社会中层更为集中在城区，而社会下层在地理上更为分散，分散在整个城乡地区。与河北接壤的地区社会下层相对集中，很多地区社会下层达到90%以上。

总的来说，北京具有一定程度的社会隔离，一些街道社会中层集中度在60%～70%，但即使是这样的中层地区里也有30%～40%的社会下层。社会隔离并不很严重，外来人口比较容易立足，并被城市人口所接纳，部

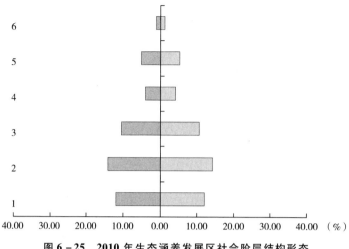

图 6 – 25　2010 年生态涵养发展区社会阶层结构形态

分社会下层经过努力也可以成为社会中层和上层。对外籍人口不仅不排斥，而且是积极地接纳外籍人口。从北京整体来看，城区虽然有一定的居住隔离现象，比如封闭的高档商品房小区周围可能分布着棚户区，但是，相比城乡之间的分异，就不算太严重。然而，北京中心城区、城乡接合部和远郊区之间的空间分异明显，城乡之间居住和生活空间极化很严重，部分地区社会下层达 90% 以上。从城市功能核心区，依次到城市功能拓展区、城市发展新区和生态涵养发展，形成了四个梯度的圈层结构。

第七章　北京外来人口空间结构

一　北京人口的空间分布及变迁

(一) 北京人口的功能区分布

根据 2016 年北京统计年鉴，到 2015 年年底，北京共有常住人口 2170.5 万人，其中城镇人口 1877.7 万人，乡村人口 292.8 万人。全市人口在功能区的分布上存在一定特点。人数最多的是分布于城市功能拓展区，常住人口有 1062.5 万人，其次是城市发展新区，常住人口有 696.9 万人，首都功能核心区有常住人口 220.3 万人，生态涵养发展区有常住人口 190.8 万人 (见表 7 - 1)。

表 7 - 1　2015 年常住人口总量

单位：万人

地　区	常住人口	常住外来人口	城镇人口	乡村人口
全市	2170.5	822.6	1877.7	292.8
首都功能核心区	220.3	51.7	220.3	—
城市功能拓展区	1062.5	437.4	1051.1	11.4
城市发展新区	696.9	302.2	488.1	208.8
生态涵养发展区	190.8	31.3	118.2	72.6

资料来源：北京统计年鉴 2016。

(二) 北京各区人口分布

从各区的分布来看，在全市 16 个区中，常住人口总量最多的是朝阳区，一共是 395.5 万人，其中常住外来人口有 184 万人。其次是海淀区，常住人口总量有 369.4 万人，常住外来人口有 148.6 万人。其他区按常住人口总量排序依次是丰台区、昌平区、大兴区、通州区、西城区、房山区、顺义区、东城区、石景山区、密云区、平谷区、怀柔区、延庆、门头沟区（见表 7-2）。

表 7-2　2015 年各区常住人口总量

单位：万人

地　区	常住人口	常住外来人口	城镇人口	乡村人口
东 城 区	90.5	20.7	90.5	—
西 城 区	129.8	31.0	129.8	—
朝 阳 区	395.5	184.0	393.4	2.1
丰 台 区	232.4	83.8	231.0	1.4
石景山区	65.2	21.0	65.2	—
海 淀 区	369.4	148.6	361.5	7.9
房 山 区	104.6	27.4	74.0	30.6
通 州 区	137.8	55.9	88.2	49.6
顺 义 区	102.0	40.2	55.4	46.6
昌 平 区	196.3	102.6	159.6	36.7
大 兴 区	156.2	76.1	110.9	45.3
门头沟区	30.8	4.8	26.7	4.1
怀 柔 区	38.4	10.5	25.5	12.9
平 谷 区	42.3	5.3	23.3	19.0
密 云 区	47.9	7.1	26.6	21.3
延 庆 区	31.4	3.6	16.1	15.3

资料来源：北京统计年鉴 2016。

（三）北京人口的地区（乡镇、街道）分布

在北京市各地区常住人口数量前 10% 的 33 个地区（乡镇、街道）中，有 4 个在昌平区，3 个在朝阳区，3 个在大兴区，8 个在丰台区，12 个在海淀区，2 个在通州区，1 个在西城区（见表 7-3）。常住人口总量前 10% 的 33 个地区（乡镇、街道）占全北京常住人口的 29.91%。其中有 20 个

地区（乡镇、街道）的常住人口超过 15 万人，昌平区东小口地区和回龙观地区常住人口都超过了 30 万人（见表 7 - 3）。

表 7 - 3　常住人口数排在北京前 10% 的地区（乡镇、街道）

区　县	地区（乡镇、街道）	常住人口	指　数
昌平区	东小口地区	359415	0.018326
昌平区	回龙观地区	306311	0.015618
昌平区	北七家镇	263323	0.013426
海淀区	学院路街道	243307	0.012406
海淀区	北太平庄街道	201614	0.01028
朝阳区	十八里店地区	200884	0.010243
通州区	永顺地区	195194	0.009953
大兴区	旧宫地区	193585	0.009871
丰台区	大红门街道	189687	0.009672
昌平区	城北街道	187228	0.009546
丰台区	卢沟桥街道	181666	0.009263
西城区	广安门外街道	179536	0.009154
丰台区	卢沟桥地区	173690	0.008856
海淀区	万寿路街道	172456	0.008793
海淀区	四季青镇	170579	0.008698
大兴区	黄村地区	168444	0.008589
朝阳区	望京街道	168167	0.008575
海淀区	中关村街道	159637	0.00814
丰台区	新村街道	159357	0.008125
海淀区	北下关街道	158776	0.008096
海淀区	花园路街道	148829	0.007589
海淀区	海淀街道	144700	0.007378
丰台区	丰台街道	144185	0.007352
海淀区	西三旗街道	144126	0.007349
丰台区	花乡地区	143041	0.007293
海淀区	西北旺镇	142664	0.007274
朝阳区	大屯街道	141433	0.007211
大兴区	西红门地区	141355	0.007207

区　县	地区（乡镇、街道）	常住人口	指　数
通州区	梨园地区	140520	0.007165
丰台区	南苑地区	140155	0.007146
丰台区	东铁匠营街道	139874	0.007132
海淀区	清河街道	139752	0.007126
海淀区	紫竹院街道	138411	0.007057
合　计		5881901	0.29907742

（四）北京人口的环路分布

根据北京市统计局、国家统计局北京调查总队联合发布的北京人口调查报告，2014 年北京的人口分布呈现由二环、三环内向四环外聚集的特点，五环外常住人口达 1097.9 万人，占全市的 51%。常住外来人口向外拓展聚集的特点更加突出，其中有 65% 的常住外来人口住在四环至六环之间。

2014 年度的人口抽样调查在全市抽选 3% 的居民住户进行调查，涉及 300 个街道和乡镇、999 个社区居（村）委会、1940 个调查小区。调查数据显示，2014 年年末，全市常住人口为 2151.6 万人，与 2013 年相比，增加 36.8 万人，增量减少 8.7 万人，增速为 1.7%，比上年下降 0.5 个百分点。全市常住人口密度为 1311 人/平方公里，比 2011 年增加 81 人/平方公里。全市常住外来人口为 818.7 万人，与 2013 年相比，增加 16 万人，增量减少 12.9 万人，增速为 2%，也比上年下降了 1.7 个百分点。

五环、六环之间常住人口最多。调查显示，环路人口分布呈圈层向外拓展，即由二环、三环内向四环外聚集。三环至六环之间，聚集了 1228.4 万的常住人口，占全市的 57.1%；四环至六环之间聚集了 941 万人，占全市的 43.8%；五环以外有 1097.9 万人，占全市的 51%。以此计算，三环到四环的常住人口达 287.5 万，占全市的 13.4%。

常住外来人口与常住人口在环路分布情况基本一致，且向外拓展聚集的特点更加突出。三环至六环之间，聚集了 637.6 万的常住外来人口，占全市的 77.9%；四环至六环之间聚集了 532.1 万人，占全市的 65%；五环以外为 422.5 万人，占全市的 51.6%。

二环以内常住人口最少，只有 148.1 万人；而五环到六环之间常住人口最多，达到 580.2 万人；六环以外常住人口次之，有 517.7 万人。以此看来，五环以外常住人口有 1097.9 万人，占全市常住人口的 51%。

二环以内常住外来人口仅 40 万，随之逐渐增加，二环到三环之间常住外来人口 77.2 万，三环到四环之间为 105.5 万人，四环到五环之间为 173.5 万人，五环到六环之间常住外来人口最多，达 358.6 万人。而六环以外常住外来人口却只有 63.9 万人。以此计算，有 51.6% 的常住外来人口住在五环以外。

二　北京外来人口的分布

（一）外来人口的功能区分布

2005 年，北京市全市有常住外来人口 357.3 万人，到了 2015 年，全市有常住外来人口 822.6 万人，十年时间增加了 465.3 万人，增幅为 130.23%。2015 年，常住外来人口总量最多的是城市功能拓展区，为 437.4 万人，占全市常住外来人口的 53.17%。其次是城市发展新区，有 302.2 万人，占全市常住外来人口的 36.74%。然后是首都功能核心区和生态涵养发展区，分别是 51.7 万人和 31.3 万人，占比为 6.28% 和 3.81%（见表 7 - 4）。

2005 年，首都功能核心区常住外来人口是 36.4 万，2015 年是 51.7 万，增加了 15.3 万人，增幅为 42.03%；2005 年，城市功能拓展区常住外来人口是 209.2 万人，2015 年是 437.4 万人，增加了 228.2 万人，增幅为 109.08%；2005 年，城市发展新区常住外来人口是 94.4 万人，2015 年是 302.2 万人，增幅为 220.13%；2005 年，生态涵养发展区常住外来人口是 17.3 万人，2015 年是 31.3 万人，增幅为 80.92%。2010 ~ 2015 年，首都功能核心区下降了 3 万人；城市功能拓展区增加了 58.3 万人，增速大大下降了；城市发展新区增加了 62.2 万人，增速也在下降；而生态涵养发展区的常住外来人口 5 年只增加了 0.4 万人，几乎没什么变化。

表 7 - 4　主要年份常住外来人口

单位：万人，%

地　区	2005 年	2010 年	2011 年	2012 年	2013 年	2014 年	2015 年	2015 年比例
全市	357.3	704.7	742.2	773.8	802.7	818.7	822.6	100
首都功能核心区	36.4	54.7	53.4	54.4	55.4	54.0	51.7	6.28
城市功能拓展区	209.2	379.1	400.0	413.0	426.0	436.4	437.4	53.17
城市发展新区	94.4	240.0	257.7	275.1	289.6	296.9	302.2	36.74
生态涵养发展区	17.3	30.7	31.1	31.2	31.7	31.4	31.3	3.81

注：2010 年全市常住外来人口数据是根据 2010 年人口普查结果推算的年末数，分功能区的数据为 2010 年人口普查数据，普查标准时点为 2010 年 11 月 1 日零时（另：普查时点全市常住外来人口为 704.5 万人）。

（二）外来人口的区县分布

根据第六次人口普查，北京外来人口的空间分布相比北京常住人口和户籍人口的分布更不均衡，更加向中心地带倾斜，特别是在城市功能拓展区，在城市功能拓展区和城市发展新区的交界地带以及郊区新城地带比较集中。首都功能核心区的常住外来人口占全市的比重是 7.76%，城市功能拓展区的外来人口占 53.80%，城市发展新区的外来人口占 34.07%，生态涵养发展区占 4.37%。其中朝阳区的比例最大，占 21.50%；其次是海淀区，占 17.83%；第三是昌平区，占 12.02%；第四是丰台区，占 11.54%；第五是大兴区，占 9.14%；第六是通州区，占 6.18%；而生态涵养发展区合计只占 4.37%（见表 7 - 5）。

表 7 - 5　第六次全国人口普查北京各区县常住外来人口分布

单位：万人，%

地　区	小　计	占全市比例
总　计	7044533	100
首都功能核心区	546693	7.76
东 城 区	219609	3.12
西 城 区	327084	4.64
城市功能拓展区	3790173	53.80
朝 阳 区	1514822	21.50
丰 台 区	812713	11.54

地　区	小　计	占全市比例
石景山区	206493	2.93
海　淀　区	1256145	17.83
城市发展新区	2400117	34.07
房　山　区	195099	2.77
通　州　区	435173	6.18
顺　义　区	278721	3.96
昌　平　区	847067	12.02
大　兴　区	644057	9.14
生态涵养发展区	307550	4.37
门头沟区	47275	0.67
怀　柔　区	102649	1.46
平　谷　区	48883	0.69
密　云　县	69438	0.99
延　庆　县	39305	0.56

数据来源：第六次全国人口普查数据。

　　根据公安部门 2013 年的统计，北京外来人口中的就业者有 6583154 人。北京城市功能拓展区的外来人口占 49.49%，比 2010 年的比例有所下降；首都功能核心区略有增加，占 10.19%；城市发展新区占比也增加了近 1 个百分点，达到 34.97%；生态涵养发展区占 5.34%，比重也略有增加。但总体的分布变化不大（见表 7-6）。

表 7-6　2013 年常住外来人口的区县分布

单位：%

区县名称	比　例	区县名称	比　例
东　城　区	4.99	顺　义　区	3.60
西　城　区	5.20	昌　平　区	8.39
朝　阳　区	20.36	房　山　区	3.87
海　淀　区	16.80	门头沟区	1.02
丰　台　区	9.80	怀　柔　区	1.69
石景山区	2.53	平　谷　区	0.85
大　兴　区	10.85	密　云　县	1.37
通　州　区	8.26	延　庆　县	0.41

数据来源：第六次全国人口普查数据。

从图 7 - 1 可以看出，朝阳、海淀是第一梯队，昌平、丰台、大兴和通州是第二梯队，房山、西城、东城是第三梯队，顺义是第四梯队，怀柔和石景山是第五梯队，密云、平谷、门头沟、延庆是第六梯队。

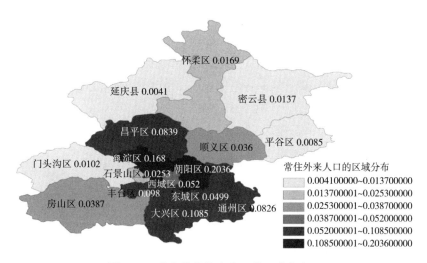

图 7 - 1　北京常住外来人口的区域分布

昌平区的外来人口增幅最大，10 年来增加了 3.68 倍，其次是大兴区，增加了 2.01 倍，再次是通州区，增加了 1.84 倍，第四是顺义区，增加了 1.58 倍，第五是丰台区，增加了 1.29 倍，第六是平谷区，增加了 1.21 倍，第七是朝阳区，增加了 1.19 倍，第八是海淀区，增加了 1.02 倍。其他增幅都在 1 倍以下，门头沟区增幅最小，只增加了 0.17 倍，东城区、石景山区和西城区增幅都很小（见表 7 - 7）。

表 7 - 7　主要年份常住外来人口

单位：万人

地　　区	2005 年	2010 年	2011 年	2012 年	2013 年	2014 年	2015 年	2015 年：2005 年
东 城 区	15.3	22.0	21.4	21.2	21.0	21.2	20.7	1.35：1
西 城 区	21.1	32.7	32.0	33.3	34.4	32.8	31.0	1.47：1
朝 阳 区	84.0	151.5	160.9	169.5	176.1	179.8	184.0	2.19：1
丰 台 区	36.6	81.3	84.3	83.7	85.0	85.1	83.8	2.29：1

地　　区	2005 年	2010 年	2011 年	2012 年	2013 年	2014 年	2015 年	2015 年：2005 年
石景山区	14.9	20.7	21.3	21.4	21.4	21.2	21.0	1.41∶1
海 淀 区	73.7	125.6	133.5	138.4	143.5	150.3	148.6	2.02∶1
房 山 区	11.9	19.5	21.4	22.8	24.6	26.7	27.4	2.3∶1
通 州 区	19.7	43.5	47.7	50.7	53.6	55.5	55.9	2.84∶1
顺 义 区	15.6	27.9	31.3	34.5	37.3	38.9	40.2	2.58∶1
昌 平 区	21.9	84.7	89.6	95.7	100.6	100.2	102.6	4.68∶1
大 兴 区	25.3	64.4	67.7	71.4	73.5	75.6	76.1	3.01∶1
门头沟区	4.1	4.7	4.8	4.9	5.0	4.9	4.8	1.17∶1
怀 柔 区	5.3	10.3	10.2	10.3	10.6	10.4	10.5	1.98∶1
平 谷 区	2.4	4.9	5.1	5.2	5.3	5.3	5.3	2.21∶1
密 云 区	3.5	6.9	7.0	7.1	7.2	7.2	7.1	2.03∶1
延 庆 区	2.0	3.9	4.0	3.7	3.6	3.6	3.6	1.8∶1

注：2010 年全市常住外来人口数据是根据 2010 年人口普查结果推算的年末数，分区的数据为 2010 年人口普查数据，普查标准时点为 2010 年 11 月 1 日零时（另：普查时点全市常住外来人口为 704.5 万人）。

（三）外来人口的地区（乡镇、街道）分布

外来人口数量排在北京前 10% 的 33 个地区（乡镇、街道）有 5 个在昌平，3 个在大兴，7 个在朝阳，9 个在海淀，6 个在丰台，3 个在通州。前 10% 的 33 个地区（乡镇、街道）外来人口占全北京外来人口的 41.69%。有 10 个地区（乡镇、街道）的常住外来人口超过 10 万人，这个人数已经达到设市的人口规模。昌平区的北七家镇和东小口地区的常住外来人口近 20 万（见表 7-8 和图 7-2），这已经是英国很多中等城市的人口规模。

表 7-8　常住外来人口数排在北京前 10% 的地区（乡镇、街道）

区　县	地区（乡镇、街道）	半年以上常住外来人口	占全市外来人口比例
昌平区	北七家镇	197420	0.028024569
昌平区	东小口地区	196598	0.027907883
昌平区	回龙观地区	162896	0.023123747
朝阳区	十八里店地区	154321	0.021906491

续表

区　县	地区（乡镇、街道）	半年以上常住外来人口	占全市外来人口比例
大兴区	旧宫地区	120991	0.017175163
海淀区	四季青镇	109760	0.015580877
大兴区	黄村地区	109014	0.015474979
大兴区	西红门地区	104036	0.014768332
丰台区	卢沟桥乡	103946	0.014755556
丰台区	南苑乡	100766	0.014304142
海淀区	西北旺镇	99279	0.014093056
通州区	永顺地区	84622	0.012012436
丰台区	花乡	81824	0.011615248
丰台区	大红门街道	81653	0.011590974
朝阳区	崔各庄地区	77225	0.010962402
朝阳区	平房地区	75123	0.010664014
朝阳区	望京街道	72272	0.010259303
丰台区	卢沟桥街道	67955	0.009646488
海淀区	学院路街道	67946	0.009645210
海淀区	清河街道	67931	0.009643081
海淀区	上地街道	66402	0.009426033
海淀区	北太平庄街道	66041	0.009374788
海淀区	青龙桥街道	65623	0.009315451
昌平区	沙河地区	64876	0.009209411
海淀区	中关村街道	63333	0.008990376
通州区	梨园地区	62556	0.008880078
朝阳区	来广营地区	62526	0.008875819
朝阳区	王四营地区	62236	0.008834652
朝阳区	高碑店地区	59479	0.008443285
丰台区	新村街道	58879	0.008358113
通州区	马驹桥镇	58086	0.008245543
海淀区	西三旗街道	56362	0.008000814
昌平区	城北街道	55089	0.007820107
合　计		2937066	0.416928421

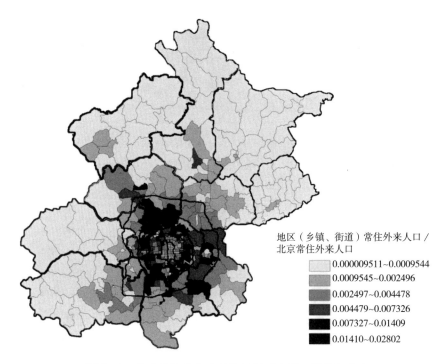

地区（乡镇、街道）常住外来人口 /
北京常住外来人口

- 0.000009511~0.0009544
- 0.0009545~0.002496
- 0.002497~0.004478
- 0.004479~0.007326
- 0.007327~0.01409
- 0.01410~0.02802

图 7-2 北京常住外来人口的地区（乡镇、街道）分布

（四）外来人口的城乡社区分布

根据北京市第六次人口普查资料，分析北京常住外来人口在城市社区居委会辖区和农村社区村委会辖区中的居住状况，比较这些城市社区和农村社区两类外来人口聚居社区的数量、居住人数和其他特征，以了解常住外来人口的城乡社区分布状况，分析北京市常住外来人口在城市社区和农村社区中的居住状况。表7-9为北京市各区县常住外来人口数。

表 7-9 北京市各区县常住外来人口数

单位：万人

行政区	常住人口数	半年以上外来人口数
东 城 区	91.92	21.96
西 城 区	124.33	32.71
朝 阳 区	354.51	151.48

续表

行政区	常住人口数	半年以上外来人口数
丰 台 区	211.21	81.27
石景山区	61.61	20.65
海 淀 区	328.06	125.61
门头沟区	29.05	4.72
房 山 区	94.48	19.5
通 州 区	118.24	43.52
顺 义 区	87.65	27.86
昌 平 区	166.05	80.75
大 兴 区	136.51	64.41
怀 柔 区	37.28	10.26
平 谷 区	41.59	4.88
密 云 县	46.77	6.94
延 庆 县	31.74	3.93
合　　计	1961	704.45

常住外来人口在各行政区的城市社区和农村社区居住人数也存在很大差距，海淀区居住在城市社区中的常住外来人口最多，达98.56万人。居住在城市社区中人数最少的是延庆县，人数不到1万人。这样的不均衡在农村社区中有同样表现。

即使在同一行政区内，外来人口的分布也是不均匀的。以朝阳区为例，2010年，朝阳区所有城市社区中，人数最多的社区有外来人口12083人，最少的仅有35人。农村社区中，这样的不均衡表现得更加明显，常住外来人口在农村社区居住人数最多的有33129人，但也有一些村委会社区没有外来人口居住。因此，常住外来人口的空间分布是不均匀的。

常住外来人口多居住在居委会社区。居住在城市社区的常住外来人口数远远超过了居住在农村社区中。北京市第六次人口普查资料显示，2010年常住外来人口中有4045096人居住在城市社区中，占常住外来人口的57.75%，2959877人居住在农村社区，占常住外来人口的42.26%。居住在城市社区的常住外来人口数量远远超出了居住在农村社区中的常住外来人口数量。很多学者将城中村作为外来人口居住的主要地区进行研究，将城中村看成是外来人口的主要聚居区，认为绝大多数的外来人口是居住在城中村中，事实并非这样。除了城中村，也有相当大数量的常住外来人口居住在北京市的各个城市社区中。

朝阳、海淀、丰台是外来人口较多的区域，也是城市社区外来人口最多的区域。在这三个区，住在城市社区的常住外来人口所占比例也分别达到了58.7%、78.5%和60.4%。这都表明了居住在城市社区中的常住外来人口占了常住外来人口中绝大部分比重。同时，数据分析也发现，在东城、西城、石景山，全部外来人口都居住在城市社区中（见表7-10）。

表7-10　各行政区城乡社区的个数及外来人口数

行政区	半年以上外来人口数（万人）	城市社区		农村社区	
		个数（个）	半年以上外来人口（万人）	个数（个）	半年以上外来人口（万人）
东 城 区	21.96	206	21.96	—	—
西 城 区	32.71	267	32.71	—	—
朝 阳 区	151.48	363	88.95	140	62.53
丰 台 区	81.27	271	49.05	68	32.22
石景山区	20.65	145	20.65	—	—
海 淀 区	125.61	586	98.56	79	27.05
门头沟区	4.72	100	3.01	178	1.71
房 山 区	19.5	120	6.13	460	13.37
通 州 区	43.52	103	14.49	473	29.03
顺 义 区	27.86	78	5.36	418	22.50
昌 平 区	80.75	167	31.90	298	48.85
大 兴 区	64.41	145	24.13	511	40.28
怀 柔 区	10.26	32	1.98	284	8.28
平 谷 区	4.88	30	1.38	272	3.50
密 云 县	6.94	54	3.65	327	3.29
延 庆 县	3.93	23	0.57	376	3.36
合　　计	700.45	2690	404.48	3884	295.97

注：此表中的外来人口数不含部队、监狱等特殊社区的常住外来人口。

数据来源：第六次全国人口普查数据。

北京市第六次人口普查数据显示，2010年北京市共有城市社区2690个，农村社区3884个。城市社区和农村社区中，常住外来人口数最多的两个社区分别位于海淀区和昌平区，人口数量分别超过25000人和35000人。

1. 城市社区的常住外来人口分布

2010年，北京有城市社区2690个。海淀、朝阳、丰台三个区是城市社区数量最多的区，也是各区中常住外来人口住在城市社区的数量最多的三个区。其中海淀区城市社区数量达586个，城市社区常住外来人口数也多达98.56万人。城市社区数量最少的是延庆县，其城市社区中的常住外来人口数不足1万人。

数据表明，城市社区中常住外来人口人数过万的社区共有11个，其中海淀区就占据了7个，常住外来人口数排在城市社区前六位的都位于海淀区，由此可以看出，海淀区有着较大规模的外来人口聚居区。其余四个外来人口过万的城市社区有2个位于大兴区，其余2个分别位于朝阳区和昌平区。各个城市社区的人口分布状况也是极不均匀的，常住外来人口不足十人的城市社区有21个，部分城市社区的常住外来人口数甚至为零。外来人口分布不均匀不仅表现在区、街乡层面上，在各个社区中也表现出明显的差距。

2. 农村社区的常住外来人口分布

2010年，北京市农村社区共有3884个。农村社区中，常住外来人口数量超过1万的社区共有43个。大兴区村委会数量超过500个，外来人口也较多。但是，由表7-10也可以看出，所有行政区域内农村社区数量不算多的朝阳区却居住着最多的常住外来人口。农村社区中外来人口数最多的前十位的农村社区有5个位于朝阳区、3个位于昌平区，其余2个分别位于丰台区和海淀区。

3. 外来人口聚集的城乡社区分布

为进一步了解外来人口的分布状况，我们分别选取了城市社区和农村社区中外来人口数量居于前100位的社区进行了分析，表7-11为前100位城市社区和农村社区在各区的数量。

表 7-11 外来人口数排在前 100 位的城乡社区在各区的分布

单位：个

行 政 区	城市社区个数	农村社区个数
朝 阳 区	35	31
丰 台 区	14	20
石景山区	6	—
海 淀 区	26	16
顺 义 区	—	3
昌 平 区	10	22
大 兴 区	9	8

在外来人口数量分别位于前 100 位的两类社区中，超过 1/3 的城市社区位于朝阳区，其次是海淀区和丰台区。近 1/3 的农村社区位于朝阳区，昌平区和丰台区紧随其后。由此，我们可以发现朝阳区有较多的大规模外来人口聚集的城乡社区。这和朝阳区的区位和功能是密切相关的。朝阳区属于城市功能拓展区，是外来人口主要的聚集区和增长速度较快的地区。该区域有常住外来人口 151.48 万人，数量最多。在朝阳区的城市社区中，居住着常住外来人口 88.95 万人，其余 62.53 万人居住在农村社区。住在城市社区的常住外来人口，远远多于居住在农村社区的常住外来人口。常住外来人口最多的城市社区中有常住外来人口 12083 人，常住外来人口最多的农村社区有常住外来人口 33129 人。翟振武、侯佳伟在对外来人口聚集区进行分析后得出结论：城市功能拓展区一直是外来人口规模最大的地区，在这里有方便的交通、大量的住房、充足的就业机会。[①] 在北京的城市化进程中，外来人口总会向着经济、文化发展最快的地区聚集。

三 本章小结

（1）北京市常住外来人口分布不均匀，这种不均匀的分布不仅表现在各圈层和行政区之间，也表现在各行政区中的城乡社区之间和同一行政区城市社区和农村社区之间。

---

① 翟振武等：《北京市外来人口聚集区：模式和发展趋势》，《人口研究》2010 年第 1 期。

（2）居住在城市社区中的常住外来人口已经远远超出居住在农村社区中的常住外来人口。除了城中村，也有相当大数量的常住外来人口居住在北京市的各个城市社区中。城市社区成了常住外来人口最主要的居住地，以往认为外来人口主要住在城中村的看法已经过时了。

（3）朝阳区有较多的大规模外来人口聚集的城市社区和农村社区。大量的常住外来人口流入朝阳区，使朝阳区拥有全市超过1/3的较大规模的外来人口聚集的城市社区。海淀区次之，再次为丰台区、昌平区和大兴区。

第八章　北京外来人口各阶层空间结构

　　历来对外来人口的研究是很少有从阶层的视角出发去分析外来人口的阶层结构的。沈原等人倡导把阶级研究带回工人研究的中心①，但是他们关注的主要是外来人口中的工人阶层，并未对外来人口的总体结构和分化的情况进行分析。外来人口进入城市是自古就有的现象，近代以来，随着现代工业的出现，城市外来人口是与日俱增的。外来人口的主要部分是进城务工的农民，但是进城经商的商人，历来都是其中的重要组成部分。

　　新中国成立以后，北京城市进一步扩张，工业进一步发展，吸引了大量的外来人口进入北京。1958 年以后，由于实行了严格的户籍控制制度，外来人口增长被遏制住了。1978 年以后，随着改革开放的进程，户籍控制的松动，城市工商业的进一步繁荣，外来人口的比例逐年增加。2000 年以后，增速进一步加快，最后形成了十分庞大的外来人口，2010 年在第六次全国人口普查时常住外来人口就达到了 704 万。

　　外来人口中党政企事业单位负责人是其中的社会上层，占全部外来人口的 3.6%。这个比例高于北京市常住人口中党政企事业单位负责人的比例。北京常住人口中党政企事业单位负责人的比例只有 2.97%，其中党政事业单位负责人占 0.48%，企业负责人占 2.49%。外来人口中几乎没有党政和事业单位负责人，因为党政和事业单位负责人跨城市流动的可能性很小，只有很少比例的诸如驻京办事处才有各地的党政负责人常住北京，但在外来人口中的比例可以忽略不计。外来人口很少有机会进入北京的党政

---

① 沈原：《市场、阶级与国家》，社会科学文献出版社，2007。

机关和事业单位工作，成为党政和事业单位的负责人的机会更少了。所以，外来人口的上层，基本上是企业负责人。在发展主义的背景下，招商引资是各级政府的首要工作，外来人口中的商人是很受欢迎的。北京的各区也不例外，对来自全国各地的商人以及外商都敞开了大门欢迎他们投资。相对来讲，北京本地人成为企业负责人的机会还没有北京的外地人大。这也说明北京汇集了来自全国的商界精英，这对北京自身的经济社会发展带来巨大的影响。外来人口的研究更多地关注其中的农民工以及大学毕业生，而其中的企业负责人常常是外来人口研究中被忽略的一个阶层。

北京常住外来人口中，专业技术人员阶层的比例达18.23%，办事人员阶层占17.08%，两者合计占35.30%，这是外来人口中的社会中层。其比例和北京常住人口的社会中层比例几乎持平，北京常住人口中社会中层占35.85%。而社会下层中，商业服务业人员占44.03%，产业工人阶层占15.62%，农业劳动者阶层占1.43%，合计起来，外来人口中的社会下层占61.10%（见表8-1、图8-1）。这个比例略低于北京常住人口社会下层的比例（61.17%）。这说明，北京外来人口的阶层结构并不像人们想象的那样：绝大多数是社会下层。至少从职业结构来看，北京外来人口的职业结构和常住人口的职业结构很相似，企业负责人的比例比本地人高得多。外来人口中农业劳动者比例很低，而北京本地人口中农业劳动者比例远远高于外来人口中的农业劳动者。

表8-1　北京市常住外来人口阶层结构

单位：人，%

党政企事业单位负责人	专业技术人员	办事人员	商业服务业人员	产业工人	农业劳动者	合计
236770	1200176	1124452	2899218	1028169	94369	6583154
3.60	18.23	17.08	44.03	15.62	1.43	100

一　北京常住外来人口各社会阶层空间分布

（一）外来人口中党政企事业单位负责人空间分布

北京外来人口中的党政企事业单位负责人数量为236770人，外来党政

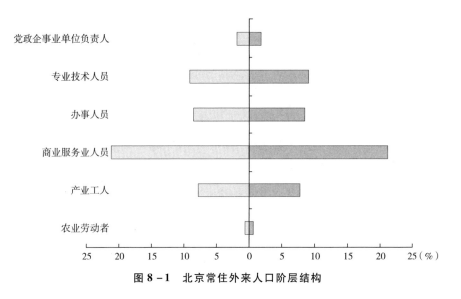

图 8 - 1 北京常住外来人口阶层结构

企事业单位负责人阶层的空间分布中朝阳区最多，几乎占 1/5，比例达到 19.32%；其次是大兴区，比例达到 18.09%，几乎和朝阳区差不多（见表 8 - 2）。而常住人口中朝阳区企业负责人的比例远远高于大兴区，这说明北京朝阳区主要分布着北京当地的企业负责人，而大兴的企业负责人更多的是来自外地的投资商。除了朝阳和大兴，丰台、昌平、海淀和通州也分布着较大比例的外来的企业负责人阶层。其他区县的外来企业负责人占全市的比例较低。

表 8 - 2 外来常住党政企事业单位负责人的区域分布

单位：%

区县名称	比 例	区县名称	比 例
东 城 区	2.27	顺 义 区	4.03
西 城 区	3.41	昌 平 区	11.59
朝 阳 区	19.32	房 山 区	3.87
海 淀 区	11.01	门头沟区	0.46
丰 台 区	11.76	怀 柔 区	2.13
石景山区	1.20	平 谷 区	0.66
大 兴 区	18.09	密 云 县	1.29
通 州 区	8.40	延 庆 县	0.50

数据来源：北京市公安局外来人口统计。

从图 8－2 可以看出，朝阳和大兴是第一梯队，分布着大量的外来企事业单位负责人。昌平、丰台、海淀和通州是第二梯队，外来企事业单位负责人的分布也不少。顺义、房山和西城是第三梯队，外来企事业单位负责人较少。东城和怀柔是第四梯队，密云、石景山是第五梯队，平谷、延庆和门头沟是第六梯队，外来企事业单位负责人占全市的比例很小。

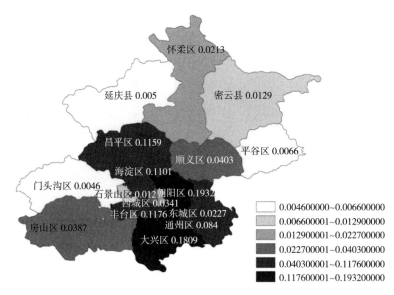

图 8－2　外来常住党政企事业单位负责人区域分布

（二）北京市外来专业技术人员阶层区域分布

不同于其他城市，北京的常住外来人口中有大量的专业技术人员，2013 年数量达到 1200176 人。他们在外来人口中的比例达到 18.23%，略低于北京常住人口中专业技术人员阶层的比例（20.39%）。这是北京外来人口的一个重要特征，忽略这一特征将会导致涉及外来人口的决策的偏差和失误，这需要引起有关部门的重视。一些地区外来的专业技术人员比例很大，朝阳区的外来专业技术人员阶层就占全市外来专业技术人员的20.41%，大兴区的外来专业技术人员阶层比例达到 15.33%，海淀区的外来专业技术人员比例达到14.56%,昌平区的外来专业技术人员达到12.45%。外来专业技术人员比较集中,这4个区的外来专业技术人员阶层就占了全市的62.75%。排在前面的6个区县比例达到全市外来专业技术人员的77.96%。生态涵养发展区的5个区县比例只有6.22%(见表8-3)。

表8-3 外来常住专业技术人员阶层的区域分布

单位:%

区县名称	比　　例	区县名称	比　　例
东城区	2.26	顺义区	5.03
西城区	2.78	昌平区	12.45
朝阳区	20.41	房山区	3.97
海淀区	14.56	门头沟区	0.84
丰台区	7.72	怀柔区	1.55
石景山区	1.77	平谷区	1.61
大兴区	15.33	密云县	1.52
通州区	7.49	延庆县	0.70

数据来源:北京市公安局外来人口统计。

从图8-3可以看出,朝阳、海淀、大兴、昌平的外来专业技术人员阶层比例很大,是北京外来人口集中的第一梯队。丰台和通州是第二梯队,外来专业技术人员阶层的分布也不少。顺义和房山是第三梯队,也有不少外来专业技术人员。西城、东城是第四梯队,外来专业技术人员阶层相对比较少。平谷、怀柔、密云、石景山是第五梯队,外来专业技术人员很少。延庆和门头沟几乎没有外来专业技术人员阶层,是第六梯队。专业技术人员阶层是宝贵的人力资源,是经济社会发展的支撑力量,他们文化素质高,维权意识强。只利用他们的才智,却忽视他们的权益,将招致其社会不满,影响社会的稳定。

图 8 - 3 外来常住专业技术人员阶层的区域分布

（三）北京市外来办事人员阶层区域分布

2013 年，办事人员阶层总数达 1124452 人，数量比专业技术人员略少。在外来人口中占比为 17.08%。外来办事人员阶层的分布跟专业技术人员阶层的分布相似，朝阳区比例最大，占 23.64%；其次是海淀区，比例为 15.94%；再次是大兴区，比例为 13.50%。这三个区就占了全北京常住外来人口的 53.08%。与专业技术人员分布不同的是，外来办事人员阶层排在第四的是通州，占外来人口的 9.52%，而外来专业技术人员阶层比例排在第四位的是昌平。排在第五位的是丰台区，比例为 9.01%。排在第六位的是昌平，比例为 8.29%。排在前六的区合计比例达到 79.9%，接近 80%。排在后面的 10 个区县，只有 20.10% 的比例。生态涵养发展区的比例只有 2.58%（见表 8 - 4）。

表 8 - 4　外来常住办事人员的区域分布

单位：%

区县名称	比　例	区县名称	比　例
东 城 区	3.88	顺 义 区	3.57
西 城 区	4.52	昌 平 区	8.29
朝 阳 区	23.64	房 山 区	2.44
海 淀 区	15.94	门头沟区	0.35
丰 台 区	9.01	怀 柔 区	1.02
石景山区	3.09	平 谷 区	0.14
大 兴 区	13.50	密 云 县	0.62
通 州 区	9.52	延 庆 县	0.45

数据来源：北京市公安局外来人口统计。

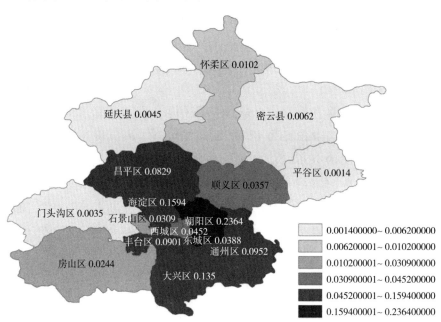

图 8 - 4　外来常住办事人员的区域分布

从图 8 - 4 来看，朝阳的比例远远高于其他区县，是常住外来办事人员阶层分布的第一梯队。海淀、大兴、通州、丰台、昌平是第二梯队，西城、东城和顺义是第三梯队，石景山、房山是第四梯队，怀柔是第五梯队，而密云、门头沟、延庆和平谷四个区县是第六梯队，四个区县的比例加起来也只有1.56%。

（四）北京市外来商业服务业人员阶层区域分布

常住外来商业服务业人员数是2899218人。这是外来人口中数量和比例最大的一个阶层。海淀区的常住外来商业服务业人员阶层占全市外来人口的22.15%，朝阳区的常住外来商业服务业人员占全市外来人口从业者的22.13%。这两个区的比例巨大，合计占全市常住外来商业服务业人员阶层的44.28%。丰台区的常住外来商业服务业人员占全市常住外来商业服务业从业人员的13.27%，西城区的比例是8.38%，东城区的比例是8.26%，昌平区是6.66%，通州区是5.30%。排在前面的这7个区，比例合计达到86.15%。数量排在后面的9个区县占比只有13.85%。生态涵养发展区的5个区县比例都不到1%，5个区县合计占比3.37%，比例最小的延庆县占比为0.3%（见表8-5）。这显示了在空间分布上，外来商业服务业从业人员分布极为不均衡。

表8-5　外来常住商业服务业人员的区域分布

单位：%

区县名称	比例	区县名称	比例
东城区	8.26	顺义区	1.44
西城区	8.38	昌平区	6.66
朝阳区	22.13	房山区	2.28
海淀区	22.15	门头沟区	0.59
丰台区	13.27	怀柔区	0.93
石景山区	2.90	平谷区	0.56
大兴区	3.87	密云县	0.99
通州区	5.30	延庆县	0.30

数据来源：北京市公安局外来人口统计。

从外来商业服务业人员的分布来看，海淀区和朝阳区分布的外来商业服务业人员阶层最多，两个区的商业服务业人员就占了北京的44.28%；第二梯队是丰台区，商业服务业人员阶层数量也很多；第三梯队是西城区、东城区；第四梯队为昌平区、通州区和大兴区；第五梯队为房山区和石景山区；第六梯队为顺义区、密云县、怀柔区、门头沟区、平谷区、延庆县（见图8-5）。

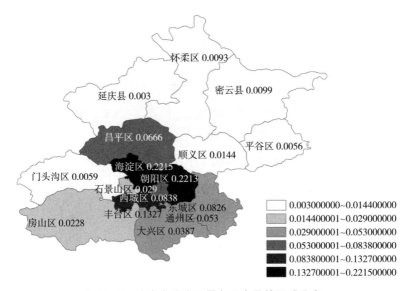

图8-5 外来常住商业服务业人员的区域分布

（五）外来产业工人阶层的区域分布

2013年北京常住外来产业工人阶层数量是1028169人。在产业工人阶层的区县分布中，大兴区的占比最大，超过了20%；其次是通州区和朝阳区，外来产业工人阶层占全市外来产业工人阶层的比例超过了10%，分别是15.39%和11.60%。这三个区县占比合计达到47.75%，接近50%。房山区、昌平区、顺义区、海淀区的占比都超过了7%，分别是9.35%、7.97%、7.41%、7.29%。排在前7位的区县合计占比达79.77%。城市功能中心区和生态涵养发展区常住外来产业工人阶层比例很小，其中延庆县和西城区外来产业工人占全市外来产业工人的比例不到1%（见表8-6）。

表 8 - 6 外来常住产业工人阶层的区域分布

单位：%

区县名称	比　例	区县名称	比　例
东 城 区	1.16	顺 义 区	7.41
西 城 区	0.64	昌 平 区	7.97
朝 阳 区	11.60	房 山 区	9.35
海 淀 区	7.29	门头沟区	3.29
丰 台 区	3.41	怀 柔 区	4.60
石景山区	2.25	平 谷 区	1.56
大 兴 区	20.76	密 云 县	3.05
通 州 区	15.39	延 庆 县	0.27

数据来源：北京市公安局外来人口统计。

从图 8 - 6 可以看出，大兴区、通州区外来产业工人较多，是全市的第一梯队；第二梯队是朝阳区、房山区、昌平区、顺义区、海淀区这五个区；第三梯队是怀柔区；第四梯队是丰台区、门头沟区和密云县；第五梯队是石景山和平谷区；第六梯队是东城区、西城区和延庆县。

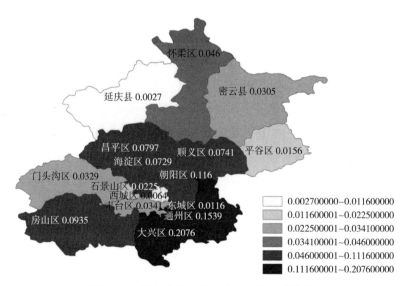

图 8 - 6 外来常住产业工人阶层的区域分布

（六）外来农业劳动者的区域分布

北京外来农业劳动者数量最少，有94369人。外来农业劳动者阶层的分布非常集中，朝阳区就占了24.43%，通州区有16.02%，大兴区有10.87%。这3个区县占常住外来农业劳动者的51.32%。顺义区的占比是9.53%，海淀区是9.39%，房山区是9.07%，昌平区是7.63%。排在前面的7个区县占比达86.94%。排在后面的9个区县占13.06%，西城区只有0.39%，门头沟区只有0.76%，石景山区只有0.81%，东城区只有0.82%（见表8-7）。

表8-7　外来常住农业劳动者的区域分布

单位：%

区县名称	比　例	区县名称	比　例
东 城 区	0.82	顺 义 区	9.53
西 城 区	0.39	昌 平 区	7.63
朝 阳 区	24.43	房 山 区	9.07
海 淀 区	9.39	门头沟区	0.76
丰 台 区	3.87	怀 柔 区	1.87
石景山区	0.81	平 谷 区	1.38
大 兴 区	10.87	密 云 县	1.85
通 州 区	16.02	延 庆 县	1.31

数据来源：北京市公安局外来人口统计。

从图8-7可以看出，朝阳和通州的外来农业劳动者阶层占全市农业劳动者阶层的比重是第一梯队，大兴、顺义、海淀、房山、昌平是第二梯队，丰台是第三梯队，怀柔和密云是第四梯队，平谷和延庆是第五梯队，东城、门头沟、石景山、西城是第六梯队。东城和西城是完全的城市化地区，农业劳动者比例极低，外来农业劳动者阶层比例极小就比较容易理解。而大兴、朝阳和通州的农业劳动者阶层占全市农业劳动者的比例都超过10%，但密云、平谷和延庆的比例都未超过2%，说明这几个区县的农业劳动者基本上都是本地人。

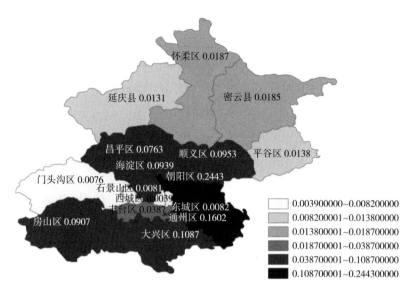

图 8 - 7　外来常住农业劳动者的区域分布

二　各区县外来人口社会阶层比较

(一) 各区县外来人口中党政企事业负责人所占比例

常住外来人口担任党政和社会事业单位负责人的比例几乎可以忽略不计，因而外来人口中的职业大类党政企事业单位负责人基本上都是企业负责人。外来人口中企业负责人数量最多的是朝阳区和大兴区，分别为45741 人和 42823 人，数量远远高出其他区县。然而，若论外来人口中企业负责人占本区县外来人口的比例，大兴的比例是最高的，达到 5.99%（见表 8 - 8、图 8 - 8）。这就意味着在大兴区的常住外来人口中，每 17 人就有一个企业负责人，比例甚高。外来人口中企业负责人占本区县外来人口的比例在 4% ~5% 的区县还有昌平区、怀柔区、延庆县、丰台区和顺义区，这几个区县的外来人口中每 20 ~25 人中有一个企业负责人。这说明这几个区县以及大兴区的私营企业相对比较发达，招商引资的比例较大。比例在3% ~4% 的区县有通州区、房山区、朝阳区和密云县，这几个区县的外来人口中每 26 ~33 人中有一个企业负责人。平谷区、西城区、海淀区的比例在2% ~3%，这几个区县的外来人口中每 35 ~44 人中有一个企业负责人。石景山、门头沟和东城区的比例在2%以下，这几个区县的外来人口中每58~62人中有一个企业负责人。这说明在各区县外来人口中，大兴的企业负责人最多，其次是昌平、怀柔、延庆、丰台和顺义；再次是通州、房山、朝阳和密云；平谷、西城和海淀的外来人口中企业负责人比例较小，外来务工者比例较大；石景山、门头沟和东城区的常住外来人口中经商的比例最小，务工的比例最大。朝阳区虽然外来经商的数量最大，但相对于朝阳区庞大的外来人口基数，朝阳区外来经商者的比例在各区县中处于居中位置。

表8-8　外来党政企事业单位负责人占各区县常住外来人口中的比例

单位：人，%

区县名称	党政企事业单位负责人	比例	区县名称	党政企事业单位负责人	比例
大 兴 区	42823	5.99	朝 阳 区	45741	3.41
昌 平 区	27451	4.97	密 云 县	3063	3.40
怀 柔 区	5038	4.53	平 谷 区	1567	2.80
延 庆 县	1178	4.33	西 城 区	8080	2.36
丰 台 区	27847	4.32	海 淀 区	26072	2.36
顺 义 区	9534	4.02	石景山区	2830	1.70
通 州 区	19898	3.66	门头沟区	1100	1.64
房 山 区	9168	3.60	东 城 区	5380	1.64

数据来源：北京市公安局外来人口统计。

（二）专业技术人员阶层占各区县常住外来人口的比例

在北京的专业技术人员阶层的区县分布中，海淀区、朝阳区和丰台区的比例是最大的，分别达到22.32%、20.99%和10.86%，三个区占比达到54.17%。各区县专业技术人员阶层占本区县常住外来人口的比例较大的是海淀区、西城区、东城区和石景山区，比例分别是28.77%、27.27%、27.20%和27.16%。然而各区县外来人口中专业技术人员占常住外来人口的比例却是平谷区、延庆县、昌平区、大兴区、顺义区、密云县比较高，都在20%以上，房山区、朝阳区、怀柔区、通州区、海淀区、门头沟区常住外来人口中专业技术人员占本区县常住外来人口的比例在15%~20%。丰台区、石景山区、西城区和东城区的比例都在15%以下（见表8-9、图8-9）。可见远郊

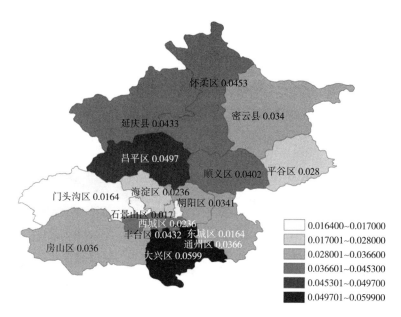

图 8 - 8　外来党政企事业单位负责人占各区县外来人口的比例

区县外来人口中专业技术人员阶层的比例是较高的，远远高于远郊区县专业技术人员阶层占常住人口的比例，这说明常住外来专业技术人员阶层是远郊区县科学技术发展应用与传播的重要力量，填补了远郊区县专业技术人员流失带来的空缺，也是改变远郊区县阶层结构的重要力量。

表 8 - 9　外来专业技术人员阶层占各区县常住外来人口的比例

单位：%

区县名称	专业技术人员	比例	区县名称	专业技术人员	比例
平 谷 区	19351	34.57	怀 柔 区	18563	16.70
延 庆 县	8345	30.70	通 州 区	89933	16.53
昌 平 区	149365	27.04	海 淀 区	174780	15.80
大 兴 区	183957	25.75	门头沟区	10040	15.01
顺 义 区	60396	25.48	丰 台 区	92675	14.36
密 云 县	18245	20.28	石景山区	21259	12.74
房 山 区	47676	18.70	西 城 区	33415	9.76
朝 阳 区	244994	18.28	东 城 区	27182	8.28

数据来源：北京市公安局外来人口统计。

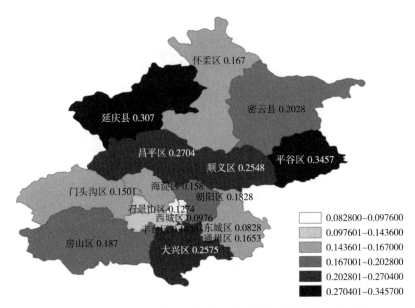

图 8 - 9　外来专业技术人员阶层占各区县常住外来人口的比例

（三）各区县常住外来人口中办事人员的比例

北京市外来办事人员阶层占各区县常住外来人口比例较大的三个区县是大兴区、石景山区和朝阳区，比重分别是 21.25%、20.80%、19.83%。通州区外来办事人员阶层比重也相对较高，达到了 19.68%。外来办事人员人数最多的三个区县分别是：朝阳区，有 265826 人；海淀区，有 179211 人；大兴区，有 151809 人。其他区县中，延庆县、顺义区、昌平、海淀区以及丰台区外来办事人员阶层占常住外来人口的比例都在 15% ~ 19%。西城区、东城区、房山区、怀柔区的比重都在 10% ~ 15%。外来办事人员阶层比重最小的三个区县分别是密云县、门头沟区和平谷区，比重皆在 8% 以下，其中平谷区只有 2.8%。总的来说，外来办事人员阶层比重较大的地区主要是城市功能拓展区和城市发展新区（见表 8 - 10、图 8 - 10）。

表 8 - 10　外来办事人员阶层占各区县常住外来人口的比例

单位：%

区县名称	办事人员	比例	区县名称	办事人员	比例
大 兴 区	151809	21. 25	丰 台 区	101328	15. 70
石 景 山 区	34712	20. 80	西 城 区	50863	14. 86
朝 阳 区	265826	19. 83	东 城 区	43671	13. 30
通 州 区	107027	19. 68	房 山 区	27444	10. 76
延 庆 县	5097	18. 75	怀 柔 区	11483	10. 33
顺 义 区	40153	16. 94	密 云 县	7019	7. 80
昌 平 区	93259	16. 88	门 头 沟 区	3981	5. 95
海 淀 区	179211	16. 20	平 谷 区	1569	2. 80

数据来源：北京市公安局外来人口统计。

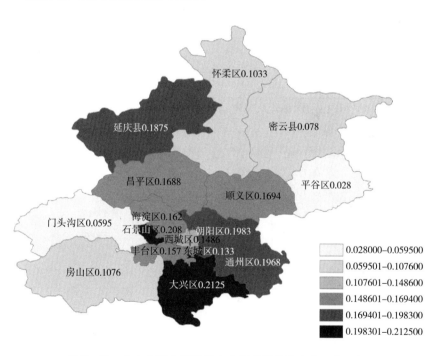

图 8 - 10　外来办事人员阶层占各区县常住外来人口的比例

（四）各区县常住外来人口中商业服务业人员的比例

外来商业服务业人员比重最大的是东城区，商业服务业人员达到了外来从业人员的 72.91%，其次是西城区，有 70.97%，丰台区、海淀区以及石景山区分别是 59.63%、58.05%、50.42%。这五个区县外来商业服务业人员阶层都超过了外来人口的 50%。剩下的区县中按比重大小排序依次是朝阳区（47.87%）、昌平区（34.98%）、密云县（31.75%）、延庆县（31.53%）、平谷区（28.89%）、通州区（28.25%）、房山区（25.87%）、门头沟区（25.75%）、怀柔区（24.29%）、顺义区（17.63%）、大兴区（15.70%）。外来商业服务业人员数量最多的是海淀和朝阳区，分别有642057 人和 641657 人。外来商业服务业人员阶层比重较大的地区主要位于首都功能核心区和城市功能拓展区（见表 8 - 11、图 8 - 11）。在这些地区，人口密度大，商业服务业发达，劳动力需求量大，因此，从事商业服务业的外来人口很多。

表 8 - 11　外来商业服务业人员占各区县常住外来人口的比例

单位：%

区县名称	商业服务业人员	比例	区县名称	商业服务业人员	比例
东 城 区	239383	72.91	延 庆 县	8570	31.53
西 城 区	242867	70.97	平 谷 区	16170	28.89
丰 台 区	384777	59.63	通 州 区	153685	28.25
海 淀 区	642057	58.05	房 山 区	65965	25.87
石景山区	84148	50.42	门头沟区	17225	25.75
朝 阳 区	641657	47.87	怀 柔 区	27001	24.29
昌 平 区	193213	34.98	顺 义 区	41790	17.63
密 云 县	28570	31.75	大 兴 区	112140	15.70

数据来源：北京市公安局外来人口统计。

（五）各区县常住外来人口中产业工人阶层的比例

北京外来人口中产业工人阶层的分布也有很明显的特征。从区县来看，产业工人阶层占常住外来人口比重最大的三个区县分别是门头沟区、

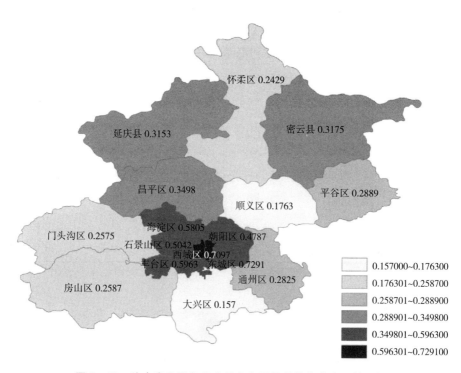

怀柔区 0.2429
延庆县 0.3153
密云县 0.3175
昌平区 0.3498
平谷区 0.2889
顺义区 0.1763
门头沟区 0.2575
海淀区 0.5805
朝阳区 0.4787
石景山区 0.5042
西城区 0.7097
丰台区 0.5963
东城区 0.7291
通州区 0.2825
房山区 0.2587
大兴区 0.157

0.157000~0.176300
0.176301~0.258700
0.258701~0.288900
0.288901~0.349800
0.349801~0.596300
0.596301~0.729100

图 8–11　外来商业服务业人员占各区县常住外来人口的比例

怀柔区以及房山区，比例分别是 50.57%、42.55%、37.72%。剩下的区县中，产业工人阶层的比重分别是密云县（34.83%）、顺义区（32.13%）、大兴区（29.88%）、通州区（29.10%）、平谷区（28.61%）、昌平区（14.83%）、石景山区（13.88%）、延庆县（10.15%）、朝阳区（8.89%）、海淀区（6.78%）、丰台区（5.43%）、东城区（3.64%）、西城区（1.94%）。外来产业工人阶层数量最多的区县分别是大兴区 213447 人、通州区 158274 人以及朝阳区 119221 人（见表 8–12）。外来产业工人阶层主要分布在城市发展新区和生态涵养发展区，首都功能核心区和城市功能拓展区外来产业工人阶层所占的比重较低（见图 8–12）。首都功能核心区和城市功能拓展区城市发展较快、城市建设已经成熟，因此对产业工人的需求量少。而城市发展新区和生态涵养发展区，城市建设起步晚，对外来产业工人的需求量大。

表8-12 外来产业工人阶层占各区县常住外来人口的比例

单位：%

区县名称	产业工人	比 例	区县名称	产业工人	比 例
门头沟区	33820	50.57	昌 平 区	81918	14.83
怀 柔 区	47296	42.55	石景山区	23161	13.88
房 山 区	96176	37.72	延 庆 县	2758	10.15
密 云 县	31339	34.83	朝 阳 区	119221	8.89
顺 义 区	76143	32.13	海 淀 区	74976	6.78
大 兴 区	213447	29.88	丰 台 区	35039	5.43
通 州 区	158274	29.10	东 城 区	11953	3.64
平 谷 区	16018	28.61	西 城 区	6630	1.94

数据来源：北京市公安局外来人口统计。

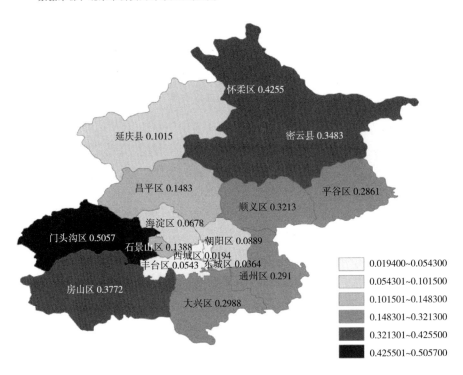

图8-12 外来产业工人阶层占各区县常住外来人口的比例

（六）各区县常住外来人口中农业劳动者阶层的比例

北京市外来人口中农业劳动者占常住外来人口的比重比较低，且主要分布在城市发展新区和生态涵养发展区。从区县来看，农业劳动者占常住外来人口比重最大的三个区县分别是延庆县、顺义区和房山区，比重分别是4.55%、3.80%、3.36%。农业劳动者数量最多的区县是朝阳区（23052人）、通州区（15122人）、大兴区（10260人），人数均在10000人以上。其他区县中，农业劳动者占常住外来人口的比例分别是通州区（2.78%）、平谷区（2.33%）、密云县（1.94%）、朝阳区（1.72%）、怀柔区（1.59%）、大兴区（1.44%）、昌平区（1.30%）、门头沟区（1.07%）、海淀区（0.80%）、丰台区（0.57%）、石景山区（0.46%）、东城区（0.23%）、西城区（0.11%）（见表8-13）。农业劳动者阶层的分布有明显城市功能区特征，尤其是首都核心功能区，数量少，比重低（见图8-13）。主要原因还是中心城区城市化程度高，农业用地少。而城市外围的区县，还存在很多农业生产用地，农业劳动者不可少。

表8-13　外来农业劳动者阶层占各区县常住外来人口的比例

单位：%

区县名称	农业劳动者	比例	区县名称	农业劳动者	比例
延庆县	1236	4.55	大兴区	10260	1.44
顺义区	8998	3.80	昌平区	7199	1.30
房山区	8561	3.36	门头沟区	717	1.07
通州区	15122	2.78	海淀区	8857	0.80
平谷区	1303	2.33	丰台区	3650	0.57
密云县	1745	1.94	石景山区	768	0.46
朝阳区	23052	1.72	东城区	771	0.23
怀柔区	1764	1.59	西城区	366	0.11

数据来源：北京公安局外来人口统计。

三　本章小结

（1）北京的常住外来人口主要分布在朝阳、海淀区、大兴区、丰台

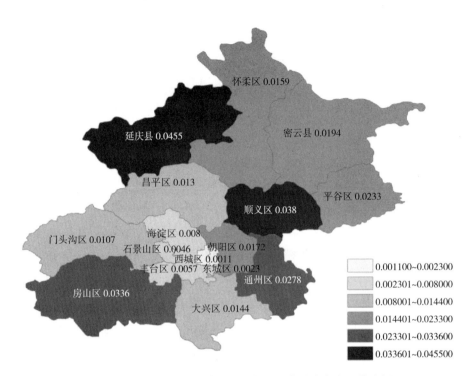

图 8 - 13　外来农业劳动者阶层占各区县常住外来人口的比例

区、昌平区，五区合计占 66.2% 。

　　（2）外来人口的阶层结构中社会上层占 3.6% （北京常住人口社会上层占 2.97% ），社会中层占 35.3% （北京常住人口社会中层占 35.85% ），社会下层占 61.1% （北京常住人口社会下层占 61.17% ），外来人口的阶层结构和常住人口接近，外来人口中的企业负责人比例远远高于北京常住人口的企业负责人比例。

　　（3）外来人口的阶层结构和城市功能拓展区的阶层结构相似，优于北京城市发展新区和生态涵养发展区的阶层结构。

　　（4）外来人口的阶层结构和北京常住人口的阶层结构比较相似，外来人口中的社会下层比例和常住人口中的社会下层比例相当。

第九章　北京居民的收入差距与空间结构

一　北京居民的收入差距

10 年来，北京城镇居民可支配收入有较大的增长，从 2005 年的 17653 元增加到 2015 年的 52859 元，增加了 1.99 倍，居民的生活状况得到了巨大的改善。然而，尽管 20% 的高收入居民和 20% 的低收入居民可支配收入都有大幅的增加，但是，高收入者和低收入者的差距是扩大的。高收入者 10 年来平均可支配收入增加了 70780 元，低收入者可支配收入增加了 14861 元，前者增加了 215%，后者增加了 173%，增幅差距不小。20% 的高收入居民 10 年来收入增加了 2.15 倍，而 20% 的低收入居民收入只增加了 1.73 倍。2005 年，20% 的高收入者和 20% 的低收入者可支配收入之比是 3.84：1；2015 年，两者之比是 4.43：1（见表 9 - 1）。10 年来，20% 高收入城镇居民的收入增加额是 20% 低收入城镇居民收入的 4.76 倍，城镇居民的收入绝对差距和相对差距都在扩大。①

表 9 - 1　北京城镇居民可支配收入变化

单位：元

项目	全市平均	20% 低收入户	20% 中低收入户	20% 中等收入户	20% 中高收入户	20% 高收入户	20% 高收入户与20% 低收入户之比
2005 年人均可支配收入	17653	8581	12485	16063	20813	32968	3.84：1
2015 年人均可支配收入	52859	23442	37709	49314	64206	103748	4.43：1

---

① 本章数据全部来自北京统计信息网的年数统计数据。

续表

项目	全市平均	20%低收入户	20%中低收入户	20%中等收入户	20%中高收入户	20%高收入户	20%高收入户与20%低收入户之比
2005～2015年的增加额	35206	14861	25224	33251	43393	70780	4.76∶1
2015年与2005年之比值	2.99	2.73	3.02	3.07	3.08	3.15	—

　　10年来，北京农村居民平均收入也有较大的增长，从2005年的7860元增加到2015年的20569元，增加了1.62倍，农村居民的生活状况得到了巨大的改善。20%的高收入农村居民和20%的低收入农村居民收入都有较大幅度的增加，20%的低收入农村居民收入增加的幅度更大。但是绝对的收入差距还在扩大，20%的高收入农村居民10年来平均可支配收入增加了20328元，20%的低收入农村居民可支配收入增加了5439元。20%的高收入居民10年来收入增加了1.25倍，而20%的低收入农村居民收入增加了1.78倍。2005年，20%的高收入者和20%的低收入者可支配收入之比是5.31∶1；2015年，两者之比是4.30∶1，农村居民的收入绝对差距在扩大，而相对差距在缩小（见表9-2）。

表9-2　北京农村居民可支配收入变化

单位：元

项目	全市平均	20%低收入户	20%中低收入户	20%中等收入户	20%中高收入户	20%高收入户	20%高收入户与20%低收入户之比
2005年人均可支配收入	7860	3052	5233	6990	9471	16206	5.31∶1
2015年人均可支配收入	20569	8491	15589	20177	25735	36534	4.30∶1
2005～2015年的增加额	12709	5439	10356	13187	16264	20328	3.74∶1
2015年与2005年之比值	2.62	2.78	2.98	2.89	2.72	2.25	—

　　2015年，全市居民人均可支配收入48458元，20%的最低收入居民人均可支配收入只有18343元，而20%的最高收入居民人均可支配收入达到

99621 元，后者是前者的 5.43 倍（见表 9 - 3）。20% 的高收入居民与 20% 的低收入居民之间的绝对差距是 81278 元。

表 9 - 3　北京全市居民可支配收入差距

单位：元

项目	全市平均	20% 低收入户	20% 中低收入户	20% 中等收入户	20% 中高收入户	20% 高收入户	20% 高收入户与20% 低收入户之比
2015 年人均可支配收入	48458	18343	32968	45239	60627	99621	5.43：1

综上所述可以看出，2005 年以来，北京农村居民的收入增加幅度较大，收入的绝对差距继续扩大，相对差距在缩小；北京城镇居民收入增长幅度比较大，绝对收入差距在扩大，相对收入差距也在扩大；全市居民的收入绝对差距为 81278 元，相对差距也很大。北京城镇居民之间的收入相对差距在扩大，农村居民之间的收入相对差距在缩小，但是农村居民之间的相对差距比城镇居民之间的相对差距要大得多。全市居民中高收入者与低收入者之间的差距要更大。

二　北京各区县居民的收入差距

2006 年，北京城镇单位在岗职工平均工资为 40117 元，2015 年增加到 113073 元，增加了 72956 元，增幅为 182%。各区县比较起来增幅最大的是通州区，增幅为 239%，增加额最高的是西城区，增加了 115575 元。2015 年的北京城镇职工平均工资在 100000 元以上的区有东城区、西城区、朝阳区和海淀区；城镇职工平均工资在 80000~100000 元的有石景山区、顺义区、大兴区、昌平区和怀柔区；城镇职工平均工资在 70000~80000 元的区有丰台区、门头沟区、房山区、通州区和密云区，城镇职工平均工资在 50000~60000 元的有平谷区和延庆区。

2006 年，平均工资最高的区和最低的区之间差异为 31729 元，而 2015 年两者之间差异为 114532 元，绝对数相差超过 10 万元；两者的相对差距也在扩大，2005 年为 155%，2015 年为 215%（见表 9 - 4）。总的看来，北京各区的工资差距是在扩大的。

表 9 - 4　城镇单位在岗职工平均工资

单位：元

项　　目	2006 年	2015 年	增长额	2015 年：2006 年
全　　市	40117	113073	72956	2.82：1
东 城 区	52171	129745	77574	2.49：1
西 城 区	52243	167818	115575	3.21：1
朝 阳 区	48412	116848	68436	2.4：1
丰 台 区	30371	78254	47883	2.58：1
石景山区	36089	92075	55986	2.55：1
海 淀 区	45076	126435	81359	2.80：1
门头沟区	27015	74441	47426	2.76：1
房 山 区	26777	75236	48459	2.81：1
通 州 区	21016	71249	50233	3.39：1
顺 义 区	33566	95553	61987	2.85：1
昌 平 区	27485	84794	57309	3.09：1
大 兴 区	29397	93926	64529	3.20：1
怀 柔 区	28207	84628	56421	3.00：1
平 谷 区	20514	53286	32772	2.60：1
密云(县)区	22008	71881	49873	3.27：1
延庆(县)区	22275	55389	33114	2.49：1
最高区与 最低区的差距	31729	114532	82803	—
最高区与最低区 之比	2.55：1	3.15：1	3.53：1	—

　　2005 年的北京城镇居民可支配收入为 17653 元，2015 年增加到了 52859 元，增加了 35206 元，增加幅度为 199%。到 2015 年，北京各区县城镇居民可支配收入可以分为四档：60000 元以上的有西城区、东城区和海淀区，50000～60000 元的有朝阳区、石景山区，40000～50000 元的有丰台区、门头沟区、大兴区，30000～40000 元的有房山区、通州区、顺义区、昌平区、延庆区、密云区、怀柔区和平谷区。10 年来增长额最大的是

海淀区，增加了43846元，增长额最小的是顺义区，增加了17227元；增幅最大的是石景山区，增幅为248%，增幅最小的是顺义区，增幅为107%。2005年，北京人均可支配收入最高的区是人均可支配收入最低的区的1.23倍，而2015年北京人均可支配收入最高的区是人均可支配收入最低的区的2.03倍。2005年，人均可支配收入最高的区县与最低的区县相差3429元，而2015年人均可支配收入最高的区与最低的区相差34245元，可见10年来，各区之间城镇居民人均可支配收入差距是在扩大的（见表9-5）。

表9-5 北京各区县城镇居民可支配收入

单位：元

项 目	2005 年	2015 年	增长额	2015 年：2005 年
全 市	17653	52859	35206	2.99：1
东 城 区		61764	—	—
西 城 区		67492	—	—
朝 阳 区	17506	55450	37944	3.17：1
丰 台 区	15795	47127	31332	2.98：1
石 景 山 区	16183	56304	40121	3.48：1
海 淀 区	18479	62325	43846	3.37：1
门 头 沟 区	16006	42350	26344	2.65：1
房 山 区	15175	36317	21142	2.39：1
通 州 区	15603	37608	22005	2.41：1
顺 义 区	16167	33394	17227	2.07：1
昌 平 区	15684	38794	23110	2.47：1
大 兴 区	15179	40598	25419	2.67：1
怀 柔 区	15661	33247	17586	2.12：1
平 谷 区	15050	35117	20067	2.33：1
密 云（县）区	15106	33878	18772	2.24：1
延 庆（县）区	15596	35603	20007	2.28：1
最高区与最低区的差距	3429	34245	26619	—
最高区与最低区之比	1.23：1	2.03：1	—	—

2005 年至 2014 年，北京市农村居民人均可支配收入由 7680 元增加到 20226 元，增加了 12546 元，增幅为 163%。海淀区农村居民人均可支配收入增加额最大，增加 17111 元，增幅为 171%。延庆县农村居民人均可支配收入仅增加了 10032 元，增幅为 144%。2005 年，农村居民人均可支配收入最高的朝阳区为 10179 元，比最低的延庆县高 3194 元，朝阳区农村居民人均可支配收入是延庆县的 1.46 倍。2014 年，农村居民人均可支配收入最高的海淀区为 27098 元，比最低的延庆县高出 10081 元，海淀区农民人均可支配收入是延庆县的 1.59 倍（见表 9-6）。很明显，农民居民可支配收入高的区和低的区之间的差距也是在扩大的。

表 9-6 北京各区县农村居民可支配收入

单位：元

项 目	2005 年	2014 年	增长额	2014 年：2005 年
全 市	7680	20226	12546	2.63：1
朝 阳 区	10179	26808	16629	2.63：1
丰 台 区	8995	22553	13558	2.51：1
海 淀 区	9987	27098	17111	2.71：1
房 山 区	7205	18890	11685	2.62：1
通 州 区	7661	20076	12415	2.62：1
顺 义 区	7459	19629	12170	2.63：1
昌 平 区	7416	18689	11273	2.52：1
大 兴 区	7405	18824	11419	2.54：1
门头沟区	7556	18861	11305	2.50：1
怀 柔 区	7201	18196	10995	2.53：1
平 谷 区	7336	18785	11449	2.56：1
密 云 县	7203	17855	10652	2.48：1
延 庆 县	6985	17017	10032	2.44：1
最高区与最低区的差距	3194	10081	7079	
最高区与最低区之比	1.46：1	1.59：1	1.71：1	

三　北京各功能区居民收入差距

北京的四个功能区在岗职工平均工资是从首都功能核心区、城市功能拓展区、城市发展新区到生态涵养发展区依次从高到低下降的。2015 年，北京首都功能核心区在岗职工平均工资 152446 元，城市功能拓展区在岗职工平均工资 113476 元，城市发展新区在岗职工平均工资 87758 元，生态涵养发展区在岗职工平均工资 68589 元。工资最高的首都功能核心区在岗职工平均工资是工资最低的生态涵养发展区的 2.22 倍。由于 2015 年首都功能核心区在岗职工平均工资增速为 13.4%，增速为两位数，其他功能区的增速都在 10% 以下，把其他功能区远远甩在了后面。2015 年，四个功能区在岗职工平均工资的增加额分别是 17996 元、8170 元、6964 元和 4816 元，首都功能核心区 2014 ~ 2015 年的平均工资增加额是生态涵养发展区平均工资增加额的 3.74 倍（见表 9 - 7）。可以预期，未来各功能区的工资差距会进一步扩大。在岗职工平均工资的区域差距是首都功能核心区、城市功能拓展区、城市发展新区和生态涵养发展区的产业结构、投资、职业结构等多种因素造成的，也因此折射出阶层结构的差异。

表 9 - 7　北京各功能区在岗职工平均工资

单位：元，%

项　　目	2015 年	2014 年	增加额	增长速度
首都功能核心区	152446	134450	17996	13.4
城市功能拓展区	113476	105306	8170	7.8
城市发展新区	87758	80794	6964	8.6
生态涵养发展区	68589	63773	4816	7.6
核心区和涵养区之比	2.22 : 1	2.11 : 1	3.74 : 1	

北京四个功能区城乡居民可支配收入也是从首都功能核心区、城市功能拓展区、城市发展新区到生态涵养发展区依次从高到低下降的。2014 年，北京全市城镇居民可支配收入达到 43910 元，其中首都功能核心区是 46483 元，城市功能拓展区是 45596 元，城市发展新区是 36340 元，生态

涵养发展区是 36131 元。2014 年，首都功能核心区的城镇居民可支配收入比城市功能拓展区高 887 元，比城市发展新区高 10143 元，比生态涵养发展区高 10352 元。前两个功能区比较接近，后两个功能区也比较接近，但是前两者和后两者的差距在万元左右。

首都功能核心区没有农村居民，我们可以比较一下城市功能拓展区、城市发展新区和生态涵养发展区三个功能区的农村居民可支配收入。2014年，城市功能拓展区的农村居民人均可支配收入 25317 元，城市发展新区是 19920 元，生态涵养发展区是 18097 元。城市功能拓展区比城市发展新区的农村居民人均可支配收入高 5397 元，比生态涵养发展区高 7220 元。城市发展新区和生态涵养发展区与城市功能拓展区农村居民人均可支配收入差距较大。

2014 年，北京城镇居民人均可支配收入是农村居民人均可支配收入的2.17 倍，相比 2005 年的 2.25 倍有所减小，说明新农村建设以及农村产业发展、农民就业等方面的努力还是取得了一定的成效（见表 9-8）。

表 9-8　北京各功能区居民可支配收入变迁

单位：元,%

项目	城镇居民可支配收入			农村居民可支配收入			2014 年城乡居民收入之比
	2005 年	2014 年	增长幅度	2005 年	2014 年	增长幅度	
北京市	17653	43910	149	7860	20226	157	2.17：1
首都功能核心区	18035	46483	158	—	—		
城市功能拓展区	17204	45596	165	10977	25317	131	1.80：1
城市发展新区	15643	36340	132	8163	19920	144	1.82：1
生态涵养发展区	15502	36131	133	7894	18097	129	2.00：1
最高与最低的功能区差额	2533	10352		3083	7220		
最高与最低的功能区之比	1.16：1	1.29：1		1.39：1	1.40：1		

四　本章小结

我们利用五等分比较方法分析了北京居民的收入差距，比较分析了北京各区居民收入的差距变化，以及各功能区居民平均可支配收入的差距。研究发现，北京居民人均可支配收入差距在扩大。自 2005 年以来，北京农村居民的收入增加幅度较大，收入的绝对差距继续扩大，相对差距在缩小；北京城镇居民收入增长幅度比较大，绝对收入差距在扩大，相对收入差距也在扩大；全市居民的收入绝对差距为 81278 元，相对差距也很大。北京城镇居民之间的收入相对差距在扩大，农村居民之间的收入相对差距在缩小，但是农村居民之间的相对差距比城镇居民之间的相对差距要大得多。全市居民中高收入者与低收入者之间的差距要更大。

各区的职工平均工资差距也在扩大，各区的城镇居民平均可支配收入和农村居民平均可支配收入也同样在扩大。西城、东城、海淀、朝阳的经济结构和工资水平是较高的，职工的工资也较高；石景山、顺义、大兴的职工工资水平也不低，其他各区就差一些，延庆和平谷最低。这是市场经济中激烈竞争所导致的马太效应，强者愈强，弱者奋力追赶，但是结果是不仅追不上，而且差距越拉越大。

北京的城市功能核心区的居民人均可支配收入是全市最高的，其次是城市功能拓展区，2004 年版的《北京总体规划》中把这两个功能区称为中心城区。城市发展新区居民收入增加幅度较大，但是和中心城区相比，差距还是很大的。生态涵养发展区的居民收入就更低了，和中心城区居民的收入相比，差距更大。在这样的情况下，居民收入的空间结构就是从中心到外围的递减结构，形成了中心到边缘的四个同心圆的结构。

第十章 北京大都市社会结构、空间结构与发展趋势

一 北京阶层结构特征与发展趋势

(一) 以户籍身份决定的四元社会结构

由农业户籍和非农业户籍、本地户籍和外地户籍两个维度的区隔，北京常住人口可以分为四大群体：本地非农业人口、本地农业人口、城城流动人口、乡城流动人口。由于这四大群体的社会权利、经济地位、政治地位的差异，他们实际上是由身份决定的四大阶级。这四大阶级构成的北京社会可以称为四元社会。

清华大学的李强教授曾经提出中国社会日益分裂为四个世界的著名观点，不同世界的社会分层结构差异巨大，而且其差异有扩大的趋势。四个世界实际上是四个政治经济社会区域体。今天，人们越来越意识到同一区域内不同行政级别、不同规模城市间的差异也非常明显。"一线""二线"城市之分愈发凸显。其主要原因是："首先，户籍是我国主要的制度屏障因素之一，除了城乡户籍之分外，真正的区分单位实际上是城市本身，而不是省份。其次，户籍的身份标签意义实际上在淡化，更重要的是与之捆绑的公共服务资源与机会的实际差异。我国的财政体制实际上将相当多的公共服务交由地方政府财力负担。从这个角度看，'政治经济社会区域体'的差异主要在于城市之间。"[①]这四个世界的划分是着眼于城乡和大中小城

---

① 李强、王昊：《中国社会分层的四个世界》，《社会科学战线》2014 年第 9 期。

市之间的差异来分析的。

胡鞍钢教授也曾提出过中国经济社会四元结构的理论。在他的理论中，中国的城市和乡村都是二元结构，加起来就是经济社会四元结构。城市社会由正规部门和非正规部门构成二元结构，农村社会由农村工业和农业构成二元结构，相应地形成农民、农村农民工、城市农民工和城镇居民构成的四大就业群体，即四种国民。[①]

北京的四元社会结构是改革开放以后形成的。1979 年以前，北京是个二元社会，是由本地农业人口和非农业人口构成的地域社会。非农业户籍的市民从事二、三产业，农业户籍的农民只能从事农林牧副渔业劳动，市民每月领取劳动工资和各种补贴，农民通过挣工分分配口粮。市民的收入是有保障的，农民的收获要看天气状况。市民享受公费医疗到医院看病，农民只能到农村合作医疗的村医疗站看病。市民子女在公办学校上学，农民的子女只能在村办或者公社举办的农村民办中小学上学。市民退休了由单位发退休金，农民老了只能由子女养老。计划经济时期的北京城乡和全国其他地方并无二致，改革开放以后，北京迎来了全国各地的流动人口，特别吸引了周边省份包括河北、山东、河南、陕西、内蒙古以及辽宁、吉林和黑龙江等地的城乡人口来北京务工经商。在这样的背景下，四元社会结构逐渐形成。

在北京的常住外来人口中，不仅仅有来自农村的农业户籍的乡城流动人口，还有大量的来自其他城市的非农业户籍的城城迁移人口。城城流动人口占北京流动人口的比例为 30.3%[②]，以此推算，北京的城城流动人口有 249 万人，是一个大城市的人口规模，占北京常住人口的 11.5%。一般人认为，流动人口或者外来人口就是农民工，但很多学者认为有一大批城城流动人口在北京、上海、广州、深圳务工经商，只是占流动人口的比例较小，所以在学术研究中并未予以足够的重视。如果在全国范围内来看，城城流动人口的比例并不算大，但是在北京和上海，城城流动人口是一个绝对不能忽视的社会地位群体。2014 年，北京从业人员共有 1156.7 万人，

①　胡鞍钢、马伟：《现代中国经济社会转型：从二元结构到四元结构（1949～2009）》，《清华大学学报》（哲学社科版）2012 年第 1 期。

②　根据国家卫计委 2014 年流动人口监测数据计算的结果。

在从业人员中，可以推算，城城流动人口占 21.5%，尽管北京的城城流动人口只占常住人口的 11.5%，但是在北京的从业人员中却是无法忽视的力量。城城流动人口一般都是专业技术人员、办事人员或者管理人员，是一支以高素质白领为主的劳动力队伍，在企业管理和技术创新方面北京绝对离不开这支队伍。另外，城城流动人口中还有一批人是私营企业主，他们为北京贡献的就业机会和税收是不能忽视的。

北京四元结构的形成已经有 30 年了，四元社会结构也难以在短期内改变。新的居住证制度可以在一定程度上软化四元社会结构的刚性，但是为了调控人口规模，制度调整的空间是有限的，不可能放得过开。因而，四元结构的社会将是一个长期现象，北、上、广、深以及其他大城市都是如此。

（二）中产阶层为主的橄榄形社会结构正在形成中

从职业构成来看，北京的阶层结构目前还不是一个橄榄形的结构。橄榄形或者纺锤形的结构被认为是理想的社会结构，中间大，两头小，社会下层在阶层结构中所占的比例很低，下层也不占主流。以专业技术人员为主构成的中间阶层成为社会的主流，他们被认为是社会的稳定器。这样的社会比较稳定，不易出现大规模的动乱，社会发展水平较高，发展过程较为平稳。

2000 年，北京专业技术人员阶层比例为 17.29%，办事人员阶层比例为 10.75%，两者加起来是北京的社会中层，比例为 28.04%。2010 年，专业技术人员阶层比例为 20.39%，办事人员阶层比例为 15.46%，两者构成北京的社会中层，占北京从业人员的比例达到 35.85%。从 2000 年到 2010 年，北京社会中层增加了 7.81 个百分点，平均每年增加 0.78 个百分点（见表 10 - 1）。以此推算，2016 年北京的社会中层已经达到 40.53%。北京自 2014 年以来推行城市功能疏解和产业升级，压缩低端产业的发展空间，因而高端产业发展迅猛，致使北京产业结构调整提速，相应地，北京社会结构调整的节奏也就更快。职业高层不断增加，职业下层在行政干预下，不断减少，这就会使北京职业结构和社会阶层结构更快地高级化。可以预期，北京在 2030 年会成为一个以中产阶层为主的社会。

表 10 - 1　2000 年、2010 年北京社会阶层变迁

社会阶层	2000 年		2010 年		增幅（个百分点）
	频数（人）	比例（%）	频数（人）	比例（%）	
国家与社会管理者阶层	9193	1.34	4698	0.48	-0.86
企业负责人阶层	29933	4.35	24336	2.49	-1.86
专业技术人员阶层	118980	17.29	199325	20.39	3.1
办事人员阶层	73985	10.75	151121	15.46	4.71
商业服务业人员阶层	165256	24.01	330555	33.82	9.81
产业工人阶层	201925	29.34	210543	21.54	-7.8
农业劳动者阶层	89008	12.93	56803	5.81	-7.12
合　计	688315	100	977387	100	

数据来源：第五次、第六次全国人口普查数据。

从最近 10 多年的发展来看，北京并不是个阶层固化的社会，开放度还是比较大的。社会下层要流向社会中层的道路是敞开的，尽管还要付出很多努力，这也是社会进步的动力所在。然而，我们也可以看到，社会上层的比重是在减小的，这说明不仅是社会下层，而且是社会中层要进入社会上层的机会也是很少的。

（三）各阶层的收入持续增加，收入差距在扩大

随着北京经济的快速增长，北京的产业结构也相应地升级，生产者服务业的份额不断上升，新兴服务业比重扩大，出现职业的高级化趋势，加上社会保障制度的日益完善，10 年来北京各社会阶层的收入持续增加。但是，这 10 年来高收入者和低收入者之间的差距也是在扩大的。这似乎是市场经济条件下，超大城市所无可扭转的普遍规律。

根据沙森的研究，把纽约的从业人员按照收入高低分为 10 等分，其中 10% 的高收入者收入在持续增加，而 10% 的低收入者收入是在下降的[①]，1979 ~ 1996 年两者的比率由 3.7 增加到 6.8。伦敦的最低收入的 10% 的男

① 沙森：《全球城市：纽约、伦敦、东京》，周振华译，上海社会科学院出版社，2005，第 216 ~ 218 页。

性从业者在1979~1995年工资增长了2.5%，而最高收入的10%的男性从业者收入增加了22.5%；收入最低的10%的女性从业者收入增加了10.6%，收入最高的10%的女性从业者收入增加了21.8%，显然伦敦的收入差距也是在扩大的。东京的情况是类似的，1979年，东京最高收入者的收入是最低收入者的6.6倍，到1994年，最高收入者的收入是最低收入者收入的7.9倍。这表明纽约、伦敦和东京都出现了社会极化的现象。

北京的情况是类似的，高收入阶层收入增加的速度是惊人的，金融业的收入远远高于其他同业的收入。2015年，北京年平均工资排在前10位的行业如下：资本市场服务业年平均工资最高，达到人均467698元，货币金融服务业年平均工资是275003元，其他金融服务业年平均工资是237205元，烟草制造业年平均工资是223585元，保险业年平均工资是215304，水上运输业年平均工资196721元，广播、电影、电视录音制作业年平均工资176276元，航空运输业年平均工资166514元，电信、广播电视和卫星传输业年平均工资164247元，软件和信息技术服务业年平均工资是160484元。

2015年，北京年平均工资排在后10位的行业如下：基层群众自治组织行业年平均工资是23397元，其他服务业年平均工资是43073元，木材加工业年平均工资是45119元，居民服务业年平均工资是49241元，纺织服装服饰制造业年平均工资是49764元，皮革、毛皮、羽毛和其制品及制鞋业年平均工资是50337元，纺织业年平均工资是50815元，餐饮业年平均工资是50898元，农林牧渔业年平均工资是51214元，非金属矿采选业年平均工资是52319元。

北京高收入行业的平均工资远远高于低收入行业的平均工资，资本市场服务业的工资是基层群众自治组织行业收入的19.99倍，是其他服务业的平均工资的10.86倍，是木材加工业的10.37倍，是居民服务业的9.50倍，是纺织服装服饰制造业的9.40倍，是皮革制品和制鞋业的9.04倍，是纺织业的9.20倍，是餐饮业的9.19倍，是农林牧渔业的9.13倍，是非金属矿采选业的8.94倍。

在第九章我们分析了北京10年来居民收入的变化，10年来北京居民收入增速是比较快的，但是不同阶层收入增加的速度是不同的，高收入者的收入增长更快，而低收入者的收入增长速度相对较低，结果是10年中，高收入者和低收入者之间的差距是在拉大的。无论是北京各区之间还是北京四个功能区之间，近10年来的收入差距都是在扩大的。

二　北京的社会空间结构特征与发展趋势

（一）从中心到边缘的四圈层同心圆结构

北京分为四大功能区——首都功能核心区、城市功能拓展区、城市发展新区和生态涵养发展区，也是北京社会空间的四大圈层。城市功能核心区和城市功能拓展区是北京的中心城区，城市发展新区是北京的半边缘区，生态涵养发展区是北京的边缘区。同心圆模型是芝加哥学派著名学者伯吉斯（W. Burgess）的城市社会空间模式，在他的同心圆模式中社会阶层的空间分布是：城市的第一圈层是中央商务区；第二圈层是过渡带，在过渡带居住着少数民族、城市贫民等社会底层；第三圈层是工人阶级住宅区；第四圈层是中产阶级白领居住区；第五圈层是富人居住区。以北京功能区尺度来衡量，北京社会各阶层空间分布呈现出首都功能核心区、城市功能拓展区、城市发展新区到生态涵养发展区四个圈层梯度分布的从中心到边缘的同心圆格局。

首都功能核心区由西城区和东城区两个区构成，是北京的第一圈层。尽管从地理上看，首都功能核心区的东城和西城处于北京地理中心偏南的位置，但这里是北京的政治、经济和文化中心。从政治上看，首都功能核心区是中央国家机关所在地，也是北京市委、市政府所在地，是国家和北京市的权力中心。从文化上看，北京的地标性博物馆和历史遗址都在首都功能核心区，国家大剧院等文化设施也在此落脚。从经济上看，首都功能核心区是商业中心，也是金融中心，西单、王府井是传统的商贸中心，其中商厦林立；西城的金融街聚集了各类金融企业。西城区和东城区的居民中中上层比例较高，两区的阶层结构中间大两头小，社会中层比例超过50%。社会高层比例也较大，社会名流较多，所以东城区和西城区是北京的社会中心。北京的第一圈层是一个以白领中产阶层、国家与社会管理者阶层和企业负责人阶层为主的社会区域，社会上层的比例为 3.23%，社会中层的比例为 52.27%，社会下层的比例为 44.50% （见表 10 - 2）。这一圈层已经成为以中产阶层为主的橄榄形社会。

2017 年 2 月，北京西城区的新房价格为每平方米 112500 元，二手住房均价已经达到每平方米 123019 元，商铺价格为每平方米 77197 元，办公用房为每平方米 62814 平方米；东城的新房价格为每平方米 124571 元，二手住房达到每平方米 102980 元，商铺价格为每平方米 78926 元，办公用房为每平方米 47484 元。这里的租金也是北京最高的，2017 年 2 月，西城区的住宅租金为每平方米每月 91.09 元，商铺租金为每平方米每月 192.66 元，办公用房租金为每平方米每月 316.84 元。在房价这么高的情况下，除了部分北京的老居民，能在这里买房、租房的人非富即贵，是社会上层和中上层人士。由于写字楼和商铺租金高昂，能在这里经营的产业也一般都是利润较高的高端产业。

北京的第二圈层由海淀区、朝阳区、丰台区和石景山区构成。这四个区都在首都功能核心区的外围，紧紧环绕着东城区和西城区。朝阳区面积最大，人口最多；海淀区次之，人口也很多；丰台区再次之，人口也不少；石景山区面积不大，人口不多。这四个区过去是北京的近郊区，到 2016 年这四个区还有一部分农民和少量农地，也都有一些城中村。北京的 CBD 位于朝阳，亚运村、奥运村也都在朝阳，亮马桥、三元桥、奥运村、望京等著名商圈都属于朝阳，所以朝阳是北京的商业中心。朝阳有工人体育馆、奥林匹克公园、朝阳公园、三里屯酒吧街、中央电视台等文化体育娱乐设施和单位，有著名的传媒文化走廊、798 艺术区、电影博物馆、传媒大学等文化地标，所以朝阳区也是北京的文化中心。朝阳区还有使馆区，100 多个国家的大使馆聚集在这里，也有著名的望京韩国城，是国际化程度最高的区。海淀区是北京的科技中心，中国科学院坐落在此，著名的中关村也在海淀区，这里还有中国最知名的北京大学、清华大学，老牌大学八大学院也在这里。海淀也是政治次中心，众多的国家机关和解放军的总部、医院、院校也在海淀区。丰台区和石景山区也因为临近东、西城区，改革开放以来开发力度逐渐加大，发展迅猛。第二圈层被称为城市功能拓展区，分担着北京重要的政治、经济、文化、科技和社会功能。北京的第二圈层，主要位于北京五环以内。这一圈层社会上层和社会中层比例小于第一圈层，但是高于城市发展新区和生态涵养发展区。其中，社会上层比例为 3.16%，社会中层比例为 42.19%，社会下层比例为 54.65%（见表 10-2）。第二圈层的北京社会中层和上层的比例还未能达到 50%，商业服务业人员、产业工人的比例较大，还有少量的农业劳动者，但是社会中层增长的速度是很快的，相信在不久的将来，第二圈层也会是以社会中层和社会上层为主的社会。

北京的第三圈层也就是北京的城市发展新区，有房山区、昌平区、顺义区、通州区和大兴区。从地理上看，第三圈层的五个区紧紧环绕着第二圈层，这五个区都和河北接壤。通州已被确定为北京城市副中心，规划建设的步伐日益加快；大兴区有新机场正在建设，还有亦庄的北京经济开发区等园区；顺义有首都国际机场，也是北京的制造业中心；昌平有众多高校和科技园区；房山也有大学城和科技园区。最近 10 年北京的第三圈层发展迅猛，经济结构迅速调整，农业份额快速下降，农业劳动者也不断减少。大兴区的企业负责人阶层占本区从业人员的比例为全市最高，昌平区的专业技术人员阶层在第三圈层最为突出。第三圈层尽管发展迅速，但是社会下层比例较大，所以社会阶层结构是个金字塔形，上部小，下部大。跟第一、二圈层不仅地理上距离较远，产业结构、阶层结构和居民收入差距都比较大。第三圈层主要处于北京的六环内外，这一社会区域社会中上层比例较低，但高于生态涵养发展区。其中，社会上层比例为 2.76%，社会中层比例为 26.28%，社会下层比例为 70.96%（见表 10-2），社会下层的比例远高于首都核心功能区和城市功能拓展区。

北京的第四圈层包括门头沟区、延庆区、怀柔区、密云区和平谷区，这五个区处于北京的西北部、北部和东北部，在北京第三圈层外形成一个半圆形，并不是一个完整的外圈。它们都和河北接壤，都是以山地为主的地区，人口密度低，人口总量也不大，各区的人口相当于城市发展新区的一个大镇的人口规模。但是，它们是北京的生态涵养发展区，是北京的水源地，是北京美丽的后花园。第四圈层的农民比例不小，中上层比例低，所以第四圈层的阶层结构也是金字塔形。北京的第四圈层，也就是生态涵养发展区处于北京六环以外，是北京的远郊区，远离首都核心功能区。这一圈层的社会上层比例为 2.47%，社会中层比例为 19.61%，社会下层比例高达 77.91%（见表 10－2）。第四圈层的社会中上层集中在区政府所在地的城镇，城镇之外几乎都是农民阶层，城乡二元分割十分明显。

北京第一圈层社会上层为 3.23%，社会中层为 52.27%，社会下层为44.50%；北京的第二圈层社会上层为 3.16%，社会中层为 42.19%，社会下层为 54.65%；第三圈层社会上层为 2.76%，社会中层为 26.28%，社会下层为 70.96%；第四圈层社会上层为 2.47%，社会中层为 19.61%，社会下层为77.91%。一、二圈层更为接近，三、四圈层也比较接近，而一、二圈层和三、四圈层之间差距较大。

伯吉斯等学者对欧美城市的研究表明，欧美大都市的圈层结构中，社会下层分布在市中心，社会中上层分布在外围和郊区，而北京的社会空间恰恰相反，社会中上层分布在中心，而社会下层分布在郊区和外围。

表 10－2 北京各功能区社会阶层构成

单位：%

区域	社会上层			社会中层			社会下层			
	国家与社会管理者	企业负责人	小计	专业技术人员	办事人员	小计	商业服务业人员	产业工人	农业劳动者	小计
全市	0.48	2.49	2.97	20.39	15.46	35.85	33.82	21.54	5.81	61.17
首都核心功能区	0.74	2.49	3.23	27.24	25.03	52.27	34.65	9.78	0.07	44.50
城市功能拓展区	0.45	2.71	3.16	24.44	17.75	42.19	38.67	15.32	0.66	54.65
城市发展新区	0.37	2.39	2.76	15.07	11.21	26.28	29.71	31.89	9.36	70.96
生态涵养发展区	0.76	1.71	2.47	11.01	8.60	19.61	22.38	30.11	25.42	77.91

（二）北京社会空间隔离与极化

从功能区尺度看，北京社会阶层呈现出四个圈层的同心圆分布，同时，每个圈层内部各个区的社会阶层结构也有较大的差距，内部很不平衡，出现了一定程度的社会隔离。例如，海淀区的专业技术人员阶层远远高于第二圈层的其他行政区，昌平区的专业技术人员阶层也远高于第三圈层的其他行政区，大兴区的企业负责人阶层比例远远高于第三圈层的其他行政区。从街乡尺度来看，北京的社会阶层分布更不均衡。不同地区有不同的社会阶层集中居住，就导致不同地区分化成不同的社会区，一些街乡主要是社会中上层集中的社会区，一些街乡主要是社会下层集中的社会区，这些社会区相邻镶嵌，总体上呈现马赛克拼图，体现出北京已经出现社会隔离的迹象。

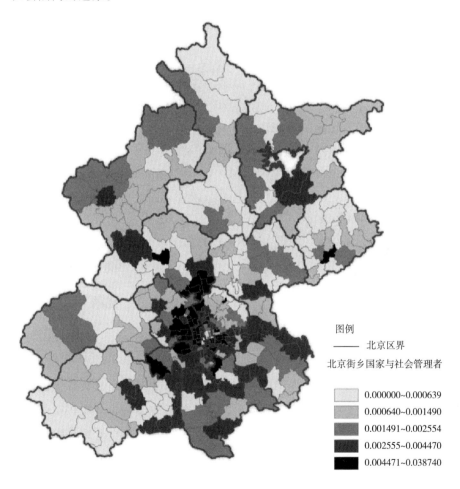

图例

───── 北京区界

北京街乡国家与社会管理者

	0.000000~0.000639
	0.000640~0.001490
	0.001491~0.002554
	0.002555~0.004470
	0.004471~0.038740

图 10 – 1　国家与社会管理者阶层的街乡空间分布

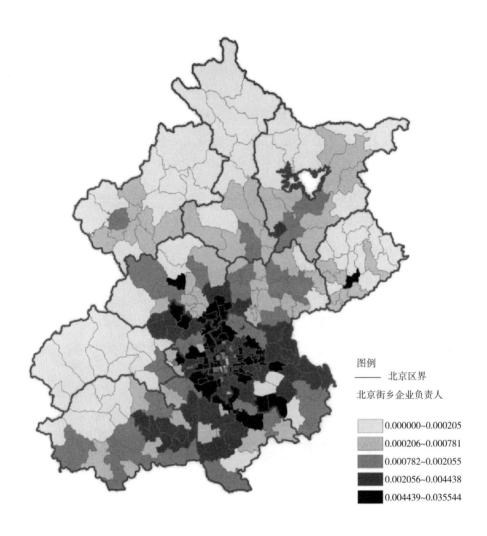

图例

—— 北京区界

北京街乡企业负责人

	0.000000~0.000205
	0.000206~0.000781
	0.000782~0.002055
	0.002056~0.004438
	0.004439~0.035544

图 10 - 2　企业负责人阶层街乡空间分布

　　城市马赛克是指城市中不同的城市社会区拼接在一起，使得社会地图也像马赛克拼图一样。芝加哥学派的领军人物帕克（Robert E. Park）就注意到城市马赛克现象，他的学生沃斯（Louis Worth）研究发现各国移民来到芝加哥后按文化不同形成了各个族群的聚居地，比如意大利人的小西西里、中国人的唐人街、犹太贫民区、黑人贫民区、希腊城等，构成城市社会的马赛克，城市马赛克一方面反映了特定阶层的聚集现象，另一方面反

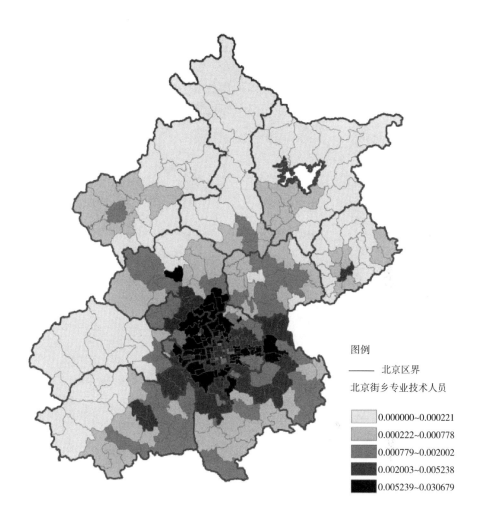

图例

—— 北京区界

北京街乡专业技术人员

	0.000000~0.000221
	0.000222~0.000778
	0.000779~0.002002
	0.002003~0.005238
	0.005239~0.030679

图 10 - 3 专业技术人员阶层的街乡空间分布

映了阶层之间的社会隔离。

北京六环以外因为社会阶层相对单一，所以社会地图色彩也比较单一，是空间极化的表现。而六环以内各类社会阶层都有一定比例，异质性较强，所以从社会地图上看色差很大。从街乡尺度看，北京各社会阶层的分布是"大混居、小聚居"的状态。除了边缘地带的农村乡镇，其他街乡社会上中下层都有分布。因而，以街乡的尺度来看，北京总体上是社会混居的状态，局部是有社会隔离，甚至有空间极化现象。

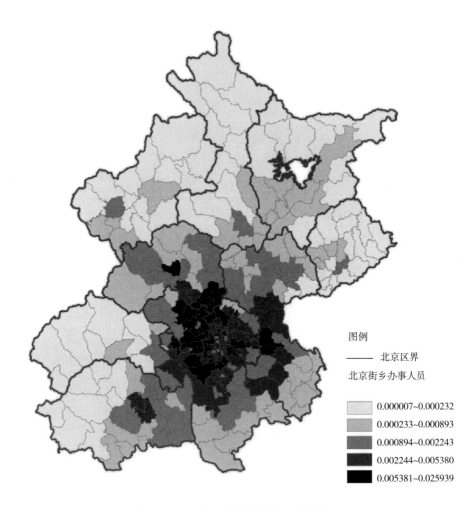

图 10 - 4　办事人员阶层的街乡空间分布

　　北京边缘的农业乡镇几乎全部是农民聚居的纯下层居住区，与城区明显隔离，出现明显的空间极化现象。北京的边缘地带特别是北部和南部的边缘地带几乎完全是农业劳动者社会，很少有其他社会阶层混居其中。这是城乡二元体制和自然历史的遗产，短期内也难以改变，除非把这些农业劳动者搬离北部山区，或者将南部的土地全部或部分征用开发作为工业、商业用地。

　　北京的外来人口超过半数还是居住在城市的社区里。然而，在北京四

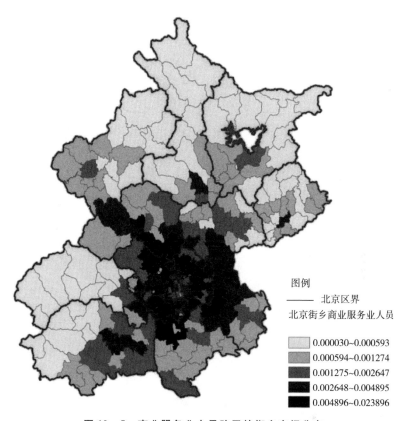

图 10 - 5　商业服务业人员阶层的街乡空间分布

环到六环之间，分布着大量的包括流动人口的社会下层聚居区，特别是一些城中村和老旧小区，与以中产阶层为主的社区相互隔离，出现空间极化。例如，在城乡接合部的很多村庄里居住着数以万计的社会下层——外来务工者。2010 年，北京有 43 个村的外来人口超过万人，有 10 个村外来人口超过 2 万人，其中，朝阳区王四营的官庄村、昌平区北七家镇的燕丹村、东三旗村外来人口超过 3 万人。尽管近年来北京对城中村整治力度比较大，部分村庄已经不复存在，但是，随着摊大饼式的城镇扩张，外来人口不断被挤压向周边村庄蔓延，外来人口聚居村庄不仅没有减少反而不断增加。2010 年，北京还有 11 个城市社区外来人口超过 1 万人，其中，海淀区马连洼街道肖家河社区、上地街道树村社区和学院路街道二里庄社区的外来人口超过 2 万人。

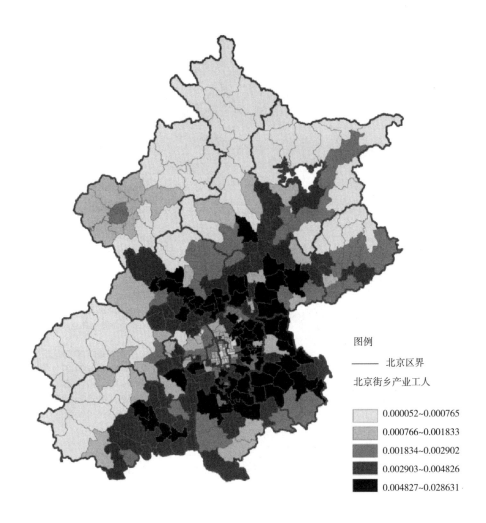

图 10-6 产业工人阶层的街乡空间分布

(三) 北京社会空间结构的发展趋势

前文已经论述了从总体上看，北京社会空间结构是中心到边缘的四层同心圆结构，社会上层和社会中层多分布在北京的中心地带，北京的社会下层多分布在城市的半边缘和边缘地带。北京的同心圆结构是不断变化的，20世纪80年代，第一圈层和第二、三、四圈层的社会结构差异是比较大的，第二圈层的农业劳动者和产业工人的比例很大，但是到了2010

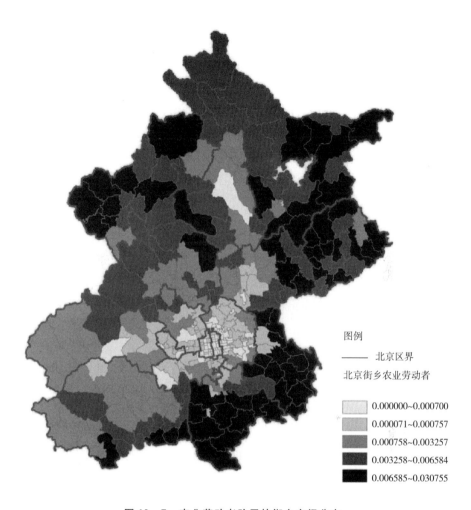

图 10 - 7　农业劳动者阶层的街乡空间分布

年，北京的第二圈层的社会阶层结构已经和第一圈层差距不大了，农业劳动者阶层比例急剧下降，产业工人阶层的比例也在迅速下降，社会中层的比例迅速提高。其原因是多方面的：第一，随着工商业的发展，第二圈层作为近郊区大片的农田被征用，农民转变为二、三产业的从业者；第二，大量的外来务工经商的人员涌入第二圈层，外来务工经商的城市流动人口中，白领职业比例很大，外来务工经商人员主要从事商业服务业，部分从事工业劳动，从事农业劳动的极少，数百万外来人口涌入第二圈层迅速地改变了第二圈层的社会阶层结构。第二圈层的新兴服务业和高端服务业成长迅速，外资企业也主要设在第二圈层。北京的三、四环沿线兴起了大批的商贸城和数百座商务楼宇，城市景观发生了巨变。相应地，外资企业、新兴服务业中的白领阶层随着也有大幅增加，推动了第二圈层向第一圈层的结构靠近。第二圈层现在一般也不叫作近郊区了，甚至官方也把朝阳、海淀、丰台和石景山跟东城区、西城区统称中心城区。

北京的第三圈层也将迎来一个新的时代，随着第二圈层的空间将近开发完毕，第二圈层成为北京中心城区的一部分，第三圈层就成了北京的近郊区。近20年来，北京经济技术开发区和中关村科技园区在第三圈层的布点、郊区新城的建设使得黄村、亦庄、通州、顺义、良乡、昌平新城迅速崛起，第三圈层的城市建成区面积迅速扩大，产业结构也迅速升级。第四圈层的新城建设步伐也在加快，北京APEC会议的召开，让怀柔区面貌一新，基础设施和景观、公共服务和旅游景区都得到升级换代；冬季奥运会和世界园艺博览会将对延庆区的发展会是一个大的推动，基础设施、城市景观会进一步升级。

北京的城市副中心建设对北京的空间结构将是一次革命性的拓展，北京市党政机构的迁入会带动40万人前往通州，三河、大厂和香河将成为北京的近郊区。轨道交通将进一步延长并增加线路。北京的第三圈层将外扩，第四圈层将会把河北纳入。京津冀一体化的战略将会进一步密切北京和河北、天津的联系，一个巨型的世界大都市区将会出现在环渤海地区。

社会隔离和某种程度的空间极化是所有超大城市都会面临的问题，特别是在全球城市和发展中的超大城市比较突出，科学的公共政策可以缓解社会隔离问题，但是要消灭社会隔离恐怕也不现实。北京还是一个正在发展中的城市，未来的社会隔离和空间极化还需进一步观察。

三 走向竞争与共生的社会

芝加哥学派早就指出，社会各阶层之间具有竞争性，也具有共生性。尽管社会阶层的分布具有一定的区隔，但是各阶层是镶嵌在一起的马赛克状。北京的社会上层、社会中层和社会下层，常住人口和常住外来人口的分布也具有共生性。社会上层集中的地区，社会中层和社会下层、常住人口和常住外来人口也比较集中；社会上层稀少的地方，社会中层和社会下层也比较稀疏，外来人口就更为稀疏。一个城市不可能只有富人而没有穷人，不可能只有社会上层和社会中层而没有社会下层的广大劳动人民。

中国的特大城市里的民族主要是汉族，中国的少数族裔也多数说汉语，并熟悉汉文化，只有极少数中国少数族群人口掌握汉语不熟练，或不熟悉汉文化。中国的外籍人口数量还不大，主流的汉族社会对不同的族裔和外国人并不排斥。总的来说，中国的特大城市具有一定程度的社会隔离，但是社会隔离并不严重，外来人口比较容易立足，并被城市人口所接纳，部分社会下层经过努力也可以成为社会中层和上层。对外籍人口不仅不排斥，而且会积极地接纳外籍人口。从北京来看，城区虽然有一定的居住隔离现象，比如封闭的高档商品房小区周围可能分布着棚户区，但是，相比城乡之间的分异，则不算严重。然而，北京中心城区、城乡接合部和远郊区之间空间分异明显，城乡之间居住和生活空间极化很严重。

北京的国家与社会管理者阶层主要分布在一、二圈层，企业负责人阶层主要分布在二、三圈层，专业技术人员阶层主要集中在二、三圈层，办事人员阶层主要集中在一、二圈层，商业服务业人员阶层也主要分布在二、三圈层，产业工人阶层主要分布在二、三圈层的东南部分，农业劳动者阶层分布在北京的地理边缘的三、四圈层。总的来说，北京的社会中上阶层是向中心分布的，而社会下层是向边缘分布的，四个圈层呈梯度分布，各圈层社会阶层差异明显。各社会阶层分布有集中的现象，导致社区分化越来越明显，社区分布呈现马赛克状。城市社会阶层的空间分布呈现马赛克状是市场化的大都市的共同现象，有一定合理性，但是社会上层扎堆聚居，社会下层也扎堆聚居是社会隔离的体现。特别是社会下层过多地成片分布，会带来贫困聚集、社会治安混乱、违法犯罪、卫生环境恶化等"大城市病"。北京以往的城市更新、城中村改造和新农村建设取得了一定的效果，但是并未很好地解决社会阶层结构滞后于经济发展的矛盾，也未能解决社会阶层的空间结构问题。因此，我们提出以下建议，以期优化社会阶层空间结构，缓解城市病，使北京成为一个竞争激烈而又和谐共生的社会。

（一）大步推进户籍改革吸纳社会精英

改革开放以来，北京利用得天独厚的经济社会条件，吸引了全国各地乃至全球的社会精英来北京就业创业、投资置业，有力地推动了北京社会结构的优化和中产阶层的壮大。然而，北京的户籍制度一直是社会精英进入北京的主要障碍之一，如果能够突破观念和认识上的误区，大幅度地推进户籍制度改革，减少社会精英进入北京的阻力，就可以推动北京社会结构迅速地优化成为一个橄榄形的且以中产阶层为主的社会。但是，由于受制于人口规模与资源环境约束，人口控制和人口疏解政策力度加大，多年来居住证制度设计徘徊不前，限制了各类人才和社会精英进入北京。实际上，衡量一个城市的资源决不能单纯地只考虑本地资源，如果这样考虑，城市就无法发展。北京没有油气田，但北京的油气资源供应充足；北京缺少耕地资源，但北京的粮食也从来不缺。水资源被一致认为比较紧张，但水资源浪费也长期存在，事实上也可以通过调用外地水资源来解决。香港作为缺水、缺地、缺电的城市而一直运转良好可资佐证。城市交通问题的根源在于道路规划建设滞后于城市发展。这些问题的产生，本质上并不是因为人口规模大。高校毕业生是中产阶层的后备军，当他们不用再逃离北、上、广的时候，也就是北京中产阶层为主的橄榄形社会形成的时候。因此，北京需要在户籍制度尤其是居住证制度改革上大步前进，而不是停滞不前。

（二）推动下层聚居区绅士化进程

要改变社会下层聚居区过于集中并与周边社会隔离的状况，需要推动北京老旧社区、城中村、棚户区和远郊区农村的绅士化进程。20世纪60年代末，在西方发达国家城市中心区更新中出现了一种绅士化社会空间现象，城市中产阶层取代低收入阶层重新由郊区返回内城，改变了内城的社会阶层结构，这个过程就是绅士化。20世纪80年代以来，北京陆续形成了一些社会下层聚居区，例如在北京二、三圈层的浙江村、河南村等地缘聚居区。这些外来人口聚居区既有数万人的城中村，也有外来人口超过万人的城市社区。21世纪以来，随着老城区居民逐步迁往郊区的新住宅区，老城区的很多社区逐渐住进了许多外来人口，这些地区也成了社会下层聚居区。除此以外，郊区农村是传统的社会下层聚居区。尽管北京启动了50个重点村的改造，但是新的城中村还在不断出现，群租房社区也在重要交通沿线涌现。要改变城中村的面貌和社会阶层构成，就要加快城中村、棚户区、老城区更新改造的步伐，促进下层聚居区的绅士化。北京远郊区已经出现农村过疏化，多数村庄人去屋空，如果允许交易，也可以吸引城镇居民前来置业、复兴乡村、改变村落阶层结构。北京的远郊区也就是北京的三、四圈层，是工农业主要分布区域，要优化社会空间结构必须优化产业结构，吸引社会中上层到远郊区就业、创业。

（三）率先统一城乡经济社会体制

2010年，北京农业户籍人口还有268.3万人，占北京常住人口的13.68%，而这一年农业的产值只占0.88%。事实上农村居民的收入主要来源早就已经从农业转向工商业。绝大多数农民早已不耕种土地，只是拥有集体土地使用权而已，承包的农林土地早已转让给公司或者其他人经营。我国独特的城乡二元社会体制和土地制度，导致农民尽管主要从事工商业劳动，收入来源已经很少或者根本没有农业收入，但他们的身份还是农民，户籍登记为农业户籍。由于城乡社会保障和公共服务的差距，他们享受到的公共服务也和城镇居民相差很大。相比其他省份，北京有实力率先彻底破除城乡二元体制，彻底统一城乡社会政策。北京近年来在统一城乡社会福利制度的举措广受欢迎和赞誉，比如城乡居民最低保障制度已经统一，城乡居民医疗保险也已经并轨。只有彻底破除城乡二元的经济社会体制，农村居民的身份才能顺利转换，经济社会地位才能大幅度地提高，进而实现远郊区社会阶层结构的突破性转变。也只有破除城乡二元的建设用地制度，农村闲置的建设用地才可能盘活，才能吸引社会精英前往农村投资置业，为日渐衰败的农村经济社会复兴创造条件。

（四）适时调整超级街乡的行政区划

由于历史原因和行政区划调整滞后，北京的行政区划很不均衡，这也成了经济社会发展和社会管理的瓶颈。2010年，北京朝阳区人口达到355万，海淀区达到328万，而门头沟区只有29万人，延庆县只有31万人。尽管这几个区之间人口规模差异巨大，前者是后者的10多倍，但相应的经济社会治理机构却比较接近，都有六套班子以及相应的行政管理体系。朝阳和海淀是一个大城市的人口规模，管理的机构仅仅是一般区级建制。昌平区的回龙观地区和东小口地区人口分别达到31万和36万，等同于门头沟区和延庆县的人口规模，但是地方经济社会管理体制仅仅是一个街乡的建制。在北京300多个街乡中，30万人以上的街乡有2个，20万人以上的街乡有6个，10万人以上的街乡有67个，这些超级街乡的人口总数有976万，接近北京总人口的一半。这些超级街乡也基本上都是北京常住外来人口比较集中的地方，社会结构以社会中下层为主。它们基本上都处在北京四环到六环之间，这里的幼儿园、学校、医院及其他社会服务设施并未随着人口规模的扩大而相应增加。由一个街乡的建制来服务和管理一个小城市的人口，是小马拉大车，显然不堪重负。所以北京应该及时调整街乡的行政区划，并配备相应的管理机构和服务设施，以适应地方基层社会的巨变。

（五）因地施策，力推公共服务的均等化

为了实现共生共赢和社会的可持续发展，针对北京各圈层居民的需求，北京需要采取针对性的措施：首都功能核心区的基本公共服务设施已经比较齐全，社会中上层比例较大，社会下层比例较小，居民经济实力较强，下一步的任务是改造陈旧的设施，提高公共服务质量；城市功能拓展区和城市发展新区人口比例本身就大，社会上层、社会中层和社会下层都比较多，基本公共服务的数量和质量远远不能适应社会各阶层的需要，应该增加公共服务的数量和质量；生态涵养发展区的社会上层和中层比例小，社会下层比例大，对公共服务需求较为迫切，由于生态涵养发展区人

口增加缓慢，部分地区人口下降较快，基本公共服务的数量尚可，但是质量较差，因而需要在提高质量上下功夫。

（六）完善住房保障制度，解决居住问题

北京的住房价格已经高不可攀，靠市场已经无法解决住房问题。根据统计，2014年12月北京普通商品房住宅均价为24477元/平方米，2015年10月普通住宅均价上升到32495元/平方米，新一轮价格疯涨的背后仍是居高不下的住房需求[1]。2016年10月，北京的商品房均价达到52549元/平方米。[2] 要解决居住问题需从以下几方面着手：第一，加大住宅用地供应，增加住宅总供给量；第二，发展住房租赁市场，鼓励房地产中介企业扩大住房租赁市场业务，利用各种闲置房源发展住房租赁业务，并给予社会贡献大的企业税费优惠；第三，加大发展保障房的力度，改善保障房的供应结构，按照北京人口结构和住房需求来规划保障房，开发集体宿舍，把稳定就业的外来人口，包括大学生纳入保障房计划。

建设和谐宜居之都是北京发展的重要目标，今天的北京社会阶层的空间分布却不利于宜居之都的建设与社会的和谐。合理的阶层空间结构需要公共政策的调整和干预来进行优化，否则单靠自发的市场以及传统的管控办法，难以形成一个公正合理而又稳定的空间秩序，难以形成一个中产阶层为主的繁荣的现代社会。

---

[1] 北京市住建委：《北京住房和城乡建设白皮书2016》，http：//www. bjjs. gov. cn/bjjs/xxgk/zfdt/359476/index. shtml。

[2] 数据来源于中国房地产协会发布的"中国房价行情"，http：//www. creprice. cn/market/bj/forsale/allsq1/11. html？ sinceyear＝1。

参考文献

著　作

［1］ 彼得·克拉克：《欧洲城镇史——400～2000 年》，宋一然等译，商务印书馆，2015。

［2］ 陈映芳：《城市中国的逻辑》，生活·读书·新知三联书店，2012。

［3］ 大前研一：《M 型社会——中产阶级消失的危机与商机》，邓锦绣、江裕真译，中信出版社，2015。

［4］ 德雷克·格利高里、约翰·厄里：《社会关系与空间结构》，北京师范大学出版社，2011。

［5］ 多琳·马西：《保卫空间》，王爱松译，江苏教育出版社，2013。

［6］ 丁成日：《世界巨（特）大城市发展——规律、挑战、增长控制及其评价》，中国建筑工业出版社，2015。

［7］ 国家人口和计划生育委员会流动人口服务管理司：《中国流动人口发展报告 2010》，中国人口出版社，2010。

［8］ 国家人口和计划生育委员会流动人口服务管理司：《中国流动人口发展报告 2011》，中国人口出版社，2011。

［9］ 国家人口和计划生育委员会流动人口服务管理司：《中国流动人口发展报告 2012》，中国人口出版社，2012。

［10］ 国家人口和计划生育委员会流动人口服务管理司：《中国流动人口发展报告 2013》，中国人口出版社，2013。

［11］ 国家人口和计划生育委员会流动人口服务管理司：《中国流动人口发展报告 2014》，中国人口出版社，2014。

［12］ 国家人口和计划生育委员会流动人口服务管理司：《中国流动人口发展报告2015》，中国人口出版社，2015。

［13］ 胡建国：《中国城市阶层：北京镜像》，社会科学文献出版社，2011。

［14］ 胡玉萍：《当代北京人口（下）》，中国人民大学出版社，2014。

［15］ 金文朝：《韩国社会的两极化——1997年金融危机和不平等》，张海东、孙骁译，社会科学文献出版社，2014。

［16］ 亨利·列斐伏尔：《空间与政治》，李春译，上海人民出版社，2015。

［17］ 景天魁、何健、邓万春、顾金土：《时空社会学理论与方法》，北京师范大学出版社，2012。

［18］ 黎熙元：《梦想与现实——香港的社会分层与社会流动》，北京大学出版社，2008。

［19］ 李斌：《中国城市居住空间阶层化研究》，光明日报出版社，2013。

［20］ 理查德·T. 勒盖茨、弗雷德里克·斯托特、张庭伟、田莉：《城市读本》，中国建筑工业出版社，2013。

［21］ 李春玲：《比较视野下的中产阶级形成》，社会科学文献出版社，2009。

［22］ 李君甫：《北京的住房变迁与住房政策》，中央编译出版社，2016。

［23］ 李强：《社会分层十讲》，社会科学文献出版社，2008。

［24］ 李晓壮：《迈向均衡型社会——2020北京社会结构趋势研究》，中国社会科学出版社，2015。

［25］ 陆学艺：《2002当代中国社会阶层研究报告》，社会科学文献出版社，2002。

［26］ 马克·戈特迪纳：《城市空间的社会生产》，任晖译，江苏凤凰教育出版社，2014。

［27］ 马歇尔、吉登斯等：《公民身份与社会阶级》，郭忠华、刘训练译，江苏人民出版社，2008。

［28］ 曼纽尔·卡斯泰尔：《信息化城市》，崔保国译，江苏人民出版社，2001。

［29］ 威廉·L. 罗伯逊：《全球资本主义论：跨过世界中的生产、阶级与

国家》，高明秀译，社会科学文献出版社，2009。

[30] 马晓红、尹得挺：《当代北京人口（上）》，中国人民大学出版社，2014。

[31] 丝奇雅·沙森：《全球城市：纽约、伦敦和东京》，周振华等译，上海社会科学院出版社，2005。

[32] 沈原：《市场、阶级与国家》，社会科学文献出版社，2007。

[33] 孙立平：《转型与断裂：改革以来中国社会结构变迁》，社会科学文献出版社，2004。

[34] 童大焕：《中国城市的死与生——走出费孝通陷阱》，东方出版社，2014。

[35] 伊曼纽尔·沃勒斯坦等：《资本主义还有未来吗?》，徐曦白译，社会科学文献出版社，2014。

[36] 夏建中：《城市社会学》，中国人民大学出版社，2010。

[37] 宣国富：《转型期中国大城市社会空间结构研究》，东南大学出版社，2010。

[38] 徐伟、杨波：《中国劳动力市场的分异与分割》，科学出版社，2013。

[39] 杨上广：《中国大城市经济空间的演化》，上海人民出版社，2009。

[40] 张天勇、王蜜：《城市空间与正义——我国城市化的问题批判与未来走向》，人民出版社，2015。

[41] 张鹂：《城市里的陌生人——中国流动人口的空间、权利与社会网络重构》，袁长庚译，江苏人民出版社，2014。

[42] Shevkey E, William M. , *The Social Areas of Los Angeles*, University of California Press, 1949.

[43] Hall, P. , *The World Cities*, London：World University Library, 1966.

[44] John, H. , Mollenkopf and Manuel Castells, *Dual City：Restructuring New York*, New York：Russell Sage Foundation, 1991.

期刊论文

[1] 包书月、张宝秀：《北京市流动人口空间分布特征及变化趋势研究》，

《首都师范大学学报》（自然科学版）2012年第4期。

[2] 程业炳、张德化：《新型城镇化背景下城市二元结构研究述评》，《云南民族大学学报》（社会科学版）2013年第4期。

[3] 樊志达：《城市二元结构：拉美警示与中国式应对》，《国家行政学院学报》2014年第1期。

[4] 丁宪浩：《打破新二元社会结构，促进农民工社会融入》，《农业现代化研究》2007年第5期。

[5] 顾朝林、C.克斯特罗德：《北京社会极化与空间分异研究》，《地理学报》1997年第5期。

[6] 胡鞍钢、马伟：《现代中国经济社会转型：从二元结构到四元结构（1949～2009）》，《清华大学学报》（哲学社科版）2012年第1期。

[7] 黄怡：《城市居住隔离的模式：兼析上海居住隔离的现状》，《城市规划学刊》2005年第2期。

[8] 黄宗智：《重新认识中国劳动人民——劳动法规的历史演变与当前的非正规经济》，《开放时代》2013年第5期。

[9] 侯力：《从"城乡二元结构"到"城市二元结构"》，《人口学刊》2007年第2期。

[10] 匡文慧等：《北京城市人口空间分布特征的GIS分析》，《地球信息科学学报》2011年第8期。

[11] 李君甫、李阿琳：《北京的社会空间分化与隔离：基于社会阶层分布的研究》，《北京工业大学学报》（社会科学版）2016年第2期。

[12] 李君甫、李阿琳：《北京社会阶层空间结构的特点、问题与优化》，《北京社会科学》2016年第7期。

[13] 李强：《"丁字型"社会结构与"结构紧张"》，《社会学研究》2005年第2期。

[14] 李培林：《社会冲突与阶级意识》，《社会》2005年第1期。

[15] 李翔：《城乡二元结构：困局与破局》，《理论与改革》2014年第4期。

[16] 李效民：《城市内部二元结构问题及多维度研究》，《城市发展研究》

2013 年第 9 期。

[17] 李志刚、吴缚龙：《转型期上海社会空间分异研究》，《地理学报》2006 年第 2 期。

[18] 倪娜等：《2000～2010 年北京市人口空间分布与变动研究》，《社会问题》2012 年第 2 期。

[19] 宋伟轩：《西方城市绅士化理论纷争及其启示》，《人文地理》2013 年第 1 期。

[20] 苏敏：《城市新"二元结构"的危害与治理——基于深圳市龙岗区的实证分析》，《特区经济》2015 年第 1 期。

[21] 孙立平：《资源重新积聚背景下的底层社会形成》，《战略与管理》2002 年第 1 期。

[22] 仇立平：《上海社会阶层结构转型及其对城市社会治理的启示》，《国家行政学院学报》2014 年第 4 期。

[23] 陶海燕、黎夏、陈晓翔：《基于多智能体的居住空间格局演变的真实场景模拟》，《地理学报》2009 年第 6 期。

[24] 王静雯等：《北京城市近 10 年人口分布演变态势分析》，《城市规划建设》2010 年第 1 期。

[25] 谢蕾蕾等：《北京市流动人口总量和分布结构特征研究》，《学术天地》2009 年第 10 期。

[26] 翟振武等：《北京市流动人口最新状况与分析》，《人口研究》2007 年第 3 期。

[27] 翟振武等：《北京市外来人口聚集区：模式和发展趋势》，《人口研究》2010 年第 1 期。

[28] 赵卫华：《北京市社会阶层结构状况与特点分析》，《北京社会科学》2006 年第 1 期。

[29] 张林江：《"城市二元结构"的危害及其消解》，《中国党政干部论坛》2011 年第 11 期。

[30] Friedmann, J., "The World City Hypothesis", *Development and Change*, 1986.

[31] Friedmann, J., & Wolff, G., "World City Formation: An Agenda for Research and Action", *International Journal of Urban and Regional Research*, 1982 (3).

[32] Wirth L., "Urbanism as a Way of Life", *American Journal of Sociology*, 1938 (44).

学位论文

[1] 刘琳:《北京市流动人口的空间分布研究》,首都师范大学硕士学位论文,2008。

[2] 杨上广:《大城市社会空间极化的空间相应研究——以上海为例》,华东师范大学博士论文,2005。

[3] 余佳:《"全球城市"的经济特质与二元劳动力市场——上海实证分析》,华东师范大学博士论文,2009。

报纸文章

[1] 鲁军、战瑾:《破除城市二元结构》,《大连日报》2006年4月6日,第B03版。

附　录

附录一　各街道、乡镇社会上层指数

区县	街道、镇、乡	频数	指数
大 兴 区	兴丰街道办事处	267	0.121807
东 城 区	体育馆路街道办事处	133	0.116872
大 兴 区	清源街道办事处	442	0.108653
朝 阳 区	双井街道办事处	486	0.095858
密 云 县	果园街道办事处	226	0.094167
大 兴 区	观音寺街道办事处	300	0.089526
海 淀 区	万寿路街道办事处	697	0.088027
东 城 区	龙潭街道办事处	222	0.087886
大 兴 区	北京经济技术开发区	334	0.086843
朝 阳 区	东湖街道办事处筹备处	295	0.084770
房 山 区	十渡镇	43	0.083172
海 淀 区	曙光街道办事处	415	0.076937
东 城 区	东直门街道办事处	134	0.076703
朝 阳 区	堡头街道办事处	176	0.073272
大 兴 区	旧宫地区办事处	890	0.072082
海 淀 区	永定路街道办事处	100	0.071582
平 谷 区	滨河街道办事处	140	0.064015
顺 义 区	胜利街道办事处	111	0.063140

区县	街道、镇、乡	频数	指数
朝 阳 区	望京街道办事处	520	0.062298
朝 阳 区	南磨房地区办事处	418	0.062018
顺 义 区	光明街道办事处	165	0.061867
朝 阳 区	常营地区办事处	141	0.061251
海 淀 区	上庄镇	122	0.059804
海 淀 区	紫竹院街道办事处	272	0.058824
朝 阳 区	六里屯街道办事处	244	0.058612
大 兴 区	西红门地区办事处	493	0.058343
顺 义 区	空港街道办事处	144	0.056962
西 城 区	金融街街道办事处	152	0.056569
朝 阳 区	管庄地区办事处	335	0.055778
朝 阳 区	三里屯街道办事处	82	0.055631
海 淀 区	燕园街道办事处	50	0.055494
密 云 县	檀营地区办事处	22	0.055000
朝 阳 区	大屯街道办事处	394	0.054905
房 山 区	西潞街道办事处	161	0.054855
西 城 区	新街口街道办事处	241	0.054723
海 淀 区	温泉镇	129	0.054179
平 谷 区	渔阳地区办事处	158	0.05336
海 淀 区	甘家口街道办事处	284	0.053233
大 兴 区	林校路街道办事处	129	0.052999
西 城 区	西长安街街道办事处	134	0.051479
朝 阳 区	酒仙桥街道办事处	124	0.051388
丰 台 区	太平桥街道办事处	160	0.050923
朝 阳 区	建外街道办事处	93	0.050598
海 淀 区	东升地区办事处	129	0.049501
门头沟区	大峪街道办事处	155	0.048257
怀 柔 区	泉河街道办事处	129	0.048224
朝 阳 区	呼家楼街道办事处	129	0.047955
平 谷 区	兴谷街道办事处	132	0.047210
西 城 区	椿树街道办事处	57	0.045931

续表

区县	街道、镇、乡	频数	指数
海 淀 区	清华园街道办事处	65	0.045423
朝 阳 区	朝外街道办事处	94	0.045236
门头沟区	王平地区办事处	8	0.044199
丰 台 区	马家堡街道办事处	246	0.043632
东 城 区	东华门街道办事处	103	0.043570
顺 义 区	旺泉街道办事处	106	0.042915
朝 阳 区	亚运村街道办事处	143	0.042904
密 云 县	北庄镇	19	0.042601
海 淀 区	中关村街道办事处	330	0.042281
大 兴 区	青云店镇	165	0.042060
朝 阳 区	东坝地区办事处	220	0.041849
朝 阳 区	豆各庄地区办事处	71	0.041064
密 云 县	鼓楼街道办事处	209	0.040932
昌 平 区	城北街道办事处	320	0.040656
昌 平 区	城南街道办事处	109	0.040147
朝 阳 区	奥运村街道办事处	225	0.039986
房 山 区	史家营乡	7	0.039548
海 淀 区	学院路街道办事处	367	0.039479
密 云 县	十里堡镇	54	0.039159
朝 阳 区	三间房地区办事处	215	0.038837
怀 柔 区	龙山街道办事处	87	0.038667
朝 阳 区	来广营地区办事处	284	0.038592
延 庆 县	儒林街道办事处	26	0.038576
东 城 区	永定门外街道办事处	142	0.037606
海 淀 区	苏家坨镇	90	0.037500
朝 阳 区	麦子店街道办事处	64	0.037340
房 山 区	新镇街道办事处	16	0.037037
东 城 区	东四街道办事处	57	0.036965
朝 阳 区	团结湖街道办事处	64	0.036909
通 州 区	西集镇	89	0.036884
大 兴 区	亦庄地区办事处	109	0.036033

区县	街道、镇、乡	频数	指数
朝 阳 区	潘家园街道办事处	176	0.035874
海 淀 区	花园路街道办事处	227	0.035485
门头沟区	斋堂镇	10	0.035336
延 庆 县	大庄科乡	12	0.035294
密 云 县	石城镇	11	0.034921
海 淀 区	马连洼街道办事处	209	0.034449
朝 阳 区	太阳宫地区办事处	125	0.033848
朝 阳 区	平房地区办事处	239	0.033516
朝 阳 区	东风地区办事处	179	0.033439
海 淀 区	羊坊店街道办事处	206	0.033066
房 山 区	拱辰街道办事处	193	0.032729
朝 阳 区	高碑店地区办事处	237	0.032663
海 淀 区	四季青镇	265	0.032559
朝 阳 区	安贞街道办事处	101	0.032227
东 城 区	和平里街道办事处	161	0.031843
怀 柔 区	雁栖经济开发区	8	0.031621
东 城 区	交道口街道办事处	55	0.031375
密 云 县	密云镇	34	0.031022
房 山 区	星城街道办事处	22	0.030683
朝 阳 区	黑庄户地区办事处	96	0.030651
西 城 区	月坛街道办事处	169	0.030550
丰 台 区	方庄地区办事处	115	0.030018
顺 义 区	石园街道办事处	72	0.029814
朝 阳 区	和平街道办事处	112	0.029724
朝 阳 区	小红门地区办事处	100	0.029525
海 淀 区	田村路街道办事处	178	0.029490
延 庆 县	百泉街道办事处	36	0.029150
石景山区	老山街道办事处	56	0.028866
通 州 区	新华街道办事处	12	0.028846
西 城 区	陶然亭街道办事处	55	0.028365
东 城 区	天坛街道办事处	47	0.028093

区县	街道、镇、乡	频数	指数
房 山 区	迎风街道办事处	35	0.027911
朝 阳 区	香河园街道办事处	67	0.027893
顺 义 区	后沙峪地区办事处	74	0.027705
朝 阳 区	八里庄街道办事处	138	0.027677
朝 阳 区	十八里店地区办事处	372	0.027625
大 兴 区	长子营镇	58	0.027475
密 云 县	工业开发区	14	0.027397
东 城 区	景山街道办事处	53	0.027138
西 城 区	牛街街道办事处	62	0.027003
大 兴 区	庞各庄镇	76	0.026998
通 州 区	永顺地区办事处	256	0.026820
通 州 区	玉桥街道办事处	86	0.026691
延 庆 县	香水园街道办事处	49	0.026616
石景山区	八宝山街道办事处	74	0.026600
丰 台 区	新村街道办事处	201	0.026535
密 云 县	巨各庄镇	31	0.026518
昌 平 区	小汤山镇	74	0.026466
朝 阳 区	孙河地区办事处	31	0.026138
西 城 区	广安门外街道办事处	243	0.026090
东 城 区	安定门街道办事处	34	0.026034
西 城 区	白纸坊街道办事处	115	0.025954
东 城 区	北新桥街道办事处	88	0.025936
延 庆 县	四海镇	9	0.025788
顺 义 区	双丰街道办事处	26	0.025717
通 州 区	北苑街道办事处	97	0.025648
石景山区	苹果园街道办事处	127	0.025579
丰 台 区	丰台街道办事处	166	0.025519
通 州 区	梨园地区办事处	172	0.025198
海 淀 区	万柳地区办事处	56	0.024834
房 山 区	长阳镇	70	0.024796
通 州 区	永乐店镇	56	0.024746

区县	街道、镇、乡	频数	指数
西 城 区	展览路街道办事处	156	0.024509
密 云 县	古北口镇	9	0.024457
西 城 区	广安门内街道办事处	80	0.024413
海 淀 区	香山街道办事处	37	0.024294
延 庆 县	沈家营镇	18	0.024129
海 淀 区	北太平庄街道办事处	196	0.023614
顺 义 区	北小营镇	55	0.023424
门头沟区	城子街道办事处	27	0.023336
石景山区	五里坨街道办事处	26	0.023318
通 州 区	潞城镇	100	0.023191
东 城 区	东花市街道办事处	55	0.023061
房 山 区	青龙湖镇	44	0.022869
丰 台 区	和义街道办事处	54	0.022509
密 云 县	河南寨镇	30	0.022489
东 城 区	崇文门外街道办事处	50	0.022432
房 山 区	窦店镇	62	0.022302
大 兴 区	魏善庄镇	61	0.022190
丰 台 区	云岗街道办事处	33	0.022148
延 庆 县	井庄镇	14	0.021440
密 云 县	穆家峪镇	34	0.021357
房 山 区	佛子庄乡	6	0.021352
海 淀 区	北下关街道办事处	137	0.021320
房 山 区	阎村镇	54	0.021293
房 山 区	城关街道办事处	95	0.021186
通 州 区	马驹桥镇	141	0.020948
昌 平 区	崔村镇	25	0.020868
西 城 区	德胜街道办事处	117	0.020763
平 谷 区	大兴庄镇	21	0.020669
延 庆 县	八达岭镇	10	0.020534
丰 台 区	宛平城地区办事处	55	0.020492
海 淀 区	清河街道办事处	155	0.020481

续表

区县	街道、镇、乡	频数	指数
怀 柔 区	九渡河镇	14	0.020408
怀 柔 区	怀北镇	14	0.020260
丰 台 区	卢沟桥街道办事处	191	0.020239
门头沟区	永定镇	38	0.020085
丰 台 区	右安门街道办事处	75	0.019973
房 山 区	大石窝镇	29	0.019945
顺 义 区	赵全营镇	36	0.019769
房 山 区	河北镇	15	0.019582
怀 柔 区	宝山镇	8	0.019560
延 庆 县	香营乡	8	0.019560
通 州 区	中仓街道办事处	61	0.019508
西 城 区	天桥街道办事处	36	0.019262
房 山 区	长沟镇	21	0.019196
门头沟区	清水镇	5	0.019084
石景山区	八角街道办事处	93	0.018983
朝 阳 区	劲松街道办事处	89	0.018964
房 山 区	向阳街道办事处	6	0.018809
石景山区	首钢迁安矿区	23	0.018548
房 山 区	琉璃河地区办事处	53	0.018544
门头沟区	龙泉镇	30	0.018439
密 云 县	新城子镇	9	0.018405
海 淀 区	西北旺镇	162	0.018386
延 庆 县	旧县镇	19	0.018322
昌 平 区	北七家镇	256	0.018317
石景山区	金顶街街道办事处	59	0.018266
延 庆 县	千家店镇	11	0.018122
顺 义 区	杨镇地区办事处	51	0.018117
怀 柔 区	琉璃庙镇	5	0.018051
海 淀 区	八里庄街道办事处	119	0.017820
丰 台 区	西罗园街道办事处	61	0.017789
昌 平 区	阳坊镇	21	0.017707

续表

区县	街道、镇、乡	频数	指数
石景山区	鲁谷街道办事处	89	0.017551
大 兴 区	采育镇	27	0.017510
延 庆 县	大榆树镇	15	0.017462
昌 平 区	回龙观地区办事处	284	0.017256
顺 义 区	马坡地区办事处	9	0.017176
顺 义 区	南彩镇	49	0.017043
丰 台 区	东铁匠营街道办事处	114	0.017015
大 兴 区	天宫院街道办事处	21	0.016588
房 山 区	周口店地区办事处	29	0.016013
昌 平 区	东小口地区办事处	313	0.015912
顺 义 区	李桥镇	61	0.015803
通 州 区	张家湾镇	80	0.015757
顺 义 区	北石槽镇	14	0.015713
怀 柔 区	桥梓镇	17	0.015568
通 州 区	漷县镇	62	0.015488
延 庆 县	珍珠泉乡	3	0.015228
延 庆 县	延庆镇	35	0.015211
门头沟区	潭柘寺镇	7	0.015184
房 山 区	霞云岭乡	5	0.015152
朝 阳 区	王四营地区办事处	82	0.015021
丰 台 区	花乡地区办事处	118	0.014954
房 山 区	东风街道办事处	15	0.014749
密 云 县	不老屯镇	11	0.014570
朝 阳 区	将台地区办事处	66	0.014544
房 山 区	韩村河镇	28	0.014478
朝 阳 区	小关街道办事处	41	0.014421
顺 义 区	张镇	21	0.014354
平 谷 区	马坊地区办事处	14	0.014199
密 云 县	东邵渠镇	12	0.014118
海 淀 区	上地街道办事处	84	0.013625
昌 平 区	长陵镇	9	0.013554

区县	街道、镇、乡	频数	指数
顺 义 区	高丽营镇	34	0.013497
大 兴 区	榆垡镇	41	0.013429
怀 柔 区	庙城地区办事处	25	0.013348
丰 台 区	长辛店街道办事处	44	0.013253
大 兴 区	黄村地区办事处	116	0.013067
房 山 区	张坊镇	10	0.012887
东 城 区	建国门街道办事处	24	0.012876
门头沟区	东辛房街道办事处	11	0.012850
密 云 县	太师屯镇	21	0.012844
门头沟区	妙峰山镇	5	0.012821
密 云 县	高岭镇	11	0.012776
大 兴 区	瀛海地区办事处	32	0.012749
平 谷 区	夏各庄镇	14	0.012153
昌 平 区	南口地区办事处	35	0.012065
通 州 区	宋庄镇	71	0.012046
朝 阳 区	金盏地区办事处	42	0.011696
密 云 县	冯家峪镇	5	0.011628
昌 平 区	百善镇	14	0.011494
密 云 县	溪翁庄镇	13	0.011434
顺 义 区	李遂镇	13	0.011285
密 云 县	西田各庄镇	24	0.011252
怀 柔 区	怀柔地区办事处	40	0.011211
怀 柔 区	长哨营满族乡	4	0.011173
怀 柔 区	雁栖地区办事处	14	0.01105
朝 阳 区	首都机场街道办事处	14	0.011041
大 兴 区	北臧村镇	17	0.010925
平 谷 区	黄松峪乡	3	0.01083
西 城 区	什刹海街道办事处	48	0.010603
密 云 县	大城子镇	7	0.010526
丰 台 区	大红门街道办事处	105	0.010449
丰 台 区	王佐镇	28	0.010298

区县	街道、镇、乡	频数	指数
东 城 区	前门街道办事处	5	0.010101
顺 义 区	北务镇	7	0.009915
顺 义 区	大孙各庄镇	13	0.009709
丰 台 区	南苑地区办事处	86	0.009697
朝 阳 区	左家庄街道办事处	35	0.009642
延 庆 县	康庄镇	14	0.009622
昌 平 区	南邵镇	12	0.009562
顺 义 区	牛栏山地区办事处	17	0.009518
大 兴 区	礼贤镇	20	0.009474
西 城 区	大栅栏街道办事处	14	0.009415
丰 台 区	东高地街道办事处	18	0.00936
丰 台 区	长辛店镇	22	0.009358
门头沟区	军庄镇	5	0.009259
海 淀 区	青龙桥街道办事处	70	0.009012
平 谷 区	峪口地区办事处	13	0.00899
房 山 区	良乡地区办事处	9	0.008946
平 谷 区	南独乐河镇	10	0.008795
朝 阳 区	崔各庄地区办事处	55	0.00855
大 兴 区	安定镇	15	0.008537
顺 义 区	龙湾屯镇	7	0.008444
丰 台 区	卢沟桥地区办事处	82	0.008402
丰 台 区	南苑街道办事处	18	0.008075
延 庆 县	永宁镇	11	0.008006
房 山 区	大安山乡	3	0.008
顺 义 区	仁和地区办事处	24	0.00781
平 谷 区	马昌营镇	7	0.007786
顺 义 区	南法信地区办事处	14	0.007625
平 谷 区	东高村镇	13	0.007528
昌 平 区	兴寿镇	14	0.007495
昌 平 区	马池口地区办事处	23	0.007391
昌 平 区	流村镇	6	0.007067

续表

区县	街道、镇、乡	频数	指数
怀 柔 区	北房镇	10	0.00694
怀 柔 区	杨宋镇	9	0.006818
房 山 区	石楼镇	9	0.006742
门头沟区	雁翅镇	2	0.006667
平 谷 区	大华山镇	7	0.00666
延 庆 县	张山营镇	9	0.006569
平 谷 区	王辛庄镇	10	0.006293
昌 平 区	沙河地区办事处	27	0.006218
平 谷 区	山东庄镇	6	0.006148
昌 平 区	十三陵镇	5	0.006083
怀 柔 区	汤河口镇	2	0.00597
平 谷 区	金海湖地区办事处	9	0.005657
顺 义 区	天竺地区办事处	11	0.005456
海 淀 区	海淀街道办事处	28	0.005037
海 淀 区	西三旗街道办事处	36	0.005015
石景山区	广宁街道办事处	4	0.004994
东 城 区	朝阳门街道办事处	8	0.004917
平 谷 区	刘家店镇	2	0.004396
怀 柔 区	渤海镇	3	0.00431
平 谷 区	熊儿寨乡	1	0.00431
顺 义 区	木林镇	7	0.004174
通 州 区	于家务回族乡	6	0.003953
平 谷 区	镇罗营镇	2	0.003617
怀 柔 区	喇叭沟门满族乡	1	0.003247
延 庆 县	刘斌堡乡	1	0.003195
石景山区	古城街道办事处	9	0.003
门头沟区	大台街道办事处	1	0.001984
通 州 区	台湖镇	11	0.00178
房 山 区	南窖乡	0	0
房 山 区	蒲洼乡	0	0

附录二　各街道、乡镇社会中层指数

区县	街道、乡镇	频数	指数	社会区
海 淀 区	清华园街道办事处	997	0.696716	社会中层街道
朝 阳 区	奥运村街道办事处	3679	0.653812	社会中层街道
海 淀 区	海淀街道办事处	3600	0.647598	社会中层街道
朝 阳 区	和平街道办事处	2377	0.630839	社会中层街道
西 城 区	德胜街道办事处	3532	0.626797	社会中层街道
东 城 区	东花市街道办事处	1486	0.623061	社会中层街道
丰 台 区	云岗街道办事处	924	0.620134	社会中层街道
东 城 区	和平里街道办事处	3118	0.616693	社会中层街道
海 淀 区	燕园街道办事处	550	0.610433	社会中层街道
朝 阳 区	安贞街道办事处	1891	0.603382	社会中层街道
西 城 区	月坛街道办事处	3329	0.601772	社会中层街道
海 淀 区	西三旗街道办事处	4304	0.599526	社会中层街道
石景山区	八宝山街道办事处	1664	0.598131	社会中层街道
海 淀 区	北下关街道办事处	3836	0.59695	社会中层街道
西 城 区	广安门外街道办事处	5535	0.594267	社会中层街道
海 淀 区	紫竹院街道办事处	2741	0.592777	社会中层街道
海 淀 区	八里庄街道办事处	3904	0.584606	社会中层街道
朝 阳 区	亚运村街道办事处	1948	0.584458	社会中层街道
朝 阳 区	东湖街道办事处筹备处	2031	0.583621	社会中层街道
朝 阳 区	小关街道办事处	1650	0.580373	社会中层街道
昌 平 区	回龙观地区办事处	9536	0.579414	社会中层街道
东 城 区	建国门街道办事处	1078	0.578326	社会中层街道
通 州 区	北苑街道办事处	2185	0.577737	社会中层街道
海 淀 区	花园路街道办事处	3678	0.574957	社会中层街道
东 城 区	崇文门外街道办事处	1274	0.571557	社会中层街道
丰 台 区	东高地街道办事处	1099	0.571503	社会中层街道
海 淀 区	羊坊店街道办事处	3543	0.5687	社会中层街道

区县	街道、乡镇	频数	指数	社会区
朝 阳 区	双井街道办事处	2874	0.566864	社会中层街道
丰 台 区	方庄地区办事处	2170	0.566432	社会中层街道
朝 阳 区	劲松街道办事处	2649	0.564458	社会中层街道
东 城 区	东四街道办事处	868	0.562905	社会中层街道
房 山 区	新镇街道办事处	243	0.5625	社会中层街道
西 城 区	牛街街道办事处	1282	0.558362	社会中层街道
海 淀 区	甘家口街道办事处	2974	0.557451	社会中层街道
朝 阳 区	常营地区办事处	1282	0.556907	社会中层街道
朝 阳 区	来广营地区办事处	4082	0.554695	社会中层街道
丰 台 区	马家堡街道办事处	3125	0.554275	社会中层街道
东 城 区	东直门街道办事处	968	0.554093	社会中层街道
西 城 区	金融街街道办事处	1488	0.553777	社会中层街道
延 庆 县	香水园街道办事处	1014	0.550788	社会中层街道
延 庆 县	儒林街道办事处	371	0.550445	社会中层街道
朝 阳 区	左家庄街道办事处	1996	0.549862	社会中层街道
海 淀 区	万寿路街道办事处	4319	0.545466	社会中层街道
石景山区	老山街道办事处	1058	0.545361	社会中层街道
通 州 区	梨园地区办事处	3686	0.539994	社会中层街道
东 城 区	龙潭街道办事处	1364	0.539984	社会中层街道
丰 台 区	太平桥街道办事处	1685	0.536283	社会中层街道
通 州 区	玉桥街道办事处	1718	0.533209	社会中层街道
朝 阳 区	八里庄街道办事处	2641	0.529683	社会中层街道
朝 阳 区	大屯街道办事处	3801	0.529682	社会中层街道
西 城 区	展览路街道办事处	3343	0.525216	社会中层街道
海 淀 区	学院路街道办事处	4879	0.524849	社会中层街道
丰 台 区	东铁匠营街道办事处	3511	0.52403	社会中层街道
房 山 区	西潞街道办事处	1537	0.52368	社会中层街道
西 城 区	白纸坊街道办事处	2317	0.522907	社会中层街道
大 兴 区	清源街道办事处	2126	0.522616	社会中层街道
顺 义 区	光明街道办事处	1386	0.519685	社会中层街道
海 淀 区	永定路街道办事处	724	0.518253	社会中层街道

区县	街道、乡镇	频数	指数	社会区
朝阳区	香河园街道办事处	1244	0.517902	社会中层街道
西城区	广安门内街道办事处	1697	0.517852	社会中层街道
石景山区	八角街道办事处	2529	0.516228	社会中层街道
延庆县	百泉街道办事处	636	0.51498	社会中层街道
门头沟区	大峪街道办事处	1654	0.514944	社会中层街道
海淀区	中关村街道办事处	4017	0.51467	社会中层街道
朝阳区	团结湖街道办事处	888	0.512111	社会中层街道
平谷区	滨河街道办事处	1113	0.508916	社会中层街道
丰台区	丰台街道办事处	3302	0.50761	社会中层街道
海淀区	曙光街道办事处	2721	0.504449	社会中层街道
丰台区	新村街道办事处	3817	0.503894	社会中层街道
丰台区	卢沟桥街道办事处	4754	0.503762	社会中层街道
东城区	体育馆路街道办事处	570	0.500879	社会中层街道
东城区	朝阳门街道办事处	806	0.49539	非社会中层街道
朝阳区	潘家园街道办事处	2423	0.493885	非社会中层街道
大兴区	兴丰街道办事处	1082	0.493613	非社会中层街道
怀柔区	龙山街道办事处	1108	0.492444	非社会中层街道
海淀区	北太平庄街道办事处	4070	0.490361	非社会中层街道
朝阳区	六里屯街道办事处	2039	0.489791	非社会中层街道
怀柔区	泉河街道办事处	1300	0.485981	非社会中层街道
西城区	陶然亭街道办事处	940	0.484786	非社会中层街道
海淀区	田村路街道办事处	2925	0.484592	非社会中层街道
朝阳区	太阳宫地区办事处	1778	0.481451	非社会中层街道
朝阳区	望京街道办事处	4017	0.481251	非社会中层街道
朝阳区	呼家楼街道办事处	1291	0.479926	非社会中层街道
东城区	天坛街道办事处	801	0.478781	非社会中层街道
昌平区	东小口地区办事处	9410	0.478369	非社会中层街道
海淀区	清河街道办事处	3619	0.478198	非社会中层街道
房山区	星城街道办事处	342	0.476987	非社会中层街道
东城区	北新桥街道办事处	1612	0.475096	非社会中层街道
西城区	椿树街道办事处	588	0.473811	非社会中层街道

区县	街道、乡镇	频数	指数	社会区
朝 阳 区	三里屯街道办事处	696	0.472185	非社会中层街道
朝 阳 区	酒仙桥街道办事处	1139	0.472027	非社会中层街道
西 城 区	新街口街道办事处	2066	0.469119	非社会中层街道
东 城 区	交道口街道办事处	822	0.46891	非社会中层街道
丰 台 区	西罗园街道办事处	1604	0.467775	非社会中层街道
东 城 区	东华门街道办事处	1090	0.461083	非社会中层街道
西 城 区	天桥街道办事处	861	0.460674	非社会中层街道
昌 平 区	城北街道办事处	3614	0.459154	非社会中层街道
丰 台 区	右安门街道办事处	1713	0.456192	非社会中层街道
大 兴 区	林校路街道办事处	1110	0.456039	非社会中层街道
朝 阳 区	麦子店街道办事处	771	0.449825	非社会中层街道
东 城 区	安定门街道办事处	585	0.447933	非社会中层街道
东 城 区	永定门外街道办事处	1685	0.446239	非社会中层街道
朝 阳 区	三间房地区办事处	2421	0.437319	非社会中层街道
石景山区	鲁谷街道办事处	2217	0.437192	非社会中层街道
通 州 区	新华街道办事处	178	0.427885	非社会中层街道
石景山区	苹果园街道办事处	2111	0.425176	非社会中层街道
朝 阳 区	垡头街道办事处	1010	0.420483	非社会中层街道
顺 义 区	石园街道办事处	1004	0.415735	非社会中层街道
密 云 县	鼓楼街道办事处	2107	0.412652	非社会中层街道
朝 阳 区	南磨房地区办事处	2772	0.411276	非社会中层街道
顺 义 区	胜利街道办事处	722	0.410694	非社会中层街道
东 城 区	前门街道办事处	203	0.410101	非社会中层街道
石景山区	金顶街道办事处	1322	0.409288	非社会中层街道
西 城 区	什刹海街道办事处	1816	0.401149	非社会中层街道
海 淀 区	上地街道办事处	2468	0.400324	非社会中层街道
房 山 区	拱辰街道办事处	2349	0.398338	非社会中层街道
东 城 区	景山街道办事处	769	0.393753	非社会中层街道
朝 阳 区	建外街道办事处	720	0.39173	非社会中层街道
西 城 区	西长安街街道办事处	1009	0.38763	非社会中层街道
通 州 区	中仓街道办事处	1195	0.382155	非社会中层街道

续表

区县	街道、乡镇	频数	指数	社会区
朝 阳 区	高碑店地区办事处	2772	0.382029	非社会中层街道
朝 阳 区	朝外街道办事处	790	0.380173	非社会中层街道
门头沟区	城子街道办事处	435	0.375972	非社会中层街道
丰 台 区	长辛店街道办事处	1220	0.36747	非社会中层街道
房 山 区	迎风街道办事处	459	0.366029	非社会中层街道
通 州 区	永顺地区办事处	3473	0.363855	非社会中层街道
海 淀 区	马连洼街道办事处	2203	0.363112	非社会中层街道
顺 义 区	空港街道办事处	878	0.34731	非社会中层街道
朝 阳 区	首都机场街道办事处	439	0.346215	非社会中层街道
朝 阳 区	豆各庄地区办事处	598	0.345865	非社会中层街道
海 淀 区	青龙桥街道办事处	2667	0.343376	非社会中层街道
石景山区	五里坨街道办事处	377	0.338117	非社会中层街道
朝 阳 区	管庄地区办事处	2027	0.337496	非社会中层街道
顺 义 区	旺泉街道办事处	832	0.336842	非社会中层街道
平 谷 区	兴谷街道办事处	921	0.329399	非社会中层街道
密 云 县	果园街道办事处	784	0.326667	非社会中层街道
石景山区	古城街道办事处	979	0.326333	非社会中层街道
密 云 县	檀营地区办事处	130	0.325	非社会中层街道
大 兴 区	天宫院街道办事处	407	0.321485	非社会中层街道
丰 台 区	大红门街道办事处	3218	0.320231	非社会中层街道
丰 台 区	宛平城地区办事处	859	0.320045	非社会中层街道
海 淀 区	香山街道办事处	481	0.315824	非社会中层街道
房 山 区	东风街道办事处	316	0.310718	非社会中层街道
房 山 区	向阳街道办事处	99	0.310345	非社会中层街道
西 城 区	大栅栏街道办事处	459	0.308675	非社会中层街道
海 淀 区	东升地区办事处	799	0.3066	非社会中层街道
大 兴 区	观音寺街道办事处	1015	0.302895	非社会中层街道
朝 阳 区	将台地区办事处	1359	0.299471	非社会中层街道
大 兴 区	亦庄地区办事处	896	0.296198	非社会中层街道
丰 台 区	南苑街道办事处	655	0.293854	非社会中层街道
丰 台 区	和义街道办事处	703	0.293039	非社会中层街道

续表

区县	街道、乡镇	频数	指数	社会区
海淀区	温泉镇	695	0.291894	非社会中层街道
石景山区	首钢迁安矿区	350	0.282258	非社会中层街道
大兴区	北京经济技术开发区	1078	0.280291	非社会中层街道
门头沟区	东辛房街道办事处	239	0.279206	非社会中层街道
朝阳区	平房地区办事处	1962	0.275137	非社会中层街道
丰台区	卢沟桥地区办事处	2656	0.272131	非社会中层街道
海淀区	四季青镇	2196	0.269812	非社会中层街道
昌平区	城南街道办事处	727	0.267772	非社会中层街道
平谷区	渔阳地区办事处	772	0.260723	非社会中层街道
朝阳区	东风地区办事处	1355	0.253129	非社会中层街道
海淀区	苏家坨镇	601	0.250417	非社会中层街道
房山区	城关街道办事处	1116	0.248885	非社会中层街道
丰台区	花乡地区办事处	1914	0.242555	非社会中层街道
海淀区	西北旺镇	2114	0.239927	非社会中层街道
门头沟区	军庄镇	127	0.235185	非社会中层街道
房山区	长阳镇	659	0.23344	非社会中层街道
门头沟区	永定镇	430	0.227273	非社会中层街道
门头沟区	龙泉镇	365	0.224339	非社会中层街道
丰台区	长辛店镇	521	0.221608	非社会中层街道
昌平区	沙河地区办事处	952	0.219254	非社会中层街道
怀柔区	雁栖经济开发区	55	0.217391	非社会中层街道
顺义区	双丰街道办事处	217	0.214639	非社会中层街道
丰台区	王佐镇	579	0.212946	非社会中层街道
昌平区	南邵镇	259	0.206375	非社会中层街道
顺义区	牛栏山地区办事处	364	0.203807	非社会中层街道
昌平区	流村镇	172	0.202591	非社会中层街道
朝阳区	东坝地区办事处	1065	0.202587	非社会中层街道
海淀区	上庄镇	413	0.202451	非社会中层街道
昌平区	南口地区办事处	587	0.202344	非社会中层街道
昌平区	阳坊镇	238	0.200675	非社会中层街道
石景山区	广宁街道办事处	160	0.19975	非社会中层街道

区县	街道、乡镇	频数	指数	社会区
昌 平 区	北七家镇	2787	0.199413	非社会中层街道
房 山 区	阎村镇	484	0.190852	非社会中层街道
顺 义 区	仁和地区办事处	568	0.184836	非社会中层街道
昌 平 区	百善镇	224	0.183908	非社会中层街道
房 山 区	河北镇	140	0.182768	非社会中层街道
朝 阳 区	小红门地区办事处	613	0.180986	非社会中层街道
房 山 区	史家营乡	32	0.180791	非社会中层街道
朝 阳 区	孙河地区办事处	211	0.177909	非社会中层街道
朝 阳 区	黑庄户地区办事处	547	0.174649	非社会中层街道
海 淀 区	万柳地区办事处	392	0.173836	非社会中层街道
通 州 区	宋庄镇	1020	0.173057	非社会中层街道
顺 义 区	李桥镇	667	0.172798	非社会中层街道
房 山 区	窦店镇	480	0.172662	非社会中层街道
顺 义 区	后沙峪地区办事处	458	0.171471	非社会中层街道
房 山 区	韩村河镇	331	0.171148	非社会中层街道
通 州 区	张家湾镇	862	0.169785	非社会中层街道
昌 平 区	小汤山镇	472	0.168813	非社会中层街道
顺 义 区	天竺地区办事处	340	0.168651	非社会中层街道
昌 平 区	马池口地区办事处	522	0.167738	非社会中层街道
房 山 区	南窖乡	26	0.165605	非社会中层街道
顺 义 区	马坡地区办事处	86	0.164122	非社会中层街道
房 山 区	周口店地区办事处	295	0.162893	非社会中层街道
怀 柔 区	庙城地区办事处	302	0.161239	非社会中层街道
大 兴 区	旧宫地区办事处	1979	0.160282	非社会中层街道
门头沟区	斋堂镇	45	0.159011	非社会中层街道
大 兴 区	黄村地区办事处	1411	0.15895	非社会中层街道
房 山 区	青龙湖镇	305	0.158524	非社会中层街道
密 云 县	工业开发区	80	0.156556	非社会中层街道
门头沟区	清水镇	41	0.156489	非社会中层街道
门头沟区	王平地区办事处	28	0.154696	非社会中层街道
顺 义 区	杨镇地区办事处	432	0.153464	非社会中层街道

续表

区县	街道、乡镇	频数	指数	社会区
昌 平 区	崔村镇	183	0.152755	非社会中层街道
大 兴 区	西红门地区办事处	1286	0.152189	非社会中层街道
延 庆 县	延庆镇	350	0.152108	非社会中层街道
延 庆 县	八达岭镇	74	0.151951	非社会中层街道
顺 义 区	北小营镇	354	0.150767	非社会中层街道
朝 阳 区	王四营地区办事处	802	0.146913	非社会中层街道
门头沟区	大台街道办事处	74	0.146825	非社会中层街道
通 州 区	潞城镇	625	0.144944	非社会中层街道
门头沟区	潭柘寺镇	66	0.143167	非社会中层街道
房 山 区	大安山乡	53	0.141333	非社会中层街道
通 州 区	马驹桥镇	946	0.140544	非社会中层街道
昌 平 区	兴寿镇	260	0.139186	非社会中层街道
门头沟区	妙峰山镇	54	0.138462	非社会中层街道
朝 阳 区	崔各庄地区办事处	874	0.135862	非社会中层街道
怀 柔 区	喇叭沟门满族乡	41	0.133117	非社会中层街道
顺 义 区	高丽营镇	334	0.132592	非社会中层街道
丰 台 区	南苑地区办事处	1167	0.131582	非社会中层街道
延 庆 县	大榆树镇	113	0.131548	非社会中层街道
房 山 区	十渡镇	67	0.129594	非社会中层街道
顺 义 区	北石槽镇	115	0.129068	非社会中层街道
顺 义 区	南彩镇	366	0.127304	非社会中层街道
房 山 区	琉璃河地区办事处	361	0.126312	非社会中层街道
朝 阳 区	金盏地区办事处	445	0.123921	非社会中层街道
怀 柔 区	桥梓镇	135	0.123626	非社会中层街道
房 山 区	石楼镇	165	0.123596	非社会中层街道
密 云 县	穆家峪镇	195	0.122487	非社会中层街道
朝 阳 区	十八里店地区办事处	1625	0.120674	非社会中层街道
昌 平 区	长陵镇	79	0.118976	非社会中层街道
怀 柔 区	杨宋镇	154	0.116667	非社会中层街道
延 庆 县	康庄镇	169	0.116151	非社会中层街道
房 山 区	张坊镇	90	0.115979	非社会中层街道

续表

区县	街道、乡镇	频数	指数	社会区
顺 义 区	木林镇	192	0.11449	非社会中层街道
房 山 区	良乡地区办事处	115	0.114314	非社会中层街道
延 庆 县	永宁镇	157	0.114265	非社会中层街道
怀 柔 区	汤河口镇	37	0.110448	非社会中层街道
通 州 区	永乐店镇	249	0.110031	非社会中层街道
怀 柔 区	怀北镇	76	0.109986	非社会中层街道
顺 义 区	赵全营镇	199	0.109281	非社会中层街道
大 兴 区	瀛海地区办事处	270	0.10757	非社会中层街道
大 兴 区	魏善庄镇	292	0.10622	非社会中层街道
密 云 县	溪翁庄镇	120	0.105541	非社会中层街道
平 谷 区	黄松峪乡	29	0.104693	非社会中层街道
昌 平 区	十三陵镇	86	0.104623	非社会中层街道
房 山 区	长沟镇	114	0.104205	非社会中层街道
顺 义 区	李遂镇	119	0.103299	非社会中层街道
密 云 县	密云镇	113	0.103102	非社会中层街道
顺 义 区	龙湾屯镇	83	0.100121	非社会中层街道
延 庆 县	沈家营镇	74	0.099196	非社会中层街道
怀 柔 区	怀柔地区办事处	352	0.098655	非社会中层街道
房 山 区	大石窝镇	141	0.096974	非社会中层街道
门头沟区	雁翅镇	29	0.096667	非社会中层街道
延 庆 县	珍珠泉乡	19	0.096447	非社会中层街道
大 兴 区	采育镇	147	0.095331	非社会中层街道
怀 柔 区	北房镇	136	0.094379	非社会中层街道
大 兴 区	榆垡镇	287	0.094006	非社会中层街道
顺 义 区	张镇	136	0.09296	非社会中层街道
房 山 区	佛子庄乡	26	0.092527	非社会中层街道
大 兴 区	长子营镇	195	0.092373	非社会中层街道
通 州 区	于家务回族乡	140	0.092227	非社会中层街道
通 州 区	西集镇	216	0.089515	非社会中层街道
怀 柔 区	雁栖地区办事处	113	0.089187	非社会中层街道
顺 义 区	北务镇	60	0.084986	非社会中层街道

区县	街道、乡镇	频数	指数	社会区
顺 义 区	大孙各庄镇	113	0.084391	非社会中层街道
延 庆 县	井庄镇	55	0.084227	非社会中层街道
大 兴 区	青云店镇	328	0.083609	非社会中层街道
延 庆 县	四海镇	29	0.083095	非社会中层街道
大 兴 区	北臧村镇	125	0.080334	非社会中层街道
密 云 县	巨各庄镇	93	0.079555	非社会中层街道
顺 义 区	南法信地区办事处	146	0.079521	非社会中层街道
密 云 县	十里堡镇	106	0.076867	非社会中层街道
延 庆 县	张山营镇	105	0.076642	非社会中层街道
怀 柔 区	渤海镇	53	0.076149	非社会中层街道
大 兴 区	安定镇	130	0.07399	非社会中层街道
密 云 县	古北口镇	27	0.07337	非社会中层街道
大 兴 区	庞各庄镇	206	0.073179	非社会中层街道
通 州 区	漷县镇	288	0.071946	非社会中层街道
怀 柔 区	宝山镇	29	0.070905	非社会中层街道
密 云 县	河南寨镇	94	0.070465	非社会中层街道
平 谷 区	大兴庄镇	71	0.069882	非社会中层街道
通 州 区	台湖镇	431	0.06973	非社会中层街道
平 谷 区	马昌营镇	61	0.067853	非社会中层街道
平 谷 区	山东庄镇	66	0.067623	非社会中层街道
延 庆 县	旧县镇	69	0.066538	非社会中层街道
大 兴 区	礼贤镇	139	0.065846	非社会中层街道
怀 柔 区	琉璃庙镇	18	0.064982	非社会中层街道
延 庆 县	千家店镇	39	0.06425	非社会中层街道
平 谷 区	马坊地区办事处	63	0.063895	非社会中层街道
密 云 县	石城镇	20	0.063492	非社会中层街道
平 谷 区	王辛庄镇	98	0.061674	非社会中层街道
怀 柔 区	九渡河镇	42	0.061224	非社会中层街道
延 庆 县	香营乡	25	0.061125	非社会中层街道
密 云 县	西田各庄镇	129	0.060478	非社会中层街道
平 谷 区	东高村镇	102	0.059062	非社会中层街道

区县	街道、乡镇	频数	指数	社会区
密 云 县	东邵渠镇	50	0.058824	非社会中层街道
平 谷 区	南独乐河镇	65	0.057168	非社会中层街道
密 云 县	北庄镇	25	0.056054	非社会中层街道
平 谷 区	峪口地区办事处	80	0.055325	非社会中层街道
房 山 区	蒲洼乡	6	0.054545	非社会中层街道
延 庆 县	大庄科乡	18	0.052941	非社会中层街道
房 山 区	霞云岭乡	16	0.048485	非社会中层街道
平 谷 区	夏各庄镇	53	0.046007	非社会中层街道
密 云 县	新城子镇	22	0.04499	非社会中层街道
延 庆 县	刘斌堡乡	14	0.044728	非社会中层街道
平 谷 区	金海湖地区办事处	68	0.04274	非社会中层街道
怀 柔 区	长哨营满族乡	15	0.041899	非社会中层街道
密 云 县	太师屯镇	67	0.040979	非社会中层街道
密 云 县	大城子镇	25	0.037594	非社会中层街道
密 云 县	不老屯镇	26	0.034437	非社会中层街道
密 云 县	高岭镇	26	0.030197	非社会中层街道
密 云 县	冯家峪镇	9	0.02093	非社会中层街道
平 谷 区	镇罗营镇	11	0.019892	非社会中层街道
平 谷 区	刘家店镇	8	0.017582	非社会中层街道
平 谷 区	熊儿寨乡	4	0.017241	非社会中层街道
平 谷 区	大华山镇	14	0.013321	非社会中层街道

附录三 各街道、乡镇社会下层指数

区县	街道、乡镇	频数	指数	社会区
平谷区	大华山镇	1030	0.980019	下层街乡
平谷区	熊儿寨乡	227	0.978448	下层街乡
平谷区	刘家店镇	445	0.978022	下层街乡
平谷区	镇罗营镇	540	0.976492	下层街乡
密云县	冯家峪镇	416	0.967442	下层街乡
密云县	高岭镇	824	0.957027	下层街乡
延庆县	刘斌堡乡	298	0.952077	下层街乡
密云县	大城子镇	633	0.95188	下层街乡
平谷区	金海湖地区办事处	1514	0.951603	下层街乡
密云县	不老屯镇	718	0.950993	下层街乡
怀柔区	长哨营满族乡	339	0.946927	下层街乡
密云县	太师屯镇	1547	0.946177	下层街乡
房山区	蒲洼乡	104	0.945455	下层街乡
平谷区	夏各庄镇	1085	0.94184	下层街乡
密云县	新城子镇	458	0.936605	下层街乡
房山区	霞云岭乡	309	0.936364	下层街乡
平谷区	峪口地区办事处	1353	0.935685	下层街乡
平谷区	南独乐河镇	1062	0.934037	下层街乡
平谷区	东高村镇	1612	0.933411	下层街乡
平谷区	王辛庄镇	1481	0.932033	下层街乡
通州区	台湖镇	5739	0.928491	下层街乡
密云县	西田各庄镇	1980	0.92827	下层街乡
密云县	东邵渠镇	788	0.927059	下层街乡
平谷区	山东庄镇	904	0.92623	下层街乡
大兴区	礼贤镇	1952	0.92468	下层街乡
平谷区	马昌营镇	831	0.92436	下层街乡
平谷区	马坊地区办事处	909	0.921907	下层街乡

续表

区县	街道、乡镇	频数	指数	社会区
怀 柔 区	渤海镇	640	0.91954	下层街乡
延 庆 县	香营乡	376	0.919315	下层街乡
怀 柔 区	九渡河镇	630	0.918367	下层街乡
延 庆 县	千家店镇	557	0.917628	下层街乡
大 兴 区	安定镇	1612	0.917473	下层街乡
怀 柔 区	琉璃庙镇	254	0.916968	下层街乡
延 庆 县	张山营镇	1256	0.916788	下层街乡
延 庆 县	旧县镇	949	0.91514	下层街乡
顺 义 区	南法信地区办事处	1676	0.912854	下层街乡
通 州 区	漷县镇	3653	0.912566	下层街乡
延 庆 县	大庄科乡	310	0.911765	下层街乡
怀 柔 区	宝山镇	372	0.909535	下层街乡
平 谷 区	大兴庄镇	924	0.909449	下层街乡
大 兴 区	北臧村镇	1414	0.90874	下层街乡
密 云 县	河南寨镇	1210	0.907046	下层街乡
顺 义 区	大孙各庄镇	1213	0.9059	下层街乡
顺 义 区	北务镇	639	0.905099	下层街乡
通 州 区	于家务回族乡	1372	0.903821	下层街乡
密 云 县	古北口镇	332	0.902174	下层街乡
密 云 县	石城镇	284	0.901587	下层街乡
密 云 县	北庄镇	402	0.901345	下层街乡
大 兴 区	庞各庄镇	2533	0.899822	下层街乡
怀 柔 区	雁栖地区办事处	1140	0.899763	下层街乡
怀 柔 区	北房镇	1295	0.898681	下层街乡
门头沟区	雁翅镇	269	0.896667	下层街乡
延 庆 县	井庄镇	584	0.894334	下层街乡
密 云 县	巨各庄镇	1045	0.893926	下层街乡
顺 义 区	张镇	1306	0.892686	下层街乡
大 兴 区	榆垡镇	2725	0.892565	下层街乡
顺 义 区	龙湾屯镇	739	0.891435	下层街乡
延 庆 县	四海镇	311	0.891117	下层街乡

区县	街道、乡镇	频数	指数	社会区
怀 柔 区	怀柔地区办事处	3176	0.890135	下层街乡
昌 平 区	十三陵镇	731	0.889294	下层街乡
延 庆 县	珍珠泉乡	175	0.888325	下层街乡
大 兴 区	采育镇	1368	0.88716	下层街乡
房 山 区	佛子庄乡	249	0.886121	下层街乡
顺 义 区	李遂镇	1020	0.885417	下层街乡
平 谷 区	黄松峪乡	245	0.884477	下层街乡
密 云 县	十里堡镇	1219	0.883974	下层街乡
怀 柔 区	汤河口镇	296	0.883582	下层街乡
房 山 区	大石窝镇	1284	0.883081	下层街乡
密 云 县	溪翁庄镇	1004	0.883026	下层街乡
顺 义 区	木林镇	1478	0.881336	下层街乡
大 兴 区	长子营镇	1858	0.880152	下层街乡
大 兴 区	瀛海地区办事处	2208	0.879681	下层街乡
延 庆 县	永宁镇	1206	0.877729	下层街乡
房 山 区	良乡地区办事处	882	0.87674	下层街乡
延 庆 县	沈家营镇	654	0.876676	下层街乡
房 山 区	长沟镇	959	0.8766	下层街乡
怀 柔 区	杨宋镇	1157	0.876515	下层街乡
大 兴 区	青云店镇	3430	0.874331	下层街乡
延 庆 县	康庄镇	1272	0.874227	下层街乡
通 州 区	西集镇	2108	0.873601	下层街乡
大 兴 区	魏善庄镇	2396	0.87159	下层街乡
房 山 区	张坊镇	676	0.871134	下层街乡
顺 义 区	赵全营镇	1586	0.87095	下层街乡
怀 柔 区	怀北镇	601	0.869754	下层街乡
房 山 区	石楼镇	1161	0.869663	下层街乡
昌 平 区	长陵镇	576	0.86747	下层街乡
密 云 县	密云镇	949	0.865876	下层街乡
通 州 区	永乐店镇	1958	0.865223	下层街乡
朝 阳 区	金盏地区办事处	3104	0.864383	下层街乡

区县	街道、乡镇	频数	指数	社会区
怀 柔 区	喇叭沟门满族乡	266	0.863636	下层街乡
怀 柔 区	桥梓镇	940	0.860806	下层街乡
丰 台 区	南苑地区办事处	7616	0.858721	下层街乡
密 云 县	穆家峪镇	1363	0.856156	下层街乡
顺 义 区	南彩镇	2460	0.855652	下层街乡
朝 阳 区	崔各庄地区办事处	5504	0.855588	下层街乡
顺 义 区	北石槽镇	762	0.855219	下层街乡
房 山 区	琉璃河地区办事处	2444	0.855143	下层街乡
顺 义 区	高丽营镇	2151	0.85391	下层街乡
昌 平 区	兴寿镇	1594	0.853319	下层街乡
朝 阳 区	十八里店地区办事处	11469	0.851701	下层街乡
门头沟区	大台街道办事处	429	0.85119	下层街乡
延 庆 县	大榆树镇	731	0.85099	下层街乡
房 山 区	大安山乡	319	0.850667	下层街乡
门头沟区	妙峰山镇	331	0.848718	下层街乡
门头沟区	潭柘寺镇	388	0.841649	下层街乡
通 州 区	马驹桥镇	5644	0.838508	下层街乡
朝 阳 区	王四营地区办事处	4575	0.838066	下层街乡
房 山 区	南窖乡	131	0.834395	下层街乡
延 庆 县	延庆镇	1916	0.832681	下层街乡
通 州 区	潞城镇	3587	0.831865	下层街乡
顺 义 区	杨镇地区办事处	2332	0.828419	下层街乡
大 兴 区	黄村地区办事处	7350	0.827982	下层街乡
延 庆 县	八达岭镇	403	0.827515	下层街乡
昌 平 区	崔村镇	990	0.826377	下层街乡
顺 义 区	天竺地区办事处	1665	0.825893	下层街乡
顺 义 区	北小营镇	1939	0.825809	下层街乡
怀 柔 区	庙城地区办事处	1546	0.825414	下层街乡
昌 平 区	马池口地区办事处	2567	0.824871	下层街乡
门头沟区	清水镇	216	0.824427	下层街乡
房 山 区	周口店地区办事处	1487	0.821093	下层街乡

区县	街道、乡镇	频数	指数	社会区
顺 义 区	马坡地区办事处	429	0.818702	下层街乡
房 山 区	青龙湖镇	1575	0.818607	下层街乡
密 云 县	工业开发区	417	0.816047	下层街乡
通 州 区	宋庄镇	4803	0.814897	下层街乡
通 州 区	张家湾镇	4135	0.814457	下层街乡
房 山 区	韩村河镇	1575	0.814374	下层街乡
顺 义 区	李桥镇	3132	0.811399	下层街乡
顺 义 区	仁和地区办事处	2481	0.807354	下层街乡
门头沟区	斋堂镇	228	0.805654	下层街乡
房 山 区	窦店镇	2238	0.805036	下层街乡
昌 平 区	小汤山镇	2250	0.804721	下层街乡
昌 平 区	百善镇	980	0.804598	下层街乡
海 淀 区	万柳地区办事处	1807	0.80133	下层街乡
门头沟区	王平地区办事处	145	0.801105	下层街乡
顺 义 区	后沙峪地区办事处	2139	0.800824	下层街乡
房 山 区	河北镇	611	0.79765	下层街乡
朝 阳 区	孙河地区办事处	944	0.795953	下层街乡
石景山区	广宁街道办事处	637	0.795256	下层街乡
朝 阳 区	黑庄户地区办事处	2489	0.7947	下层街乡
昌 平 区	流村镇	671	0.790342	下层街乡
朝 阳 区	小红门地区办事处	2674	0.789489	下层街乡
大 兴 区	西红门地区办事处	6671	0.789467	下层街乡
房 山 区	阎村镇	1998	0.787855	下层街乡
房 山 区	十渡镇	407	0.787234	下层街乡
顺 义 区	牛栏山地区办事处	1405	0.786674	下层街乡
昌 平 区	南口地区办事处	2279	0.785591	下层街乡
昌 平 区	南邵镇	984	0.784064	下层街乡
昌 平 区	北七家镇	10933	0.78227	下层街乡
昌 平 区	阳坊镇	927	0.781619	下层街乡
房 山 区	史家营乡	138	0.779661	下层街乡
丰 台 区	王佐镇	2112	0.776756	下层街乡

区县	街道、乡镇	频数	指数	社会区
昌 平 区	沙河地区办事处	3363	0.774528	下层街乡
丰 台 区	长辛店镇	1808	0.769034	下层街乡
大 兴 区	旧宫地区办事处	9478	0.767636	下层街乡
顺 义 区	双丰街道办事处	768	0.759644	下层街乡
门头沟区	龙泉镇	1232	0.757222	下层街乡
朝 阳 区	东坝地区办事处	3972	0.755564	下层街乡
门头沟区	军庄镇	408	0.755556	下层街乡
门头沟区	永定镇	1424	0.752643	下层街乡
怀 柔 区	雁栖经济开发区	190	0.750988	下层街乡
丰 台 区	花乡地区办事处	5859	0.742491	下层街乡
房 山 区	长阳镇	2094	0.741764	下层街乡
海 淀 区	西北旺镇	6535	0.741687	下层街乡
海 淀 区	上庄镇	1505	0.737745	下层街乡
房 山 区	城关街道办事处	3273	0.729929	下层街乡
丰 台 区	卢沟桥地区办事处	7022	0.719467	下层街乡
朝 阳 区	东风地区办事处	3819	0.713432	下层街乡
海 淀 区	苏家坨镇	1709	0.712083	下层街乡
门头沟区	东辛房街道办事处	606	0.707944	下层街乡
石景山区	首钢迁安矿区	867	0.699194	下层街乡
丰 台 区	南苑街道办事处	1556	0.698071	下层街乡
海 淀 区	四季青镇	5678	0.697629	下层街乡
昌 平 区	城南街道办事处	1879	0.692081	下层街乡
朝 阳 区	平房地区办事处	4930	0.691348	下层街乡
朝 阳 区	将台地区办事处	3113	0.685985	下层街乡
平 谷 区	渔阳地区办事处	2031	0.685917	下层街乡
丰 台 区	和义街道办事处	1642	0.684452	下层街乡
西 城 区	大栅栏街道办事处	1014	0.68191	下层街乡
房 山 区	东风街道办事处	686	0.674533	下层街乡
房 山 区	向阳街道办事处	214	0.670846	下层街乡
石景山区	古城街道办事处	2012	0.670667	下层街乡
丰 台 区	大红门街道办事处	6726	0.66932	下层街乡

区县	街道、乡镇	频数	指数	社会区
大 兴 区	亦庄地区办事处	2020	0.667769	下层街乡
大 兴 区	天宫院街道办事处	838	0.661927	下层街乡
海 淀 区	香山街道办事处	1005	0.659882	下层街乡
丰 台 区	宛平城地区办事处	1770	0.659463	下层街乡
海 淀 区	温泉镇	1557	0.653927	下层街乡
海 淀 区	青龙桥街道办事处	5030	0.647612	下层街乡
海 淀 区	东升地区办事处	1678	0.643899	下层街乡
朝 阳 区	首都机场街道办事处	815	0.642744	下层街乡
石景山区	五里坨街道办事处	712	0.638565	下层街乡
大 兴 区	北京经济技术开发区	2434	0.632865	下层街乡
平 谷 区	兴谷街道办事处	1743	0.623391	下层街乡
顺 义 区	旺泉街道办事处	1532	0.620243	下层街乡
密 云 县	檀营地区办事处	248	0.62	下层街乡
丰 台 区	长辛店街道办事处	2056	0.619277	下层街乡
朝 阳 区	豆各庄地区办事处	1060	0.613071	下层街乡
通 州 区	永顺地区办事处	5816	0.609324	下层街乡
大 兴 区	观音寺街道办事处	2036	0.60758	下层街乡
朝 阳 区	管庄地区办事处	3644	0.606727	下层街乡
房 山 区	迎风街道办事处	760	0.606061	下层街乡
海 淀 区	马连洼街道办事处	3655	0.602439	下层街乡
门头沟区	城子街道办事处	695	0.600691	下层街乡
通 州 区	中仓街道办事处	1871	0.598337	下层街乡
顺 义 区	空港街道办事处	1506	0.595728	下层街乡
西 城 区	什刹海街道办事处	2663	0.588248	下层街乡
海 淀 区	上地街道办事处	3613	0.58605	下层街乡
朝 阳 区	高碑店地区办事处	4247	0.585309	下层街乡
东 城 区	前门街道办事处	287	0.579798	下层街乡
密 云 县	果园街道办事处	1390	0.579167	下层街乡
东 城 区	景山街道办事处	1131	0.579109	下层街乡
朝 阳 区	朝外街道办事处	1194	0.574591	下层街乡
石景山区	金顶街街道办事处	1849	0.572446	下层街乡

区县	街道、乡镇	频数	指数	社会区
房 山 区	拱辰街道办事处	3355	0.568933	下层街乡
西 城 区	西长安街街道办事处	1460	0.560891	下层街乡
朝 阳 区	建外街道办事处	1025	0.557671	下层街乡
顺 义 区	石园街道办事处	1339	0.554451	下层街乡
石景山区	苹果园街道办事处	2727	0.549245	下层街乡
密 云 县	鼓楼街道办事处	2790	0.546416	下层街乡
石景山区	鲁谷街道办事处	2765	0.545257	下层街乡
通 州 区	新华街道办事处	226	0.543269	下层街乡
朝 阳 区	南磨房地区办事处	3550	0.526706	下层街乡
顺 义 区	胜利街道办事处	925	0.526166	下层街乡
东 城 区	安定门街道办事处	687	0.526034	下层街乡
朝 阳 区	三间房地区办事处	2900	0.523844	下层街乡
丰 台 区	右安门街道办事处	1967	0.523835	下层街乡
西 城 区	天桥街道办事处	972	0.520064	下层街乡
东 城 区	永定门外街道办事处	1949	0.516155	下层街乡
丰 台 区	西罗园街道办事处	1764	0.514436	下层街乡
朝 阳 区	麦子店街道办事处	879	0.512835	下层街乡
朝 阳 区	垡头街道办事处	1216	0.506245	下层街乡
昌 平 区	东小口地区办事处	9948	0.505719	下层街乡
海 淀 区	清河街道办事处	3794	0.501321	下层街乡
昌 平 区	城北街道办事处	3937	0.500191	下层街乡
东 城 区	交道口街道办事处	876	0.499715	非下层街乡
东 城 区	朝阳门街道办事处	813	0.499693	非下层街乡
东 城 区	北新桥街道办事处	1693	0.498968	非下层街乡
东 城 区	东华门街道办事处	1171	0.495347	非下层街乡
东 城 区	天坛街道办事处	825	0.493126	非下层街乡
房 山 区	星城街道办事处	353	0.492329	非下层街乡
大 兴 区	林校路街道办事处	1195	0.490961	非下层街乡
西 城 区	陶然亭街道办事处	944	0.486849	非下层街乡
海 淀 区	北太平庄街道办事处	4034	0.486024	非下层街乡
海 淀 区	田村路街道办事处	2933	0.485918	非下层街乡

区县	街道、乡镇	频数	指数	社会区
朝 阳 区	太阳宫地区办事处	1790	0.484701	非下层街乡
西 城 区	椿树街道办事处	596	0.480258	非下层街乡
朝 阳 区	酒仙桥街道办事处	1150	0.476585	非下层街乡
西 城 区	新街口街道办事处	2097	0.476158	非下层街乡
丰 台 区	卢沟桥街道办事处	4492	0.475999	非下层街乡
朝 阳 区	三里屯街道办事处	696	0.472185	非下层街乡
朝 阳 区	呼家楼街道办事处	1270	0.472119	非下层街乡
朝 阳 区	潘家园街道办事处	2307	0.470241	非下层街乡
丰 台 区	新村街道办事处	3557	0.469571	非下层街乡
怀 柔 区	龙山街道办事处	1055	0.468889	非下层街乡
丰 台 区	丰台街道办事处	3037	0.466872	非下层街乡
怀 柔 区	泉河街道办事处	1246	0.465794	非下层街乡
石景山区	八角街道办事处	2277	0.464789	非下层街乡
丰 台 区	东铁匠营街道办事处	3075	0.458955	非下层街乡
西 城 区	广安门内街道办事处	1500	0.457736	非下层街乡
朝 阳 区	望京街道办事处	3810	0.456451	非下层街乡
延 庆 县	百泉街道办事处	563	0.45587	非下层街乡
朝 阳 区	香河园街道办事处	1091	0.454205	非下层街乡
朝 阳 区	六里屯街道办事处	1880	0.451597	非下层街乡
西 城 区	白纸坊街道办事处	1999	0.45114	非下层街乡
朝 阳 区	团结湖街道办事处	782	0.45098	非下层街乡
西 城 区	展览路街道办事处	2866	0.450275	非下层街乡
海 淀 区	中关村街道办事处	3458	0.443049	非下层街乡
朝 阳 区	八里庄街道办事处	2207	0.442639	非下层街乡
朝 阳 区	左家庄街道办事处	1599	0.440496	非下层街乡
通 州 区	玉桥街道办事处	1418	0.440099	非下层街乡
门头沟区	大峪街道办事处	1403	0.4368	非下层街乡
海 淀 区	学院路街道办事处	4050	0.435671	非下层街乡
通 州 区	梨园地区办事处	2968	0.434808	非下层街乡
平 谷 区	滨河街道办事处	934	0.427069	非下层街乡
石景山区	老山街道办事处	826	0.425773	非下层街乡

区县	街道、乡镇	频数	指数	社会区
延 庆 县	香水园街道办事处	778	0.422596	非下层街乡
房 山 区	西潞街道办事处	1237	0.421465	非下层街乡
丰 台 区	东高地街道办事处	806	0.419137	非下层街乡
海 淀 区	曙光街道办事处	2258	0.418613	非下层街乡
顺 义 区	光明街道办事处	1116	0.418448	非下层街乡
朝 阳 区	劲松街道办事处	1955	0.416578	非下层街乡
朝 阳 区	大屯街道办事处	2981	0.415412	非下层街乡
西 城 区	牛街街道办事处	952	0.414634	非下层街乡
丰 台 区	太平桥街道办事处	1297	0.412794	非下层街乡
延 庆 县	儒林街道办事处	277	0.410979	非下层街乡
海 淀 区	永定路街道办事处	573	0.410165	非下层街乡
东 城 区	建国门街道办事处	762	0.408798	非下层街乡
朝 阳 区	来广营地区办事处	2993	0.406713	非下层街乡
东 城 区	崇文门外街道办事处	905	0.406012	非下层街乡
朝 阳 区	小关街道办事处	1152	0.405206	非下层街乡
丰 台 区	方庄地区办事处	1546	0.40355	非下层街乡
昌 平 区	回龙观地区办事处	6638	0.40333	非下层街乡
丰 台 区	马家堡街道办事处	2267	0.402093	非下层街乡
房 山 区	新镇街道办事处	173	0.400463	非下层街乡
东 城 区	东四街道办事处	617	0.40013	非下层街乡
海 淀 区	羊坊店街道办事处	2481	0.398234	非下层街乡
海 淀 区	八里庄街道办事处	2655	0.397574	非下层街乡
通 州 区	北苑街道办事处	1500	0.396616	非下层街乡
海 淀 区	西三旗街道办事处	2839	0.395459	非下层街乡
西 城 区	金融街街道办事处	1047	0.389654	非下层街乡
海 淀 区	花园路街道办事处	2492	0.389558	非下层街乡
海 淀 区	甘家口街道办事处	2077	0.389316	非下层街乡
大 兴 区	兴丰街道办事处	843	0.38458	非下层街乡
东 城 区	体育馆路街道办事处	435	0.38225	非下层街乡
朝 阳 区	常营地区办事处	879	0.381842	非下层街乡
海 淀 区	北下关街道办事处	2453	0.38173	非下层街乡

区县	街道、乡镇	频数	指数	社会区
西城区	广安门外街道办事处	3536	0.379644	非下层街乡
石景山区	八宝山街道办事处	1044	0.37527	非下层街乡
朝阳区	亚运村街道办事处	1242	0.372637	非下层街乡
东城区	龙潭街道办事处	940	0.37213	非下层街乡
东城区	东直门街道办事处	645	0.369204	非下层街乡
大兴区	清源街道办事处	1500	0.368732	非下层街乡
西城区	月坛街道办事处	2034	0.367679	非下层街乡
海淀区	万寿路街道办事处	2902	0.366507	非下层街乡
朝阳区	安贞街道办事处	1142	0.364391	非下层街乡
丰台区	云岗街道办事处	533	0.357718	非下层街乡
东城区	东花市街道办事处	844	0.353878	非下层街乡
西城区	德胜街道办事处	1986	0.35244	非下层街乡
东城区	和平里街道办事处	1777	0.351464	非下层街乡
海淀区	紫竹院街道办事处	1611	0.3484	非下层街乡
海淀区	海淀街道办事处	1931	0.347365	非下层街乡
朝阳区	和平街道办事处	1279	0.339437	非下层街乡
朝阳区	双井街道办事处	1710	0.337278	非下层街乡
海淀区	燕园街道办事处	301	0.334073	非下层街乡
朝阳区	东湖街道办事处筹备处	1154	0.331609	非下层街乡
朝阳区	奥运村街道办事处	1723	0.306202	非下层街乡
海淀区	清华园街道办事处	369	0.257862	非下层街乡

附录四　各街道、乡镇外来人口指数

区县	街道、乡镇	常住外来人口数	外来人口指数	社会区
密 云 县	工业开发区	5360	0.913428766	外来人口街乡
海 淀 区	万柳地区	23247	0.828415651	外来人口街乡
怀 柔 区	雁栖经济开发区	2393	0.809813875	外来人口街乡
朝 阳 区	十八里店地区	154321	0.768209514	外来人口街乡
朝 阳 区	崔各庄地区	77225	0.757137535	外来人口街乡
昌 平 区	北七家镇	197420	0.749725622	外来人口街乡
朝 阳 区	王四营地区	62236	0.73744579	外来人口街乡
大 兴 区	西红门地区	104036	0.735990945	外来人口街乡
大 兴 区	北京经济技术开发区	53677	0.734174964	外来人口街乡
丰 台 区	南苑乡	100766	0.71896115	外来人口街乡
石景山区	首钢迁安矿区	16056	0.702700337	外来人口街乡
顺 义 区	南法信地区	18346	0.701487401	外来人口街乡
海 淀 区	西北旺镇	99279	0.695893848	外来人口街乡
朝 阳 区	金盏地区	39801	0.690773717	外来人口街乡
海 淀 区	上地街道	66402	0.650330542	外来人口街乡
大 兴 区	黄村地区	109014	0.647182446	外来人口街乡
海 淀 区	四季青镇	109760	0.643455525	外来人口街乡
大 兴 区	旧宫地区	120991	0.625001937	外来人口街乡
朝 阳 区	平房地区	75123	0.622884623	外来人口街乡
丰 台 区	卢沟桥乡	103946	0.598457021	外来人口街乡
大 兴 区	瀛海地区	29483	0.594271547	外来人口街乡
顺 义 区	后沙峪地区	24123	0.591351457	外来人口街乡
海 淀 区	东升地区	29377	0.589284281	外来人口街乡
昌 平 区	沙河地区	64876	0.585481193	外来人口街乡
朝 阳 区	黑庄户地区	33467	0.584504951	外来人口街乡
朝 阳 区	将台地区	41417	0.580549754	外来人口街乡
顺 义 区	天竺地区	19199	0.575820287	外来人口街乡

区县	街道、乡镇	常住外来人口数	外来人口指数	社会区
海 淀 区	香山街道	16324	0.572069388	外来人口街乡
丰 台 区	花乡	81824	0.572031795	外来人口街乡
朝 阳 区	孙河地区	13580	0.568771989	外来人口街乡
昌 平 区	马池口地区	40447	0.547283675	外来人口街乡
朝 阳 区	东坝地区	48308	0.545600343	外来人口街乡
通 州 区	马驹桥镇	58086	0.542616396	外来人口街乡
朝 阳 区	东风地区	46292	0.535013002	外来人口街乡
昌 平 区	东小口地区	196598	0.532187377	外来人口街乡
昌 平 区	回龙观地区	162896	0.53179938	外来人口街乡
朝 阳 区	小红门地区	30168	0.522380565	外来人口街乡
朝 阳 区	豆各庄地区	16898	0.51937913	外来人口街乡
大 兴 区	青云店镇	35216	0.509218156	外来人口街乡
海 淀 区	青龙桥街道	65623	0.509151427	外来人口街乡
朝 阳 区	来广营地区	62526	0.505607892	外来人口街乡
丰 台 区	宛平城街道	24845	0.505185035	外来人口街乡
通 州 区	台湖镇	49983	0.504679975	外来人口街乡
顺 义 区	双丰街道	11543	0.504612022	外来人口街乡
朝 阳 区	高碑店地区	59479	0.503658103	外来人口街乡
海 淀 区	马连洼街道	52986	0.497124361	人口混合街乡
怀 柔 区	雁栖地区	12860	0.495893263	人口混合街乡
怀 柔 区	怀柔地区	32605	0.490411371	人口混合街乡
大 兴 区	北臧村镇	15450	0.490102779	人口混合街乡
朝 阳 区	管庄地区	51606	0.489587978	人口混合街乡
顺 义 区	高丽营镇	21717	0.488450552	人口混合街乡
海 淀 区	清河街道	67931	0.486082489	人口混合街乡
昌 平 区	小汤山镇	26570	0.476703088	人口混合街乡
朝 阳 区	建外街道	15896	0.45820362	人口混合街乡
大 兴 区	天宫院街道	10256	0.457183613	人口混合街乡
顺 义 区	仁和地区	22120	0.451391723	人口混合街乡
顺 义 区	马坡地区	4878	0.449585253	人口混合街乡
通 州 区	梨园地区	62556	0.445175064	人口混合街乡

区县	街道、乡镇	常住外来人口数	外来人口指数	社会区
昌 平 区	城南街道	25822	0.444234177	人口混合街乡
海 淀 区	温泉镇	22486	0.442637795	人口混合街乡
海 淀 区	曙光街道	45217	0.441585203	人口混合街乡
丰 台 区	南苑街道	21204	0.441051668	人口混合街乡
顺 义 区	李桥镇	30512	0.436946871	人口混合街乡
海 淀 区	上庄镇	19514	0.435444281	人口混合街乡
通 州 区	永顺地区	84622	0.43352767	人口混合街乡
房 山 区	长阳镇	28049	0.431549634	人口混合街乡
朝 阳 区	望京街道	72272	0.429763271	人口混合街乡
顺 义 区	空港街道	18601	0.424544666	人口混合街乡
丰 台 区	大红门街道	81653	0.422236816	人口混合街乡
大 兴 区	观音寺街道	30643	0.419416652	人口混合街乡
朝 阳 区	南磨房地区	54220	0.417578017	人口混合街乡
石景山区	古城街道	24939	0.417158724	人口混合街乡
朝 阳 区	朝外街道	16515	0.412885322	人口混合街乡
石景山区	鲁谷街道	39325	0.411974229	人口混合街乡
昌 平 区	南邵镇	9922	0.410339123	人口混合街乡
海 淀 区	田村路街道	43708	0.409465637	人口混合街乡
昌 平 区	百善镇	8726	0.402825224	人口混合街乡
昌 平 区	崔村镇	8553	0.401191425	人口混合街乡
门头沟区	大台街道	4531	0.401115439	人口混合街乡
朝 阳 区	麦子店街道	12619	0.397561513	人口混合街乡
海 淀 区	中关村街道	63333	0.396731334	人口混合街乡
房 山 区	大安山乡	4438	0.395649461	人口混合街乡
房 山 区	窦店镇	25916	0.395217617	人口混合街乡
海 淀 区	西三旗街道	56362	0.3910606	人口混合街乡
朝 阳 区	大屯街道	54923	0.388332285	人口混合街乡
大 兴 区	亦庄地区	21138	0.382117936	人口混合街乡
通 州 区	北苑街道	27784	0.378410035	人口混合街乡
怀 柔 区	庙城地区	12854	0.377758839	人口混合街乡
通 州 区	潞城镇	27294	0.37589346	人口混合街乡

续表

区县	街道、乡镇	常住外来人口数	外来人口指数	社会区
东 城 区	建国门街道	21476	0.375651566	人口混合街乡
丰 台 区	卢沟桥街道	67955	0.374065593	人口混合街乡
怀 柔 区	杨宋镇	9215	0.373955036	人口混合街乡
昌 平 区	南口地区	25348	0.37380366	人口混合街乡
通 州 区	宋庄镇	38850	0.373044756	人口混合街乡
朝 阳 区	三间房地区	46860	0.371365398	人口混合街乡
丰 台 区	新村街道	58879	0.369478592	人口混合街乡
东 城 区	东华门街道	22643	0.368982824	人口混合街乡
房 山 区	霞云岭乡	2625	0.367647059	人口混合街乡
昌 平 区	阳坊镇	8649	0.364921311	人口混合街乡
密 云 县	密云镇	6723	0.35909625	人口混合街乡
丰 台 区	长辛店镇	17143	0.357250031	人口混合街乡
朝 阳 区	太阳宫地区	25068	0.356246536	人口混合街乡
石景山区	五里坨街道	10739	0.352537588	人口混合街乡
朝 阳 区	常营地区	17048	0.351722715	人口混合街乡
西 城 区	西长安街街道	17959	0.348874255	人口混合街乡
朝 阳 区	奥运村地区	36458	0.34635152	人口混合街乡
西 城 区	大栅栏街道	12801	0.346001027	人口混合街乡
石景山区	八宝山街道	18245	0.340353692	人口混合街乡
海 淀 区	八里庄街道	46079	0.338856042	人口混合街乡
石景山区	广宁街道	5874	0.337683242	人口混合街乡
石景山区	苹果园街道	34209	0.336123803	人口混合街乡
大 兴 区	魏善庄镇	14406	0.329566252	人口混合街乡
房 山 区	阎村镇	16067	0.329424067	人口混合街乡
延 庆 县	大榆树镇	7125	0.329403606	人口混合街乡
丰 台 区	太平桥街道	20865	0.328127949	人口混合街乡
海 淀 区	北太平庄街道	66041	0.327561578	人口混合街乡
丰 台 区	王佐镇	17586	0.326828724	人口混合街乡
丰 台 区	方庄街道	27169	0.325556594	人口混合街乡
朝 阳 区	双井街道	31183	0.321812628	人口混合街乡
海 淀 区	海淀街道	46563	0.32178991	人口混合街乡

区县	街道、乡镇	常住外来人口数	外来人口指数	社会区
丰 台 区	和义街道	13007	0.321342985	人口混合街乡
朝 阳 区	东湖街道	20480	0.319630427	人口混合街乡
大 兴 区	清源街道	32384	0.316243823	人口混合街乡
怀 柔 区	北房镇	7739	0.315349823	人口混合街乡
朝 阳 区	呼家楼街道	19370	0.31450932	人口混合街乡
东 城 区	崇文门街道	15307	0.313558801	人口混合街乡
西 城 区	什刹海街道	29901	0.313319292	人口混合街乡
东 城 区	东花市街道	16318	0.309199432	人口混合街乡
通 州 区	张家湾镇	27539	0.308480728	人口混合街乡
朝 阳 区	三里屯街道	10836	0.306153585	人口混合街乡
海 淀 区	永定路街道	15024	0.304462368	人口混合街乡
海 淀 区	苏家坨镇	14227	0.304086693	人口混合街乡
朝 阳 区	亚运村街道	21837	0.301553546	人口混合街乡
西 城 区	新街口街道	28605	0.299538205	人口混合街乡
朝 阳 区	八里庄街道	32206	0.299473694	人口混合街乡
石景山区	八角街道	34405	0.295534978	人口混合街乡
西 城 区	广安门外街道	53040	0.295428215	人口混合街乡
昌 平 区	城北街道	55089	0.294234837	人口混合街乡
延 庆 县	康庄镇	9726	0.290441067	人口混合街乡
顺 义 区	南彩镇	14655	0.289401449	人口混合街乡
顺 义 区	旺泉街道	12720	0.286583305	人口混合街乡
密 云 县	十里堡镇	7172	0.285896516	人口混合街乡
朝 阳 区	安贞街道	19441	0.284000935	人口混合街乡
丰 台 区	马家堡街道	33886	0.283339604	人口混合街乡
海 淀 区	学院路街道	67946	0.279260358	人口混合街乡
通 州 区	玉桥街道	17999	0.279132161	人口混合街乡
顺 义 区	赵全营镇	8500	0.278853094	人口混合街乡
朝 阳 区	劲松街道	29812	0.278661096	人口混合街乡
朝 阳 区	首都机场地区	5679	0.276862324	人口混合街乡
丰 台 区	右安门街道	23188	0.276258101	人口混合街乡
西 城 区	展览路街道	36153	0.276135192	人口混合街乡

区县	街道、乡镇	常住外来人口数	外来人口指数	社会区
西 城 区	清河地区	2915	0.276093957	人口混合街乡
朝 阳 区	香河园街道	14310	0.275828836	人口混合街乡
东 城 区	前门街道	3550	0.274682761	人口混合街乡
朝 阳 区	左家庄街道	21755	0.271093721	人口混合街乡
海 淀 区	花园路街道	40293	0.270733526	人口混合街乡
西 城 区	天桥街道	12482	0.269095613	人口混合街乡
朝 阳 区	小关街道	18350	0.268420052	人口混合街乡
房 山 区	良乡地区	4967	0.261724102	人口混合街乡
朝 阳 区	六里屯街道	27939	0.25883105	人口混合街乡
顺 义 区	牛栏山地区	9230	0.257900472	人口混合街乡
海 淀 区	北下关街道	40945	0.257879025	人口混合街乡
丰 台 区	丰台街道	36880	0.255782502	人口混合街乡
西 城 区	椿树街道	7813	0.255769797	人口混合街乡
门头沟区	永定镇	10840	0.255383311	人口混合街乡
石景山区	老山街道	10879	0.255339624	人口混合街乡
丰 台 区	东铁匠营街道	36878	0.254517095	人口混合街乡
大 兴 区	长子营镇	8281	0.251053509	人口混合街乡
朝 阳 区	团结湖街道	9433	0.250384881	人口混合街乡
房 山 区	拱辰街道	32996	0.249365175	人口混合街乡
密 云 县	檀营地区	1880	0.248315942	人口混合街乡
海 淀 区	羊坊店街道	31547	0.248139758	人口混合街乡
大 兴 区	兴丰街道	14249	0.247903546	人口混合街乡
东 城 区	东四街道	10750	0.245821042	人口混合街乡
东 城 区	东直门街道	11124	0.241731496	人口混合街乡
昌 平 区	兴寿镇	7926	0.239174387	人口混合街乡
西 城 区	金融街街道	16233	0.239114424	人口混合街乡
通 州 区	中仓街道	13575	0.235881842	人口混合街乡
朝 阳 区	潘家园街道	26602	0.23517659	人口混合街乡
海 淀 区	甘家口街道	27790	0.234603858	人口混合街乡
怀 柔 区	怀北镇	2884	0.231182365	人口混合街乡
大 兴 区	林校路街道	11623	0.228273465	人口混合街乡

区县	街道、乡镇	常住外来人口数	外来人口指数	社会区
西 城 区	德胜街道	26430	0.226346259	人口混合街乡
东 城 区	永定门外街道	19168	0.226323309	人口混合街乡
房 山 区	城关街道	21721	0.225689141	人口混合街乡
门头沟区	龙泉镇	7254	0.225636878	人口混合街乡
海 淀 区	万寿路街道	38850	0.225274853	人口混合街乡
西 城 区	月坛街道	26187	0.22469818	人口混合街乡
东 城 区	景山街道	9053	0.224595614	人口混合街乡
西 城 区	陶然亭街道	9716	0.223587619	人口混合街乡
顺 义 区	胜利街道	7739	0.222015032	人口混合街乡
西 城 区	广安门内街道	16192	0.219725343	人口混合街乡
丰 台 区	长辛店街道	17436	0.216222919	人口混合街乡
顺 义 区	北石糟镇	3295	0.214155726	人口混合街乡
顺 义 区	北小营镇	8109	0.213625227	人口混合街乡
西 城 区	牛街街道	11078	0.213543574	人口混合街乡
大 兴	榆垡镇	11917	0.212795972	人口混合街乡
顺 义 区	北务镇	2428	0.212739858	人口混合街乡
平 谷 区	新股街道	11209	0.211490566	人口混合街乡
朝 阳 区	垡头街道	11584	0.211109491	人口混合街乡
房 山 区	向阳街道	1790	0.20889252	人口混合街乡
西 城 区	白纸坊街道	19579	0.204508184	人口混合街乡
东 城 区	安定门街道	8963	0.202060508	人口混合街乡
东 城 区	天坛街道	10139	0.201554548	人口混合街乡
丰 台 区	西罗园街道	16814	0.20153422	人口混合街乡
通 州 区	潞县镇	12264	0.199697133	本地人街乡
东 城 区	和平里街道	22311	0.199102251	本地人街乡
房 山 区	周口店地区	8462	0.197525677	本地人街乡
顺 义 区	杨镇地区	10650	0.195750469	本地人街乡
昌 平 区	十三陵镇	4057	0.194012721	本地人街乡
朝 阳 区	和平街道	20962	0.193365681	本地人街乡
东 城 区	朝阳门街道	7084	0.193014005	本地人街乡
东 城 区	体育馆路街道	7751	0.19231819	本地人街乡

区县	街道、乡镇	常住外来人口数	外来人口指数	社会区
房 山 区	新镇街道	1696	0.191811807	本地人街乡
东 城 区	交道口街道	9400	0.191072445	本地人街乡
海 淀 区	紫竹院街道	26349	0.190367818	本地人街乡
房 山 区	西潞街道	12284	0.189693778	本地人街乡
大 兴 区	庞各庄镇	8844	0.189655172	本地人街乡
东 城 区	童毯街道	10221	0.181684057	本地人街乡
怀 柔 区	桥梓镇	3916	0.178698549	本地人街乡
大 兴 区	采育镇	6072	0.178205617	本地人街乡
延 庆 县	八达岭镇	1435	0.177291821	本地人街乡
东 城 区	北新桥街道	14351	0.174431466	本地人街乡
海 淀 区	燕园街道	6546	0.174336849	本地人街乡
通 州 区	于家务回族乡	4739	0.174330489	本地人街乡
顺 义 区	张镇	4082	0.172702657	本地人街乡
密 云 县	果园街道	9064	0.171536715	本地人街乡
平 谷 区	渔阳地区	9574	0.170918504	本地人街乡
门头沟区	军庄镇	2039	0.162911473	本地人街乡
房 山 区	青龙湖镇	7198	0.161397372	本地人街乡
石景山区	金顶街街道	11822	0.156094856	本地人街乡
房 山 区	东风街道	3739	0.153735455	本地人街乡
密 云 县	河南寨镇	3695	0.15352973	本地人街乡
密 云 县	穆家峪镇	4992	0.150610952	本地人街乡
顺 义 区	李遂镇	2971	0.148209119	本地人街乡
丰 台 区	东高地街道	6649	0.148045066	本地人街乡
顺 义 区	石园街道	7169	0.147720014	本地人街乡
密 云 县	鼓楼街道	15426	0.147646896	本地人街乡
门头沟区	王平地区	958	0.147090435	本地人街乡
昌 平 区	流村镇	2617	0.146201117	本地人街乡
门头沟区	城子街道	4960	0.143539285	本地人街乡
怀 柔 区	泉河街道	7807	0.143323971	本地人街乡
顺 义 区	光明街道	7818	0.142844092	本地人街乡
怀 柔 区	龙山街道	6283	0.142139674	本地人街乡

区县	街道、乡镇	常住外来人口数	外来人口指数	社会区
房 山 区	迎风街道	4130	0.131978398	本地人街乡
平 谷 区	马昌营镇	2132	0.130773477	本地人街乡
密 云 县	北庄镇	1002	0.128974128	本地人街乡
丰 台 区	云岗街道	4140	0.12656293	本地人街乡
门头沟区	大峪街道	10136	0.126049271	本地人街乡
密 云 县	太师屯镇	3432	0.125663652	本地人街乡
顺 义 区	木林镇	4183	0.124653575	本地人街乡
朝 阳 区	酒仙桥街道	7708	0.12406844	本地人街乡
海 淀 区	清华园街道	6396	0.123510669	本地人街乡
平 谷 区	夏各庄镇	2559	0.122101346	本地人街乡
平 谷 区	峪口地区	3221	0.121579285	本地人街乡
门头沟区	东辛房街道	3288	0.120285348	本地人街乡
房 山 区	琉璃河地区	7180	0.119804442	本地人街乡
密 云 县	溪翁庄镇	2370	0.119630508	本地人街乡
通 州 区	西集镇	5159	0.119299787	本地人街乡
平 谷 区	马坊地区	2042	0.113766784	本地人街乡
延 庆 县	延庆镇	14176	0.112813249	本地人街乡
怀 柔 区	琉璃庙镇	664	0.111822162	本地人街乡
密 云 县	巨各庄镇	2518	0.109397402	本地人街乡
大 兴 区	礼贤镇	3632	0.108915345	本地人街乡
顺 义 区	大孙各庄镇	2593	0.107047021	本地人街乡
平 谷 区	王辛庄镇	3153	0.106211682	本地人街乡
平 谷 区	山东庄镇	1727	0.105055052	本地人街乡
平 谷 区	滨河街道	4640	0.103347662	本地人街乡
昌 平 区	长陵镇	1551	0.103234824	本地人街乡
门头沟区	潭柘寺镇	886	0.102167897	本地人街乡
顺 义 区	龙湾屯镇	1540	0.099631235	本地人街乡
通 州 区	新华街道	884	0.099426386	本地人街乡
平 谷 区	黄松峪镇	537	0.097671881	本地人街乡
房 山 区	石楼镇	2791	0.096567712	本地人街乡
通 州 区	永乐店镇	3839	0.095400214	本地人街乡

区县	街道、乡镇	常住外来人口数	外来人口指数	社会区
大 兴 区	安定镇	2745	0.091612989	本地人街乡
怀 柔 区	渤海镇	1258	0.089754566	本地人街乡
延 庆 县	沈家营镇	1078	0.0896764	本地人街乡
房 山 区	十渡镇	851	0.087032113	本地人街乡
房 山 区	史家营乡	535	0.084920635	本地人街乡
怀 柔 区	喇叭沟门满族乡	414	0.084576098	本地人街乡
平 谷 区	大兴庄镇	1452	0.083945193	本地人街乡
延 庆 县	旧县镇	1661	0.083333333	本地人街乡
门头沟区	妙峰山镇	721	0.077769388	本地人街乡
平 谷 区	东高村镇	2100	0.075147611	本地人街乡
房 山 区	河北镇	1481	0.074508226	本地人街乡
门头沟区	雁翅镇	480	0.072870806	本地人街乡
怀 柔 区	汤河口镇	456	0.071563089	本地人街乡
门头沟区	清水镇	546	0.069061472	本地人街乡
密 云 县	西田各庄镇	2417	0.067034613	本地人街乡
密 云 县	冯家峪镇	444	0.06686747	本地人街乡
房 山 区	长沟镇	1523	0.064015804	本地人街乡
房 山 区	张坊镇	1151	0.062398352	本地人街乡
延 庆 县	张山营镇	1477	0.062139762	本地人街乡
房 山 区	佛子庄乡	551	0.061736695	本地人街乡
延 庆 县	井庄镇	656	0.061619388	本地人街乡
怀 柔 区	长哨营满族乡	400	0.060882801	本地人街乡
房 山 区	大石窝镇	1853	0.05950737	本地人街乡
密 云 县	东邵渠镇	727	0.059221245	本地人街乡
门头沟区	斋堂镇	636	0.058796339	本地人街乡
平 谷 区	金海湖地区	1566	0.058356624	本地人街乡
平 谷 区	南独乐河镇	1181	0.057753435	本地人街乡
平 谷 区	刘家店镇	411	0.054734319	本地人街乡
怀 柔 区	宝山镇	425	0.051552644	本地人街乡
平 谷 区	大华山镇	840	0.051232008	本地人街乡
密 云 县	新城子镇	402	0.050294007	本地人街乡

续表

区县	街道、乡镇	常住外来人口数	外来人口指数	社会区
延 庆 县	香营乡	379	0.048702133	本地人街乡
平 谷 区	镇罗营镇	410	0.046197183	本地人街乡
密 云 县	古北口镇	354	0.044629349	本地人街乡
延 庆 县	永宁镇	1059	0.043987539	本地人街乡
房 山 区	南窖乡	161	0.043059642	本地人街乡
平 谷 区	熊儿寨镇	129	0.037785589	本地人街乡
密 云 县	石城镇	197	0.036126903	本地人街乡
密 云 县	高岭镇	471	0.033201748	本地人街乡
怀 柔 区	九渡河镇	476	0.031303433	本地人街乡
密 云 县	大城子镇	363	0.031164148	本地人街乡
房 山 区	星城街道	649	0.029687571	本地人街乡
密 云 县	不老屯镇	429	0.027134725	本地人街乡
房 山 区	蒲洼乡	67	0.02710356	本地人街乡
延 庆 县	刘斌堡乡	125	0.020532194	本地人街乡
延 庆 县	千家店镇	184	0.019444151	本地人街乡
延 庆 县	大庄科乡	74	0.014020462	本地人街乡
延 庆 县	四海镇	79	0.013164473	本地人街乡
房 山 区	韩村河镇	228	0.005814843	本地人街乡

后 记

2014 年，我参加了北京工业大学人文社会科学学院院长唐军教授主持的北京市规划委员会的委托项目"调整优化人口结构政策研究"，承担了其中的子课题"北京的社会阶层空间分布研究"。我承担的这部分任务利用第六次全国人口普查数据，分析了北京的社会阶层空间分布，引起了课题组成员们的兴趣，报告的篇幅也相对较长，课题组成员们鼓励我就此写一部书。我自己也蠢蠢欲动，但是真动手干起来，才发现力有不逮，社会空间理论的基础不扎实，写起来颇费工夫，断断续续拖了两年多。这期间，发表两篇相关论文，思路才越来越清楚，终于完成了这部书稿。关于社会空间的研究，社会学过去对这方面比较忽视，国内外规划学界和地理学界有比较深入的研究。景天魁先生一直倡导时空社会学研究，并主持翻译出版了时空社会学译丛，编写了时空社会学的教材。还有一些学者提出并倡导社会学的空间转向，但是实证的研究并不多。我的这个研究也是个初步的尝试，谬误之处一定不少，所以在此恳请方家多多指教。

附录的表格篇幅较长，最初有上百页之多，放在正文中显得过于冗长，放在书后也显得篇幅过大。但是，它具有一定的工具性，对北京市、区、街（镇、乡）政府部门的决策者，对关心北京局部社会空间结构的读者是有用的，所以择要附录。

感谢唐军、胡建国、赵卫华教授，刘金伟研究员，杨桂宏、朱涛、曹飞廉、李升、李阿琳、陈锋、曹飞廉副教授在讨论中的意见和建议。

本书中的地图是李阿琳、齐海岩制作的，在这里致以特别的感谢，没有书中的地图，社会空间用文字表达会是苍白的。

社会科学文献出版社谢寿光社长、皮书出版分社邓泳红社长，编辑陈雪、编务韩祎然为本书的出版给予了很大的支持；责任编辑反复审阅稿件，更正了很多谬误，付出了巨大的心血，在此我表达诚挚的感谢。

研究生许多、孙嫣源，本科生付娆、饶曼莉、关琪月、付媛媛、王晓宣、吕嘉仪帮助整理资料和数据，付出了很多辛劳，也在此一并致谢。

李君甫
2017 年 2 月 22 日

图书在版编目（CIP）数据

北京的人口、社会阶层与空间结构／李君甫著．--
北京：社会科学文献出版社，2017.3
ISBN 978 - 7 - 5201 - 0594 - 1

Ⅰ.①北…　Ⅱ.①李…　Ⅲ.①人口问题 - 研究 - 北京
②社会阶层 - 研究 - 北京③城市空间 - 空间结构 - 研究 -
北京　Ⅳ.①C924.241②D671

中国版本图书馆 CIP 数据核字（2017）第 053075 号

北京的人口、社会阶层与空间结构

著　　者／李君甫

出 版 人／谢寿光
项目统筹／邓泳红
责任编辑／毕春梅　林　木　陈　荣　陈　雪

出　　版／社会科学文献出版社·皮书出版分社 (010)59367127
　　　　　地址：北京市北三环中路甲 29 号院华龙大厦　邮编：100029
　　　　　网址：www. ssap. com. cn
发　　行／市场营销中心（010）59367081　59367018
印　　装／三河市尚艺印装有限公司

规　　格／开　本：787mm × 1092mm　1/16
　　　　　印　张：18.25　字　数：280 千字
版　　次／2017 年 3 月第 1 版　2017 年 3 月第 1 次印刷
书　　号／ISBN 978 - 7 - 5201 - 0594 - 1
定　　价／79.00 元